2013 年度中央财政支持地方高校发展专项资金建设项目"公安学及公安技术学科创新团队"成果

重庆高校物证技术创新团队资助项目成果（合同号：KJTD201301）

西南政法大学刑事侦查学院公安学学术文库

社会转型时期侦查权的功能研究

——以刑事警务为例

蒋　勇　著

群众出版社

·北　京·

图书在版编目（CIP）数据

社会转型时期侦查权的功能研究：以刑事警务为例/蒋勇著 . —北京：群众出版社，2016.4

（西南政法大学刑事侦查学院公安学学术文库）

ISBN 978 – 7 – 5014 – 5529 – 4

Ⅰ.①社⋯　Ⅱ.①蒋⋯　Ⅲ.①刑事侦察—权利—研究—中国
Ⅳ.①D918

中国版本图书馆 CIP 数据核字（2016）第 084639 号

社会转型时期侦查权的功能研究
——以刑事警务为例
蒋勇　著

出版发行：群众出版社

地　　址：北京市西城区木樨地南里

邮政编码：100038

经　　销：新华书店

印　　刷：北京普瑞德印刷厂

版　　次：2016 年 6 月第 1 版

印　　次：2016 年 6 月第 1 次

印　　张：14

开　　本：787 毫米×1092 毫米　1/16

字　　数：220 千字

书　　号：ISBN 978 – 7 – 5014 – 5529 – 4

定　　价：48.00 元

网　　址：www.qzcbs.com

电子邮箱：qzcbs@sohu.com

营销中心电话：010 – 83903254

读者服务部电话（门市）：010 – 83903257

警官读者俱乐部电话（网购、邮购）：010 – 83903253

公安综合分社电话：010 – 83901870

序　言

　　我国正经历着深刻的社会转型，无论是政府治理能力的提升还是全面推进依法治国，以至于最近的全面深化公安改革，都意味着刑事司法系统正面临着前所未有的新环境。而刑事司法系统的运作首看侦查机关，这是因为侦查机关不仅要遵循刑事诉讼的法律、法规，进而构建起确实充分的证据体系以支持公诉，也要有策略地进行侦查资源的调配以实现有效打击犯罪的目标。在具体的侦查过程中，还要考虑社会效果、政治效果以及公众公共安全感等多重因素，这与后续单一的公诉和审判有着本质的区别。而在刑事司法实践中，侦查工作面临的复杂形势已经有所体现，如公安部虽然持续多年组织专项行动、破案战役，但仍然无法遏制多发性侵财案件的蔓延，犯罪控制的压力仍然处于高位状态。另外，从1979年《刑事诉讼法》到1996年《刑事诉讼法》再到2012年《刑事诉讼法》，虽然侦查法治规则与法治体系越来越完善，但以刑事错案为代表的侦查权失范现象仍然如影随形，并成为刑事司法系统的顽疾。为治愈这一顽疾，首先要对我国侦查权的法治环境进行廓清，用以明确我国侦查权运行的基本特点。而在社会领域，一方面，基层民警普遍抱怨执法环境太差、执法压力太大；另一方面，质疑侦查公信力的新闻不断见诸报端，"瓮安事件"中因为死者家属对警方尸检报告的不信任直接诱发了群体性事件，而武汉派出所追查日本游客被盗自行车的事件也被认为是一种执法上的歧视，进而引发大量网络批评。可以说侦查工作在网络时代已经成为一个敏感的网络话题，游走在网络的风口浪尖上。

　　侦查权在社会转型时期出现的种种"转型综合征"，不仅仅是一种个别化的事件，而且表明我们对侦查权的认识应当重新回归到本体论层面，也即侦查权是什么、具有哪些功能。只有在社会转型的语境下剖析我国侦查权运行的政策路径、法治结构、政治社会环境，才能够实现立足本土资源的侦查改革。随着全面深化公安改革的推进，一些转型社会下的侦查体制、机制问题必然会有所触及，而只有对侦查权的功能进行重新的观察与理解，才能够深刻地理解我国侦查改革的瓶颈所在。从这个意义上来说，全面深化公安改革就是要在重新明确侦查权功能的基础上，建立能够充分发挥侦查权功能的侦查体制与机制。

然而目前对侦查权功能的研究并不理想，近年来学界在侦查学的研究中过分注重应用型研究，忽视了对侦查学基础理论的探讨，从而导致对侦查权功能或者侦查功能研究的停滞不前。与此同时，既有的研究仍然囿于刑事诉讼的角度，甚至将侦查权的功能等同于刑事诉讼的功能，不仅未能区分不同系统下侦查权功能的差异，也未能对刑事诉讼程序中的侦查权功能有一个较为深入的认识。

如果考虑到我国社会转型的复杂性，目前关于侦查权功能的研究显然是不够的，至少需要在两个方面进行努力：一是要改变传统的"制度—结构"研究范式，对于侦查权的理解不能囿于刑事诉讼的规则，特别是在侦查裁量权的问题上，司法审查并不是唯一的选择，相反，基于多重侦查价值的多元规制手段往往能够起到更好的效果，而这需要进一步的研究。同时，要关注侦查权在微观层面的运行机理，切实看到侦查权在社会转型的社会结构、传媒关系、央地关系等多重因素作用下可能发生的功能异化问题，进而认识到在侦查改革过程中可能存在的阻碍。二是要将公安侦查权、公安行政权作为一个整体来看待。传统研究将侦查权与警察行政权视为互相独立、界限分明的两种权力，然而随着专门化侦查与一般化侦查的融合趋势加强以及"两权共享机构"的存在，公安侦查权与公安行政权已经成为一个整体，这就牵涉到两法衔接中的证据转化问题以及侦查强制措施与行政强制措施的衔接问题，而这种整体化的视角才能解释我国警务实践中的一些权力失范问题以及打击犯罪不力问题。换言之，侦查权的功能已经不再是侦查机构的功能问题，只有将侦查权与警察权视为一体才能科学地制定我国侦查改革的具体方案。

该书直接以社会转型为背景来考察我国侦查权功能及其运行上的特点，具有浓郁的问题意识，也是立足于中国国情对侦查权功能历史演进的一次全面梳理，有助于我们在历史的长河中观察我国历次侦查改革的得失，也有助于我们看到我国侦查工作中实际存在的瓶颈与障碍，这对长期习惯于制度比较和经验分析的侦查学研究来说是一种全新的研究风格。蒋勇在写作过程中，融合了管理学、社会学、政治学、犯罪学等学科知识，是一种交叉学科的研究范式，不仅使该书的理论性达到了一定深度，而且对于侦查学的研究范式来说也是一次创新。

　　该书是蒋勇在其博士论文的基础上修改完善的成果。博士论文在撰写初始时曾遇到不少困难，导师组认为其涵盖的理论领域过于宽泛，难以驾驭。不过在中期考核、预答辩时，我作为其指导教师，仍然给予蒋勇鼓励并帮其联系基层公安机关进行调研访谈，而蒋勇亦凭借其深厚的学术理论功底将调研访谈中发现的问题一一进行了理论上的关照，并由此构建了一个较为宏观的侦查改革框架，尽管还存在一些不足，但有一定的创新，更彰显了其学术勇气，我作为其指导教师感到很欣慰。当然，该书仍然存在需要进一步完善的地方，如侦查权的功能和侦查功能的区别尚需进一步阐述；侦查改革的方向和框架仍然不甚微观、细致；囿于学时和学术背景，该书还有进一步进行实证研究的可能性等。希望蒋勇在侦查专业的理论方面继续精进，在侦查理论研究上结出更为丰硕的成果。

　　当前侦查学的研究既面临着机遇，也面临着挑战，如何将侦查学的应用性对策与基础理论研究相统一是未来侦查学研究的一个重中之重。在侦查学博士点相对稀少的格局下，该书的出版发行无疑又一次丰富了侦查学的研究成果，因而在收到代为作序的邀请后，我便欣然提笔，愿该书能够为侦查学的研究带来一股春风。

　　是为序。

陈　刚

谨撰于中国人民公安大学木樨地校区

2016 年 1 月 10 日

目　　录

引　言

一、侦查权功能的研究缘起

党的十八届三中全会提出，全面深化改革的总目标是完善和发展中国特色社会主义制度、推进国家治理体系和治理能力现代化。党的十八届四中全会专题探讨了依法治国的问题，并指出依法治国的任务是"完善以宪法为核心的中国特色社会主义法律体系，加强宪法实施；深入推进依法行政，加快建设法治政府；保证公正司法，提高司法公信力；增强全民法治观念，推进法治社会建设；加强法治工作队伍建设；加强和改进党对全面推进依法治国的领导"。善治与法治成为社会转型期中国前进和发展的方向。

善治与法治的整体框架同样适用于公安工作的发展目标，而围绕刑事警务改革所引发的争议一直贯穿中国社会转型的历史进程，如从公安部到各省公安厅每年都会组织若干次专项行动，然而无论是刑事立案数还是治安案件数都处于高位运行状态，并且有上涨之趋势，[①] 侵财犯罪数量居高不下，严重影响了群众的安全感。"从1995年到2010年16年间犯罪绝对数增长了3.68倍。与此同时，盗窃案件呈现出同步增长态势，16年间增长了3.73倍。"[②] 秩序与犯罪控制的压力如影随形，侦查工作似乎陷入了疲劳的车轮战，无法清晰地定位自身在犯罪防治中的角色与地位。

在侦查法治领域，近年来刑讯逼供所引发的刑事错案不仅影响了司

---

① 2012年和2013年公安机关刑事立案数都为600万件左右，而2001年公安机关刑事立案数仅为350万件左右。资料来源：靳高风. 2013年中国犯罪形势分析及2014年预测 [J]. 中国人民公安大学学报（社会科学版），2014（2）：9.

② 李薇. 1996—2010年我国多发性侵财犯罪发展演变及侦防对策 [J]. 中国人民公安大学学报（社会科学版），2012（2）.

法的公信力，也暴露出在侦查法治进程中人权保障不力的顽疾。虽然公安部经常开展执法大检查和执法规范化建设，但实践中还是屡屡出现侦查权的失范现象。某些违法行为甚至在情节上颇具戏剧化色彩。例如，广西南宁永新派出所的"钓鱼执法"、浙江"女神探"聂海芬与张高平叔侄冤案、海口网警非法删帖案件，以及广泛存在的"以行代刑"等现象。以执行法律为己任的侦查工作自身似乎也成了法治缺失的重灾区。

而在社会领域，社会转型期的种种社会矛盾也逐渐渗透到侦查领域，质疑执法不公、执法不严的声音，再加上涉警信访的叠加，使得侦查工作所面临的社会阻力与日俱增，于是在实践中经常听到办案民警的抱怨：现在的执法环境太差了。如何得到群众理解、获得群众支持，成为新时期侦查工作贯彻群众路线最大的难题。

人们不禁要问：其中的问题出在哪里？是因为刑事警务的改革目标在初始设定时就出现了问题还是在社会转型的背景下，多种因素的作用使得刑事警务的改革在实施过程中出现了某种程度的偏差？对于上述问题的回答将关涉今后侦查工作如何开展以及对相关后果的评估，而刑事警务改革的核心要素就是侦查权的功能问题，厘清侦查权的功能类型及其实现过程，将成为实践中解决侦查权问题的前提。

二、侦查权功能的研究现状

侦查权功能对于侦查权研究具有重大意义，如果说侦查权的性质回答了侦查权是什么，那么侦查权的功能分析则回答了侦查权以何种权力形态存在，并能证明它的实践合理性。学界对于侦查权功能的研究多见于各种侦查学教材中，其中不乏专章论述侦查权功能的，一般将其概括为"侦查的揭露犯罪功能、侦查的人权保障功能、侦查的防范控制犯罪功能"。[①]

在中国知网上以"侦查权"合并"功能"主题词进行搜索，共检索到论文270篇。应当说侦查权的功能研究并不是一个陌生的研究领域，但是上述研究成果大多作为侦查权系统研究的一个方面而有所涉

---

① 郭晓彬. 刑事侦查学［M］. 北京：群众出版社，2002；王德光. 侦查权原理——侦查前沿问题的理性分析［M］. 北京：中国检察出版社，2010.

及，且多作为刑事诉讼的阶段即以侦查程序为对象进行研究。例如，周欣教授认为，应当把侦查权置于刑事诉讼的环境中，从诉讼视角出发，侦查权的行使主体应承担追诉功能。[①] 张弘认为，虽然两大法系在具体刑事诉讼制度上存在着区别，但侦查程序都具备"收集、保全证据与查获犯罪嫌疑人、为公诉与审判做准备以及对可能发生危害的预防及对涉及利益的保护"的功能。[②] 卞建林教授则从检警关系的角度认为侦查功能是基于侦查程序的目的而言的，具体包括："侦查程序的直接目的是寻获证据、查缉甄别犯罪嫌疑人；侦查程序的深层目的是衔接起诉、提升公诉质量和效果；侦查程序的根本目的是规制侦查权力、保障公民权利。"[③] 因而大多数研究采用的是刑事诉讼的程序视角，重点研究侦查程序在刑事诉讼流程中的地位与功能。然而侦查权与侦查程序并不是一个可以互通的概念，侦查程序中的侦查权仅仅是一种刑事诉讼的追诉性权力，它无法廓清侦查权作为专门的权力类型所富含的全部意义。

而专门以侦查权的功能作为研究对象的论文或专著寥寥可数，在以上述方法检索到的文献中，直接以侦查权的功能或者侦查功能为题的论文仅有 6 篇，并未形成一种系统性的研究。[④] 且未能检索到在社会转型的背景下，探究侦查权的功能变迁和实现问题的论文。因此，侦查权的功能研究虽不陌生，但尚未深入和细致，如教材中虽谈及侦查权的犯罪控制功能，却未能展示侦查权实现犯罪控制的机理[⑤]以及侦查权与其他权力在犯罪控制中的差别。侦查权的功能研究深受刑事诉讼研究范式的

---

① 周欣. 侦查权新论 [J]. 刑事司法论坛, 2008（1）：113 – 120.

② 张弘. 两大法系侦查程序功能比较及其借鉴 [J]. 西安交通大学学报（社会科学版），2004（3）：81 – 85.

③ 卞建林. 论我国侦查程序中检警关系的优化——以制度的功能分析为中心 [J]. 国家检察官学院学报，2005（2）：59 – 62.

④ 这 6 篇论文分别为：张香香. 法治视野下的侦查功能 [D]. 西南政法大学，2007；刘静坤. 论侦查的目的、功能和价值 [J]. 犯罪研究，2007（3）；刘静坤. 刑事司法一体化视野下之侦查功能研究 [J]. 贵州警官职业学院学报，2006（2）；杨立云，徐惠. 论侦查的目的、价值与功能及其关系 [J]. 湖北警官学院学报，2008（5）；蔡艺生. 论和谐侦查的价值与功能 [J]. 吉林公安高等专科学校学报，2009（6）；张步文. 安全优先：侦查权的价值、功能与目的 [J]. 河北法学，2005（9）.

⑤ 一般以震慑潜在犯罪嫌疑人、教育公民同犯罪作斗争或者提供侦查建议的方式来实现犯罪控制，而这些功能并非是侦查权的直接功能，并且司法权同样也具备这样的功能，未能突出侦查权的特殊性。

影响，在某些场合下，侦查权的功能与刑事诉讼的功能甚至可以互换，未能突出侦查权作为一种法定的权力类型的独特性。

值得注意的是，已经有学者从不同的角度论述了侦查权功能的类型及其实践机理。例如，杨郁娟教授将侦查权的功能分为侦查权的设计功能与实际功能，"侦查权作为一种国家行政权力，在绝大多数情况下，行使者的影响力比归属者——人民的影响力更大，行使主体对物质关系、精神关系、法律关系等社会关系具有更大的决定和影响作用"。[①] 而刘静坤则在刑事司法一体化的视野下，认为侦查功能是建立在侦查结果之上的，"侦查结果直接决定了制裁系统的选择及刑事司法系统后续环节的启动与否，也决定了整个刑事司法系统的运作效果"。[②] 张步文教授则认为侦查权的功能可以分为自由、秩序和安全三个层次的功能类型，但是安全具有优先的价值，"没有自由的安全和没有安全的自由都是对自由和安全的威胁，既不安全，也无自由。但这不能改变侦查权以安全为优先的价值、功能和目标取向"。[③] 这些研究从不同于刑事诉讼的角度探索了侦查权功能的另一番情景，突出了侦查权作为一种法定权力而与错综复杂的社会系统互动时所产生的特点，本书将系统化地研究这些特点。

三、本书的研究对象与思路

（一）研究对象的选取

在中国的侦查权配置体系中，享有侦查权的主体并不仅限于公安机关，国家安全机关、监狱管理部门、边防管理部门、检察机关均享有一定范围的侦查权。本书选取刑事警务也即公安机关的侦查权作为研究范例，是因为公安机关具有完整意义上的警察权，其业务实践也展现出了标准的警务过程，"从现代警务的制度层面而言，它是对警察存在、警察活动、警察行为的制度安排。现代警务所要保障的核心内容是人权或公民的宪法权利"。[④] 因而研究公安机关的侦查权功能能够充分揭示国

---

① 杨郁娟. 侦查权的逻辑与经验 [M]. 北京：中国人民公安大学出版社，2010，73.
② 刘静坤. 刑事司法一体化视野下之侦查功能研究 [J]. 贵州警官职业学院学报，2006（2）：29.
③ 张步文. 安全优先：侦查权的价值、功能与目的 [J]. 河北法学，2005（4）：80.
④ 向池山. 关于现代警务概念的理论探讨 [J]. 广州市公安干部管理学院学报，2006（2）：5.

家行动者与社会行动者的角色内涵与互动关系，这也是公安机关的侦查权与检察机关、国家安全机关的侦查权的不同之处。如果在没有相关实践和理论的准备之下去研究一般意义上的侦查权，就可能会掩盖不同侦查权在权力形态和具体运行机制上的差异。另外，公安机关的侦查权随着公安体制改革与警务革命也在发生着日新月异的变化，进展较为明显。基于上述两个方面的考虑，本书选取了刑事警务，也即公安机关的侦查权作为研究对象。

（二）本书的研究思路

第一章从侦查权及其性质之争出发，指出侦查权的性质是侦查权功能考察的逻辑起点，侦查权在与不同的系统互动时，会产生不同的性质，继而发挥不同的功能。而中国社会转型的语境则是考察中国侦查权功能的实践。

第二章论述了社会转型前总体性社会结构中侦查权的主要功能及其实现途径，指出在以阶级斗争为纲的总体性社会结构中，侦查权尚未法定化，所有功能均指向专政，并带来了一定的社会破坏性。

第三章论述了社会转型初始，即改革开放初期侦查权的主要功能及实现途径，指出随着改革开放的启动，侦查权逐步实现了法定化和专业化。而在社会转型初期严峻的秩序危机背景下，侦查权担负了秩序整饬与犯罪消灭的功能。为此，"严打"成为这一时期侦查权功能的主要实现途径。这个时期也是侦查权功能变迁的过渡时期。

第四章论述了中国在推进社会治安综合治理的进程中，侦查权的功能逐渐从犯罪消灭转向了犯罪控制，并阐述了侦查组织实现犯罪控制功能时的历史演进和基本特点。

第五章论述了中国在向法治国家迈进时，侦查权作为刑事诉权的基础，具备了法治意义上的诉讼保障功能，并阐述了侦查权实现诉讼保障功能的立法演进和基本特点。

第六章论述了侦查权在社会转型期国家与社会的互动中追求社会效果的功能逻辑与现实轨迹，指出社会主义法治理念中的社会效果指的是一种政治社会化效果，而侦查权的运行本身就是一种政治社会化的生产与复制，并在此基础上阐述了侦查权实现政治社会化功能的现实途径。

第七章论述了侦查权在犯罪控制、诉讼保障、政治社会化等方面所遭遇的"中国式困境"，分别对应着侦查政策偏颇与协同障碍，侦查权控制内卷化问题，侦查权自身的"合法性"危机。

第八章论述了侦查权未来的改革方向，指出只有明确侦查权不仅是一种刑事司法程序内的追诉性权力，才能够为侦查权的改革提供观念支撑。就宏观立法而言，要夯实侦查权的法治基础，必须要实现侦查程序诉讼化的根本改变以及构建完善的警察法体系。就中观管理而言，只有让民意在侦查裁量权中有所作为，侦查裁量权才能得到更好的控制，侦查权的政治社会化功能才能得到充分发挥。而就终端行为而言，侦查组织和个体应当朝着更为理性和高效的循证决策改进，才能最终将侦查权的上述功能加以落实。

四、研究方法

本书总体上采用了多学科交叉研究的方法，从侦查权的属性出发，将侦查权与刑事司法系统的互动、与犯罪控制系统的互动以及与社会政治系统的互动纳入研究范畴，这就决定了本书的研究方法主要包含以下类型：

（一）权力分析

侦查权首先作为一种法定的具体的权力形态而存在。"'权力'意指行动者在一个社会关系中，可以排除抗拒以贯彻其意志的机会，而不论这种机会的基础是什么。"① 权力在本质上是一种支配他人的力量，这种力量包含着支配者的动机和支配者的策略选择，这些动机和策略又构成了具体的权力形态和类型。罗素在描述权力形态时，用了一个形象的比喻："当一头猪被绳子拦腰缚起，尖叫着被吊上船去的时候，它就是受制于直接行使在它肉体之上的有形权力。相反，谚语上所说的毛驴追求胡萝卜的故事，那就是我们要使它相信它的行为于自己有利，从而使它按照我们的意图来行动，介乎上面两种情况之间的，可以拿玩把戏的动物为例：赏与罚使它们养成了若干习性；还有一种情况，即羊被诱上船的情况：先要用力把头羊拖过跳板，然后其余的羊就服服帖帖地跟着上来。"接着罗素指出："以上所有的权力形态在人类中间也有例可证。那头猪的情形可以说明军警的权力。驴子和胡萝卜的故事具有宣传权力

---

① ［德］马克斯·韦伯. 社会学的基本概念 ［M］. 顾忠华译. 桂林：广西师范大学出版社，2005，71 – 72.

的特征。玩把戏的动物表明'教育'的权力。一群羊跟着它们满心不情愿的首领走，是党派政治的例证。"① 权力具体形态的复杂性决定了对权力的认识必须要从权力本身的结构以及权力与外界的互动效果来认识权力设计者或者自发形成的权力秩序中的动机因素和策略因素，"所以，无论从哪一个角度，我们观察的都只是权力的效果，其存在、性质和力量只能从其影响中推断出来"。② 侦查权的权力形态也同样包含了侦查权设计者以及侦查权实际执行者的动机因素和策略选择，过往的研究仅仅从刑事诉讼的角度去认识侦查权的形态和功能显然是不够的，侦查权运行中的"实际效果"与运行模式意味着侦查权的功能是多样化的，侦查权在与国家犯罪治理网络和社会政治系统的互动中，必然会衍生出其他的权力功能与权力特点。

（二）功能主义分析

功能主义分析是在借鉴生物功能主义的基础上发展而来的，由孔德引入社会学中，经过涂尔干、帕森斯以及默顿的深入发展而逐渐成为一种分析既定社会现象的方法论。功能主义分析将"功能的普遍性、功能的不可缺少性以及功能满足某种需求的属性"作为分析人类社会的三种假设，而帕森斯在此基础上提出了维持社会系统运转的"AGIL 图式"，其对应了经济上的适应功能、政治上的动员功能、社会共同体的整合功能以及文化上的潜护功能，③ 从而将功能主义上升到了结构功能主义。而在 20 世纪后半叶，面对着对传统功能主义不能解释社会变迁的责难，"新功能主义"又提出了社会结构分化的概念，并认为社会结构并不是一种静态的，"推动社会分化的基本动力是社会的功能需求以及由此导致的结构性压力，社会分化的结果是不断提高社会系统的效率和效力，社会变迁的基本趋势是结构功能的复杂化"。④ 功能主义在现代虽然演化成了多种流派，但仍坚持结构的分析、需要的分析以及整合的分析三种基本范式。对于侦查权的功能而言，功能主义的研究方法突破了传统将侦查权限定为刑事诉讼权力的单一结构框架，更加注重侦查

---

① ［英］伯特兰·罗素. 权力论 ［M］. 吴三友译. 北京：商务印书馆，1991，27.

② ［美］戴维·波普诺. 社会学 ［M］. 李强，等，译. 北京：中国人民大学出版社，1999，483.

③ 刘润忠. 试析结构功能主义及其社会理论 ［J］. 天津社会科学，2005（5）：53.

④ 于光君. 功能主义理论的善变与发展 ［J］. 商丘职业技术学院学报，2010（3）：3.

权的内在结构及其适应性、侦查权微观运行中的实际效果以及侦查权在整体社会系统中的地位和作用。社会转型期分化的社会结构、复杂的侦查权运行形态以及不同的系统对侦查权的需求为侦查权功能的认识提供了更为广阔的视野。

（三）国家—社会框架分析

在西方政治学的研究史上，国家与社会的关系一直被视为研究政治权力分配与权力组织网络的重要解释框架，而人类社会的变迁也是国家与社会博弈与合作的过程，任何社会现象或者政治现象都能找到国家与社会关系的影子。从启蒙时代的政治国家与市民社会二元论的思想到工业化时代的"国家干预理论"，再到后工业化时代公民社会的社会共同体时代，国家与社会的分析通常用来揭示当下最为焦点的经济问题和政治问题。而在社会转型的中国，权力自然不能仅仅理解为"国家专政的力量"。在治理理论的引导下，国家与社会将呈现出新的合作关系，"治理模式中，政府虽仍在整个社会中扮演着非常重要的角色，特别是在合法地使用暴力、决定重大公共资源的分配方向和维护公民基本权利、实现公平公正等方面，起着其他组织无法替代的作用，但是政府不再是实施社会管理的唯一权力主体，而是包括非政府组织、非营利组织、社区组织、公民自助组织等在内的第三部门，它们同政府一道共同承担起公共事务的管理责任"。① 这意味着侦查权不再仅仅是自上而下地传达以刑罚与刑事责任为内容的国家意志，作为一种公共权力，它也是国家与社会关系展现的场域，不仅需要在执法办案上获得社会公众的支持，其本身的"合法性"也需要社会公众的参与才能得到最广泛层面上的认同。另外，侦查权在运行过程中所形成的侦查法律关系、所构建的人际互动模式以及所代表的伦理正义也在潜移默化地影响着社会公众的政治信仰、政治态度甚至政治人格，而一旦产生积极的影响，则又会加深社会公众对侦查权所代表的国家权威的认同，从而发挥一种社会整合的功能。

---

① 王海涛. 论政府在公民意识发展中的责任 [J]. 政治与法律，2010（4）：61.

第一章　侦查权及其功能概述

一、侦查与侦查权

（一）侦查

2012 年《刑事诉讼法》第一百零六条第一款规定："侦查"是指公安机关、人民检察院在办理案件过程中，依照法律进行的专门调查工作和有关的强制性措施。刑事诉讼法对侦查所下的定义属于具体侦查行为层面的概念。

首先，能够实施侦查行为的主体仅限于特定机关①，即侦查行为可分为警察侦查行为和检察侦查行为。其中，国家安全机关依法办理危害国家安全的刑事案件；人民检察院对贪污贿赂犯罪，国家工作人员的渎职犯罪，国家机关工作人员利用职权实施的非法拘禁、刑讯逼供、报复陷害、非法搜查的侵犯公民人身权利的犯罪以及侵犯公民民主权利的犯罪，行使侦查权。国家机关工作人员利用职权实施的其他重大的犯罪案件，需要人民检察院直接受理的，经省级以上人民检察院决定，由人民检察院立案侦查；军队保卫部门对军队内部发生的刑事案件行使侦查权；罪犯在监狱内犯罪的案件由狱内侦查部门进行侦查。其余所有的刑事案件均由公安机关负责侦查。除此之外，其他机关和个人均无权从事侦查活动。

其次，侦查行为是在办理案件过程中发生的。值得注意的是，刑事诉讼法并未明确规定此类案件是刑事案件。这是因为在我国立案程序前置的特殊制度下，在立案前还存在着一个审查的阶段，2012 年《刑事诉讼法》第一百一十条规定：人民法院、人民检察院或者公安机关对

---

① 刑事诉讼法此处的规定并不严谨。狱内侦查部门、军队保卫部门、国家安全机关均有权开展侦查活动。

于报案、控告、举报和自首的材料，应当按照管辖范围，迅速进行审查，认为有犯罪事实需要追究刑事责任的时候，应当立案。《公安机关办理刑事案件程序规定》和《人民检察院刑事诉讼规则》也均认可了初查程序的存在。因而，此处的案件应当理解为存在刑事犯罪可能性的案件，只是在立案前只能采取"专门调查工作"而不能采用强制性措施。由此，侦查行为或者准侦查行为也有可能延伸到行政程序与刑事司法程序之间的灰色地带。

最后，所有的侦查行为都可以被分为专门调查工作和强制性措施。具体包括：在侦查中，侦查机关有权依法讯问犯罪嫌疑人，询问证人和被害人，有权进行勘验，检查，搜查，扣押物证、书证，冻结存款、汇款，鉴定和通缉等；有权对犯罪嫌疑人采取拘传、取保候审、监狱居住等强制措施；对现行犯或重大犯罪嫌疑人有权先行拘留，公安机关对经人民检察院批准逮捕或决定逮捕的犯罪嫌疑人有权执行逮捕；对有证据证明有犯罪事实的案件，有权进行预审；对符合法定条件的案件，有权作出侦查终结的决定。应当逮捕的犯罪嫌疑人如果在逃，公安机关可以发布通缉令。对于强制性措施，学界达成了一定程度的共识，即对涉案犯罪嫌疑人的人身、涉案物品进行单方面支配的措施。但对于专门调查工作的范围却莫衷一是，这意味着随着科学技术的发展，技术侦查措施的种类将越来越丰富，刑事科学技术越来越精确，信息化侦查能力也将得到极大的提高，立法上的宽泛在某种程度上也为侦查专业化提供了更为广阔的空间，同时也带来了一定程度的法治隐忧。

（二）侦查权

依照刑事诉讼法关于侦查的规定，笔者将侦查权定义为由侦查主体行使的对案件展开专门调查工作和采取强制性措施的国家权力。对侦查权的认识应当从两个方面入手。一方面，就法律层面而言，侦查权与公诉权/检察权、审判权一同构成了完整的国家诉讼权力。按照刑事司法程序的阶段性特征，侦查权属于一种国家追诉权。同时，侦查权还与犯罪嫌疑人的辩护权构成了一对基本矛盾，侦查权与辩护权共同构成了侦查程序的"两造"。另一方面，从政府组织的角度来看，侦查权所隶属的侦查组织无疑是整个庞大国家体系的一部分，侦查权的具体运行无不透露着整体的政策导向，侦查权与警察行政权构成了现代警察权的一体两面，其在统一警察权的名义下，履行警察职责，达成警务目的。此外，从更为宽泛的"政法工作"来说，以刑罚权为基础的国家刑事司法权更是要通过贯彻党的方针、路线、政策来配合党在不同时期的中心任务，侦查权也概莫能外。

从这个角度来说，侦查权与侦查至少在概念与功能上存在着以下差别：

第一，侦查是一种刑事诉讼内的法定职权行为，因而侦查功能是一种微观行为意义上的功能。这主要表现在侦查行为是否能查明事实，是否能够推进刑事诉讼的进程，而评价侦查行为的有效性主要是从刑事诉讼法律的角度进行的。所以侦查行为的功能主要是在刑事诉讼模式下进行考察的，不同的刑事诉讼模式对侦查行为的法律评价是不同的。例如，在英美法系的对抗式刑事诉讼中，侦查行为的有效性依赖于法官的司法审查、律师的执业能力，即侦查功能的发挥受制于多方主体。而在大陆法系的职权主义诉讼中，侦查行为的功能依赖于检察官的有效指挥，也依赖于预审法官的审前主导，侦查行为主要是刑事诉讼中的一种辅助性行为。而侦查权则是一种具体的制度设计，不仅包含了侦查行为，还包含了侦查主体以及侦查主体与其他主体之间的关系。因而侦查权的内涵更为丰富，侦查权除接受刑事诉讼层面的法律评价外，还要对侦查主体本身进行评价，而侦查主体又是组织实体，侦查权的运行除了关涉刑事诉讼的法律规则，还包括侦查主体的执法能力、执法伦理及其公共形象。显然在论及侦查权时，是在谈论一种主体间的关系。

第二，侦查作为一种具体的行为，其发挥功能的载体是具体的侦查策略。侦查行为的开展总是在一定的侦查策略下展开的，而侦查策略是对犯罪规律的系统把握，是对案件结构进行剖析后的逻辑延续。因此，侦查策略能否实现优化是判断侦查功能发挥程度的重要标准。当对犯罪规律有了较为扎实的把握，而侦查主体自身经验又有了一定的积累时，侦查策略就完全可以实现程式化，甚至上升到一种打击犯罪的侦查模式，因此，虽然各国国情不同，但是侦查策略又具有内涵上的相似性。而侦查权作为一种制度设计，其功能发挥的载体则不仅仅是侦查策略。作为一种关系的反映，侦查权功能的发挥需要以现实的政治、法律秩序为载体，并在内部的组织管理中实现关系的协调，因而侦查权的功能必须要在一定的社会语境下考察。不同的社会特征决定了侦查权功能的实现途径也千差万别，无法实现程式化、模式化。因此对侦查权功能的研究必须基于本国国情而开展。

第三，从两者的关系看，侦查行为是侦查权的一种实践表现形式，可以说侦查权的功能涵盖了侦查功能。评价与观察侦查行为主要集中在刑事诉讼的侦查阶段，以侦查策略的使用是否得当为主要标准。而评价与观察侦查权则不仅仅存在于刑事诉讼中，侦查管理领域、侦查伦理的建设等都是评价侦查权的窗口，而在特定的国家结构下，侦查权还要接受刑事政策、社会政策的指导，多维度的评价使得侦查权的存在场域要比侦查更为宽阔。

二、侦查权功能的逻辑起点：侦查权的性质

（一）功能的内涵：结构功能主义的启示

一般认为，"功能是事物或方法所发挥的有利的作用"，① 此定义应该为现阶段大部分学者研究侦查功能的逻辑起点，并在此定义的基础上揭示出侦查的功能。然而这一概念隐含着这样一个命题：即功能是对何者发挥的有利作用。该作用是否具有一致性。对于复杂的社会行动而言，行动者之间的相互关系形成了一定的稳定结构，而这种结构在这个社会系统中扮演着不同的角色，角色的分工与合作实现了结构的功能。实际上"功能"一词在不同的学科有不同的用法，这些用法在某种意义上又有共通之处。功能的概念在社会学中得到了最广泛的应用，以至于形成了功能主义社会学。② 结构功能主义是现阶段社会学的重要流派之一，它得益于生物功能主义的启示，其主要观点为"社会就是一个由或简单或复杂的结构组合而成的系统，不同的结构适应系统的不同需要"，处在结构中的组织和人只有扮演好自己的角色，才能为他人提供行为预期，以实现社会的稳定。③ "这就意味着只要把角色预设为行动者对某一位置的行为期待，一定的角色必将在这个社会结构中发挥一定

---

① 中国社会科学院语言研究所词典编辑室. 现代汉语词典（第5版）[Z]. 北京：商务印书馆，2005，475。

② 付子堂. 社会学视野中的法律功能问题 [J]. 郑州大学学报（哲学社会科学版），1999（5）：18。

③ 田绘. 结构功能主义、法律进化论和法律的总动生成理论——卢曼的法社会学思想评析 [J]. 广西政法管理干部学院学报，2001（2）：55.

的功能。"①

结构功能主义为我们提供了考察功能的路径。首先，功能之基础性能是基于功能主体结构之上的，主体结构由主体内的不同组成部分互相连接而成，功能主体的性能取决于主体结构的组成方式。其次，主体的结构深受主体所在系统的影响。主体所处系统并不是单一的，因此某一结构并不具有绝对的稳定性，在与系统的互动中，主体的目的和动机都会影响到主体性能的释放，从这个角度来说，功能是可以选择甚至可以主动加以设计的。这也提醒我们在研究具体的社会行动时，应当考虑到该行动的社会背景——这也是功能的助益对象。与物理结构不同，在与社会系统的互动中，也即在功能的实现过程中，主体的结构会发生某些微妙的变化，以适应主体在系统中的生存。当然这种影响力如何，取决于具体的互动机制以及主体所在系统所具备的渗透力。从这个角度来说，功能是有设计功能与实际功能之区分的。设计功能反映了主体的动机与价值选择，是系统中的参与者所期望达到或能预料到、认识到的；而实际功能则是超出参与者期望的，未被认识到的后果，实际功能反映了主体结果作为一种客观存在，其互动过程是一个并非以人的意志为转移的过程，这就是默顿所说的潜功能与显功能之分。

由此，可以得出结论：主体功能取决于主体结构，而主体结构又不是恒定的，主体结构的组成方式不仅决定了主体功能，其组成方式本身还构成了主体的性质，在与不同系统的互动中，主体的性质不同，主体在该系统中的功能自然不同，于是在研究具体社会现象时，从该主体的性质入手可以探究不同历史背景下、不同社会领域中某一主体的功能，这也构成了本书研究侦查权功能的逻辑起点。

（二）行政属性与司法属性：侦查权的两面一体

我们可以将侦查权的功能理解为不同系统或者不同背景下侦查权的性能及其对所在系统的助益作用。对侦查权功能的考察，要从侦查权的性质入手，但是学界对此一直未能达成共识，"行政权说"与"司法权说"针锋相对，彼此互不妥协，并由此上升到侦查法治化的道路之争层面。持"行政权说"的学者认为，"侦查权具有主动性、倾向性、效

---

① 刘润忠. 试析结构功能主义及其社会理论［J］. 天津社会科学，2005（5）：53.

率优先性……侦查权的本质是一种行政权，但现代侦查具有司法倾向"。① "与司法权的本质在于'判断'不同的是，行政权的本质在于'执行'……而侦查权在本质上与行政权一样，也在于'执行'，即通过收集确实、充分的证据，尽可能将所有的犯罪分子都交付审判，从而实现宪法和法律维护社会安宁与秩序的职能目标。"② "侦查程序固然依据刑事诉讼法进行，但许多侦查行为所依据的法律多属于行政法、警察法或单行行政法规……在侦查行为的效果上，首先注重的是合目的性，而不是合法性。所以，侦查程序在本质上是行政程序。"③ 持"司法权说"的学者认为，"侦查权由公安机关中相对独立的侦查部门独占，侦查部门与其他行政部门的职责划分泾渭分明，而且侦查权也不是为了'管理犯罪嫌疑人'而存在。事实上，在实施侦查行为时，公安机关履行的是司法机关的职责"。④

侦查权的性质之争反映了学界对侦查权认识角度的分歧，从结构功能主义的角度来看，在与不同的系统互动时，侦查权的内在结构组成方式也在发生着微妙的变化，而这种变化表征了侦查权在不同系统中的不同属性。"行政权说"与"司法权说"之争以三权分立的国家学说作为基本理论框架，而三权分立学说以国家主权作为划分对象，其划分意义在于通过一国立法权、司法权和行政权的宏观关系来判断该国政体性质，很显然这种划分是为了体现国家主权的结构及其互动关系，而并非为了穷尽该国所有的政府组织和权力类型。例如，在倡导治理社会化的当下，如何解释一些社会组织和非政府组织所具备的社会权力？正如上文所述，当我们试图去判断一种权力的性质时，必须要考虑该权力所作用的系统对象，而将侦查权放在国家政体的性质中去考察，很显然是"小脚穿大鞋"，各说各话。⑤ 因此，对侦查权性质的回答并非就是一个非此即彼的答案，事实上，无论是在行政领域还是在司法领域，均能够

---

① 毕惜茜. 论我国侦查权的性质 [J]. 江西公安专科学校学报，2004（2）：11.
② 陈永生. 论侦查权的性质与特征 [J]. 法制与社会发展，2003（2）：137.
③ 王彬. 侦查权的性质及配置模式研究 [J]. 河南公安高等专科学校学报，2008（2）：11.
④ 杨宗辉. 论我国侦查权的性质——驳"行政权本质"说 [J]. 法学，2005（9）：19.
⑤ 有个相似的困境：在将动物分为雄性和雌性两种类型时，如何回答老虎是雄性还是雌性？事实上老虎既有可能是雄性的，也有可能是雌性的，这里的提问并不严格符合种属间的逻辑关系，提问本身就存在缺陷。

出现侦查权的影子，侦查权可以同时具备司法属性和行政属性，两者并不矛盾。①

　　之所以说侦查权同时具备司法属性和行政属性，是因为一方面，侦查权脱胎于警察权，是一种专业和相对独立的诉讼力量。纵观侦查史，从自发组织的鲍街侦缉队到近代体制化的刑事警察部门，侦查组织的专业化和相对独立化，正是适应了司法制度尤其是刑事诉讼制度的演进。就国家权力而言，侦、控、审的分离既是适应犯罪形势变化，增强诉讼专业化的需要，也是保障人权，实现程序正义的司法理念的落实。而在刑事诉讼构造方面，控、辩双方平等对抗，法院居中裁判格局的形成，更是一种以权利制约权力的社会契约精神的体现。在大陆法系中，通过检警一体化的方式，将侦查指挥权赋予检察官，从而使警察侦查工作明显具有为诉讼服务之目的。例如，在法国，警察认为有罪案发生，应当首先报告检察官，并征得检察官同意后方可开展正式侦查。在英美法系中，虽然检察官不能或者很少介入警察的侦查工作，但是繁杂的证据规则以及严格的侦查令状制度，使得警察在侦查之初不得不考虑可能带来的诉讼后果。从这点来说，英美法系的警察侦查工作具有被动卷入诉讼程序的特征。因此，即使英美法系国家的刑事警察组织属于行政系统，但其侦查权一旦启动，就要接受律师的抗辩与法院的司法审查，诉讼属性同步展现，所以侦查权必然具有司法属性。

　　另一方面，侦查权并不是判断权，而是一种执行权。执行权与判断权至少在以下两个方面存在着重大差别：一是执行权的启动完全由执行主体掌握，何时启动、执行到何种程度，执行主体均有一定的裁量权。而判断权的启动则有可能由判断主体以外的主体启动（如审判监督程序），判断权行使的结果是必须要有一个明确的判断结论，而不能中途而止，并且判断的结论具有终局性效力。二是执行过程需要发挥执行主体的智慧和策略，在对具体问题的解决过程中，主体能动性的发挥往往决定着执行效果。而在判断过程中，需要严格遵守判断程序（如证据规则），判断结论的产生由提交争议双方的努力所决定，判断主体对此

---

　　① 这里用属性而不是用具体的行政权或司法权去界定侦查权的性质，正是因为具体的行政权或司法权受制于专门的部门法不可同时适用于某一权力行为。但属性之间并不存在排他性。除了侦查权，公证权、仲裁权均有多重属性。

不能承担全责。正是因为上述差异，并且侦查权又具有行政属性，所以侦查权的启动和执行过程并不完全由诉讼法律所决定，相反，"首长意志"在其中扮演了重要角色，侦查资源的调配、侦查策略的布设均需要充分发挥侦查长官的能动性。正是在这个意义上，侦查组织与警政长官保持着千丝万缕的联系，警政长官在人事、财政上拥有对侦查组织较大的控制权。即使是在检警一体化的大陆法系国家，检察官与警政长官也常常在对司法警察的管理上产生争议，由于检察官并不能干涉司法警察的职务升迁，导致了司法警察在具体案件上往往更多听从于警政长官的调遣，检察官不能决定司法警察的人选。警察侦查工作的倾向性使得侦查权表现出了强烈的行政属性。

当然，侦查权兼具司法和行政两种属性的结论，并不意味着侦查权可以脱离法治的轨道，无论是其司法属性还是行政属性，都必须遵守权力制约的法治核心要义，只是侦查权的法治化路径并不以非此即彼的属性之争作为设计依据（第八章将作进一步分析）。相反，侦查权兼具司法和行政两种属性就意味着侦查权的性质并非是恒定的，其权力性能是需要结合侦查权所处的系统进行判断的，而侦查权所处的系统则是中国社会转型的大背景。对侦查权功能的考察，正是以侦查权的性质作为逻辑起点，以中国社会转型的语境作为考察路径。

三、侦查权功能的考察路径：中国社会转型的语境

正如上文所述，侦查权在行政属性和司法属性上各有倚重，这也表明侦查权在与不同系统互动时会展现出不同的结构特点，本书要研究的就是中国社会转型时期存在着哪些系统以及这些系统的互动特点。

（一）社会转型时期国家治理的现代化目标

社会转型，是指"社会结构和社会运行机制从一种型式向另一种型式转换的过程"。① 虽然学界对中国社会转型的起始时间还存在着争议，但对社会转型的基本方向达成了共识：由计划经济体制向市场经济体制转变，所有制结构由单一的公有制向以公有制为主体的多种所有制并存转变，治国方略从"人治"向"法治"转变，社会环境由封闭型逐步向开放型发展，国家社会高度统一的一元化结构向"国家—社会"

---

① 郑杭生. 社会运行导论［M］. 北京：中国人民大学出版社，1993，306.

二元结构过渡。社会转型的过程也意味着国家管制方式的变化，即由命令式的统治向法理型的治理转变。自从 1989 年世界银行在《撒哈拉以南非洲：从危机到可持续增长》研究报告中提出"治理"的概念以来，"治理"一词就与社会转型或与发展中国家的政治建设息息相关，"治理，是指在一定范围内运用权威来维持某种特定秩序，以满足各方利益需求，从而最大限度地增进公共利益的过程"。① 社会转型的过程就是一国治理不断完善的过程，社会转型的成功与否取决于治理现代化的程度，而现代化的治理则是一种善治的状态。善治，是指包括政府组织、公共部门及私人部门之间通过建立良好协作的伙伴关系，使社会公共利益最大化的管理过程，它主要包含合法性、透明性、法治、责任性、有效性、参与性、廉洁、公正与稳定等基本要素。可以看出，现代化的善治与传统统治最大的区别在于治理主体的多样化、治理方式的法治化、治理目标的公共性以及治理效果的最大化。治理模式并不是要放弃政府对社会的控制能力，相反，平稳的社会转型更需要有一个功能强大而又灵活的国家能力。"国家治理首要的和最基本的目的是维护政治秩序以及保障政府能够持续地对社会价值进行权威性的分配。"② 作为一种权威性分配，除了经济上的发展能力，善治至少还需要提供以下公共产品：

第一，是最低限度的秩序。社会转型的过程必然会带来利益的分化和冲突，而社会矛盾的集聚会带来一定程度的社会风险，如果没有强有力的国家主导与控制，社会风险必然会无限蔓延，最终演化成社会秩序、经济秩序的混乱。福山认为："政府软弱、无能或者无政府状态，已成为当今世界许多严重问题的根源。"③ 秩序变动也是社会转型的一种侧面反映，秩序变动并不单纯是一种治安秩序的变动，而是社会政治、经济、文化等方面形成新的模式的一种综合的社会体系的整合。在治理现代化的语境中，在新秩序的形成过程中，政府应当提供秩序形成

---

① 张兴华. 当代国家治理：现实困境与治理取向 [D]. 上海：华东师范大学，2013，26.

② 徐湘林. 转型危机与国家治理：中国的经验 [J]. 经济社会体制比较研究，2010（5）：2.

③ 王绍光. 安邦之道——国家转型的目标与途径 [M]. 北京：生活·读书·新知三联书店，2007，62.

所必需的最基本的要素，而绝不是听之任之，这是因为新秩序的形成过程包含着新旧两种秩序的转化，表现为两个阶段：首先是在转化过程中，旧的体制与旧的社会规范正在不断消亡。在这一阶段，旧有的社会控制体系不断松动，诸如侵财犯罪等传统犯罪行为有了极大的释放空间，自由主义市场经济更是增加了此类犯罪的规制难度。其次是在转化过程中，新旧体制的冲突、新旧规范的不一致使得转型秩序存在着结构性缺点。"秩序是客观存在着的社会关系的规则形式，是具有规范社会关系、调适社会关系主体行为功能的社会关系规范体系。"① 当新旧规范不一致时，许多行为就会陷入规范不明、责任不清的情形，经济领域和行政管理领域表现得最为明显，这部分行为往往会被纳入新型经济犯罪或者行政犯罪中去考虑。

"安全是秩序的实质内容，秩序又是安全的规则形式"，② 而安全与秩序并不会在社会转型过程中自发形成。为了提供最低的国家秩序，保持一定程度的国家暴力和强制力是必需的，并且这种国家暴力和强制力还必须运用得恰到好处，尤其是在犯罪控制和治安秩序维护上要力图做到帕累托最优。所谓帕累托最优，是指"生产要素的价值重新配置，已经不可能使任何一个人的处境变好，而不使另一个人的处境变坏"。③ 帕累托最优强调的是结构的优化组合，而不是无限制的成本投入，而在现代化治理中，犯罪控制使用的并不仅仅是国家强制力，而是需要在政府的主导下，实现各方的协同治理。传统的权力整合技术总体上不再作为对待社会主流（占据人口绝大多数的中上等阶层）的控制手段，而主要用于对失范者和失序者（懒惰、吸毒、流浪或无家可归者等）的管理。因而在提供秩序与安全公共产品时，警察手段也并不是唯一手段，并且警察手段的具体类型与实现方式也需要结合本国的治安局势予以确定。

第二，法治规则与权力规训的确立。社会转型意味着国家—社会的分离，政府有为、有所不为。政府需要维持秩序，却又不能不择手段地

---

① 王均平. 安全，还是秩序——治安理论与实践之上位概念分析及选择 [J]. 中国人民公安大学学报（社会科学版），2009 (6)：46.

② 王均平. 安全，还是秩序——治安理论与实践之上位概念分析及选择 [J]. 中国人民公安大学学报（社会科学版），2009 (6)：47.

③ 张培则. 微观经济学的产生和发展 [M]. 长沙：湖南人民出版社，1997，109.

维持秩序，"在一个自由的社会，国家并不通过行政的手段管理人们的事务，而只是通过法律调整人们的私性活动"。① 在社会转型的过程中，秩序的形成是一种动态的组合过程，因而秩序具有相对性，而非国家对社会实行的"监狱全景式监控"。在现代化治理的模式下，秩序并非意味着对社会冲突的否定，相反，秩序是对社会冲突的容纳，并防止社会冲突以暴力的形式展开。政治系统如果要获得稳定有序运行的话，不仅需要外部的经济发展，更需要在国家与社会之间取得冲突与一致的适当平衡。只有在这种平衡中才真正有助于解决和制衡多元社会中的利益冲突问题。因而即使是违法犯罪行为，也并非一般意义上"孤立的个人反对统治关系的斗争"，而是社会转型中秩序结构的外在反映，处理违法犯罪问题，本质上仍是一个社会问题。秩序的相对性决定了国家对犯罪的刑法反应应当是慎重的、谦抑的，刑法是有其限度的，国家不能过度依赖刑法的制裁功能。"当某种行为的恶的程度没有达到需要通过刑法规制的程度，或因为社会的变迁而使人们对其恶的判断发生改变的情形，或动用刑法还是有失公允的时候，刑法就应当进行明智的立法或司法的非犯罪化处理，或者进行处罚上的非刑罚化处置。"②

为了保持这种谦抑性，在程序上就要求政府要通过规则之治来避免权力的异化以及对"独立之人格"的侵犯，因此，权力规训就显得尤为必要。同时，法治规则的确立也有利于国家与社会的良性互动，法治规则本身也是化解社会矛盾、控制社会风险的重要渠道。从这个意义上来说，理想的社会转型也是一种从形式的法制向实质的法治转变的过程。法制仅仅代表法律体系的完善，也即法律规范文本的修订。因而法制是不需要区分良法与恶法的，也不关切法律的实际运行效果及其法制环境，是一种静态的概念。而法治则包含了"秩序、公正、人权、和谐、效率"③ 价值，因而法治是一种动态的过程，不仅强调良法的价值，也强调国家治理能力的法治化。于是社会在向实质法治转型的过程中，必然会伴随着权力规训与秩序之间的矛盾与冲突。现代化的国家治

---

① 张旅平，赵立玮. 自由与秩序：西方社会管理思想的演进 [J]. 社会学研究，2012 (2)：30.

② 蔡道通. 犯罪与秩序：后现代理论视角的分析 [J]. 江苏社会科学，2003 (2)：157.

③ 张文显. 法治与国家治理现代化 [J]. 中国法学，2014 (4)：10.

理首先是法治规则体系的完善，在国家治理过程中国家机关和社会公众都要依法办事。而在一个法治文化并不发达的转型国家，政府首先应当规范自身行为，限制自身权力，防止越权。规则意识和规则体系是现代化的国家治理体系的制度基础，没有科学合理的制度和规则体系，国家治理活动就不可能产生体系化的整体效果。因而社会转型的过程也是一种寻找秩序与权力规训动态平衡的过程，并由此产生了不同于其他国家的法系模式。

第三，价值共识与社会整合的达成。仅仅依靠国家强制力去维持秩序需要付出巨大的代价，尤其是在当政府合法性不足的情形下，过多地依赖国家强制力可能会适得其反。缺乏共识的社会最多只能出现机械式的团结①而不是有机团结。而能够维持有机团结的则是社会整合。所谓社会整合，是指"借以调整和协调系统内部的各套结构，防止任何严重的紧张关系和不一致对系统的瓦解的过程"。②而社会整合中的重要一项就是社会文化的整合，或称意识形态的整合。社会利益分化以后，价值观也必然随之发生分化；多元价值观的存在是市场经济发展的必然结果，也能够促进人类文明的丰富。但过度的分化也必然会破坏社会成员之间相互合作、共同奋斗的精神基础，进而损害社会共识的形成。更为严重的会削弱公众对政府的认同，进而破坏政府对社会秩序的维护，造成政府统合能力的下降。

虽然多元价值观的并存与争论成为转型社会的一大特征，但是在最基本的国家共识层面——核心价值观与意识形态上需要对全体国民进行塑造。这种凝聚国家共识的能力被王绍光教授称为"合法化能力"。所谓"合法化能力"，是指"国家为实现制度能力所必须具备的权威与合法性，也就是国家对社会各阶层的文化渗透"。③而著名的社会学家迪

---

① 机械式团结，是指在劳动分工较低的不发达社会中，大多数的社会成员从事相似的职业，社会分化程度较低，简单而直接的社会关系将成员凝聚在同质化的集体意识中。而有机团结则是在现代工业社会中形成的，以社会高度分化、社会成员分工为基础，社会成员在道德和思想方面是异质的。在有机团结中，维系社会成员的纽带是他们不可超越的相互依赖关系，这种关系表现在政治、经济、文化各个方面，尤其以物质利益为根本内容的经济关系是最基本的方面。

② 谢中立. 二十世纪西方现代化理论文选 [M]. 上海：上海三联书店，2002，8.

③ 王绍光，胡鞍钢. 中国国家能力报告 [M]. 沈阳：辽宁人民出版社，1993，6.

尔凯姆则认为社会整合是"把个体结合在一起的社会纽带，是建立在共同情感、道德、信仰或价值观基础上的个体之间以及群体之间以结合或吸引为特征的联系状态。正是靠着这种联系，社会才能完整存在并获得独立生命"。① 价值共识与社会整合的达成，表明了政府有能力对民意进行回应，并对多元文化进行协调与融合，从而实现以价值共识促进制度建设，以制度建设培育价值共识的良性循环。制度能力与意识形态能力是相辅相成的，它们共同构成了国家治理的基本能力。在文化层面上，社会转型的过程就是国家不断修正并凝聚社会共识的过程。

（二）国家治理与侦查权的功能

正如上文所述，侦查权同时具备司法属性与行政属性，在国家治理现代化的目标下，侦查权正沿着国家现代化建设的目标而展现出复合型属性。

首先，侦查权作为一种警察权，必然要在秩序维护场域有所作为。宫志刚教授认为，治安秩序包括治安实体、治安规范与治安权威。侦查权作为一种警察权必须要能够维护既定治安秩序的结构。② 通过侦查活动能够最大限度地调集群众参与犯罪控制，从而提供更多的治安实体资源；通过侦查活动，正确实施刑法任务，能够确立犯罪控制的一般规范，并为社会公众提供一般的秩序期待；通过侦查活动，能够及时对犯罪回应，并启动刑事纠纷的裁决机制，从而形成对社会冲突与社会矛盾的支配性调控力量。在秩序系统中，侦查权的结构主要沿着"犯罪—警务—政府"的路线组合。一方面，侦查行为是对犯罪行为的回应，只要有犯罪，就会有相应管辖的侦查主体开展侦查活动。同时，现代侦查并不局限于被动式侦查，在信息化时代，主动式侦查成为一种可能，先发制敌已经成为打击犯罪、维护社会治安秩序的一种有力武器。而主动式侦查则为秩序维护提供了一种嵌入式的支撑。另一方面，侦查权的

① 黎民，张小山. 西方社会学理论 [M]. 武汉：华中科技大学出版社，2005，57.
② 治安实体也称为治安主体，通常是由不同意志的个人、群体和组织构成的。治安规范也称治安规则，是人们在治安实践中行为规则的总称，它是一个社会的治安秩序之所以成为这一秩序的决定条件之一。所谓治安权威，就是凭借社会公认的权势——这里主要是政治法律权势或者是政治学中的合法性，以及威望——这里主要是合理性而形成的对社会各种失序行为进行限制、制约和制裁的支配力量。这种支配力量随着社会的发展会表现出各种不同的形式。详见宫志刚. 治安秩序结构研究 [J]. 中国人民公安大学学报（社会科学版），2005（6）.

启动还受地方政府的犯罪治理政策以及具体的决策影响。侦查组织仍然是一种官僚式的架构，侦查组织实现的是行政系统的科层体制，并在人、财、物上完全受地方政府支配。作为政府职能部门的公安机关在制定某些侦查政策时还需要配合地方政府的总体治理目标与治理策略，因而地方政府对侦查组织控制的强度、力度和范围并不比法律控制弱，在秩序维护中的侦查权展现出了官僚行政系统特有的行政功能。在治理的视角下，作为行政属性的侦查权主要发挥着上文所述"维护最低限度秩序"的治理功能，并且这种秩序并非是一种刚性稳定，而是一种具有稳定性的社会公共秩序。

其次，侦查活动作为一种刑事诉讼活动，必然要遵循刑事法治的理念和刑事诉讼活动的规则。在传统的犯罪——报应刑罚观下，刑事诉讼具有明显的惩罚性质。"在封建时代，法律并不足以完整地创设一种正义的社会秩序，甚至当正义秩序遭到破坏时，报应观念所创设的理论正好满足了人们对正义的需求，现实生活中有很多恶行，而民众期望清官能够惩奸除恶，维护国家法纪。"① 因而封建社会经常会出现神明断案，本应建立在科学证据基础之上的侦查活动变成了缺乏规范的象征式裁判，一方面刑讯逼供被视为是合理的，另一方面又借力鬼神之道忽略证据体系的全面性。因而在封建纠问式的侦查活动中，犯罪嫌疑人被客体化，国家权力在刑事诉讼中恣意地表现出专断和暴戾的气质，具有较大的任意性。至于近代，虽然报应观念经过了正义与人本价值的融合，"对犯罪者而言，对他进行惩罚只能是因为他的自由意志行为给他人的自由或者社会的利益造成了损害，这种损害违背了正义的要求。那么对他进行惩罚也就是恢复被损害的正义，此外别无其他目的"，② 但"报应论"仍然关注的是对犯罪行为的损害，而非关注诉讼程序本身，因而在近代较长的一段时间内，犯罪嫌疑人的程序主体地位仍未得到确立。当自由主义法治理论渐具主导地位时，"社会防卫说"取代了传统的"犯罪—报应"学说，而社会防卫的前提就是要准确识别社会纠纷的性质和程度。因而刑事诉讼被看作一种刑事纠纷的解决机制，"查明

---

① 雷芳. 法律文化视野下的报应观念——以中国传统社会为背景 [D]. 兰州：西北师范大学，2014，22.

② 马克昌. 近代西方刑法学说史 [M]. 北京：中国人民公安大学出版社，2008，118.

真相实际上并不能算作诉讼程序的目的，从实质上来说，它是为了将规则和原则正确适用于争执，是为解决争执服务的。因此，与纯科学不同，法律的目的并不在于发现真相，并不在于发现全部真相，并不纯粹在于发现真相"。① 侦查权被要求客观、公正地识别这种刑事纠纷，因此，在治理的视角下，秩序维护与规训权力并不是相互对立的，侦查权的运行不仅要有法可依，还需要切实遵循立法所设定的正当程序。侦查组织中的"长官意志"必须在某些领域受到限制，甚至被完全排除，而侦查权则受到辩护权、起诉权和侦查监督权的制约，这种制约形式表现在两个方面：一是非法证据排除规则的建立。非法证据排除规则，是指侦查活动中违反正当程序所获得的证据不得用于对犯罪嫌疑人提出指控的程序制裁规则。由于非法证据排除规则是一种程序制裁规则，其排除结果需要以准诉讼的形式在法庭内展开辩论，并由法院最终裁决。侦查系统内部的行政命令都不足以对抗程序制裁的效果，因而非法证据排除规则本身就体现了犯罪嫌疑人的权利制约侦查权力的司法属性。二是司法令状制度，是指"通过司法令状的方式实施法律上的强制处分，并对利害关系人给予适当的司法救济的程序法制度。要求以司法令状作为强制处分合法的直接依据的法律原则，被称为令状原则，又称令状主义"。② 司法令状制度打破了侦查程序的完全封闭性，使得侦查活动进入了一个相对透明化的程序之中，而侦查强制措施的采取则不完全由警政长官所决定，这体现了侦查程序中的权力与权力相制约的特征，也体现了司法权对侦查权的制约，具有强烈的司法属性。

　　总之，在承认犯罪嫌疑人程序主体地位的前提下，侦查权的行使不再是一个恣意的过程，一旦出现失范行为就随时可能在多主体采取的法律措施下受到法律的否定评价。于是在现代化过程中，虽然侦查组织不断专业化而相对独立，但侦查权却在正当程序中受到了更多权力的约束，从最早的内部监督与投诉，到法院的司法令状，再到检察监督甚至是议会弹劾，侦查权的运行呈现出"戴着镣铐跳舞"的场面。因而侦查权逐渐形成了"侦查行为—权力制约—法律评价"的法治路径。在

---

① 邓继好. 程序正义理论在西方的历史演进 [D]. 上海：华东政法大学，2010，119.
② 孙长永，高峰. 刑事侦查中的司法令状制度探析 [J]. 广东社会科学，2006（2）：185.

这一路径中，侦查权呈现出了司法属性。

最后，侦查权作为国家权力网络的一部分，在政治合法性的重构过程中起主体性作用。正如上文所述，合法化能力是国家现代治理能力的组成要素。在计划经济时代，政治合法性被"浪漫的革命主义"所掩盖，特殊的时代背景使得"源于对自己所处时代政治社会现实的抗争与批判"① 产生的合法性成为不证自明的教科书式的信条。而在社会转型时期，阶层的分化与利益格局的调整使得传统的合法化手段遇到了诸多阻碍，甚至连合法性本身也遭到了质疑。执政党需要以其强大的组织网络重塑合法性，主导意识形态的建设。社会转型期也被看成从"权力的文化网络到权力的组织网络"，② 甚至是"分散社会的再组织化"的过程。在组织化的过程中，权力的合法性得到了验证。侦查组织在政治合法性的建构过程中展现出更为开放的"侦查权—媒体舆论—民众评价"的系统构成。侦查组织作为国家组织的一部分，其主体性特征区别于其他组织。首先，侦查组织所从属的警察组织是具有武装性质的刑事司法力量和治安行政力量。在和平时期，它们是国家强制力最典型的代表。而国家强制力的作用对象、方向、重点与节制程度则充分展现了一国的政治价值取向和制度资源供给。其次，侦查组织还区别于负责治安管理的行政警察组织。侦查组织对犯罪的反应能力、对犯罪风险的感知能力以及查明事实的精确程度都直观地反映了该国政府的绩效情况。对于普通民众而言，正义是个案的正义、是看得见的正义。侦查权的运行效果一方面在媒体舆论的引导下，形成了涉及政治合法性的话语体系；另一方面，民众在更为开放的言论环境下，也通过特有的传播方式形成了对以侦查组织为代表的政府组织的评价。在此场域下，侦查权的运行又展现出了行政属性，并且是一种文化和观念上的输出。

（三）中国社会转型的历程与侦查权的变革阶段

在社会学的研究中，关于新中国成立以来的社会转型历程有"两

① 朱高正. 自由主义与社会主义的对立与互动 [J]. 中国社会科学，1999（6）：52.

② 权力的文化网络意在表明政治权威是由符号、思想意识和价值观念所构成的，影响权力的因素被看作文化的网络；权力的组织网络意在表明政治权威是由具体的国家组织与社会组织构成的，秩序的平稳过渡有赖于强大的党的组织网络。详见杜赞奇. 文化、权力与国家 [M]. 南京：江苏人民出版社，1994；唐皇凤. 社会转型与组织化调控——中国社会治安综合治理组织网络研究. [M]. 武汉大学出版社，2008.

阶段说"、"三阶段说"和"四阶段说",这些学说大多以涉及我国经济体制改革的重大决策会议为节点,强调社会转型首先是经济基础的变革。① 中国的社会转型虽然由经济改革作为突破口,但经济体制的改革必然也要求政治体制改革与社会制度建设作为配套措施,因而社会转型的切入点可以因国而异,但在总体上仍然是一种全面的改革,这种改革会涉及政府、市场、社会、公民个体四个维度。而兼具司法属性与行政属性的侦查权必然也会在其属性所对应的政治、经济、文化领域经历国家自上而下的变革。公安部将改革开放以来公安工作的变革表述为"公安思想理念的重大转变、公安工作运行机制的重大创新、公安行政管理工作的重大变革以及公安队伍建设的重大进展"。② 应当说包括侦查权在内的公安警务不仅自身受社会转型体制性的影响,同时还要服务于党和国家的中心政策。因而侦查权的变革阶段既与社会学上的社会转型阶段有重合之处,又有着自身独特的划分逻辑。

第一阶段是 1978 年十一届三中全会至 20 世纪 80 年代末,这一时期随着公安工作的恢复以及实行改革开放重大国策带来的社会控制体系松动,整顿社会治安秩序、保障经济体制改革顺利进行成为公安工作的重点。第二阶段是 20 世纪 90 年代初至 21 世纪初,这一时期随着社会治安综合治理体系的建立,社会治安秩序的维护不再仅仅依靠侦查打击,侦查工作只是社会治安治理的一个环节。同时,随着 1997 年 "依法治国"口号的提出以及 1996 年《刑事诉讼法》的颁布,从严治警、依法治警成为侦查队伍建设的新命题。第三阶段是 21 世纪初至今,随着社会转型逐渐进入 "新常态",侦查权也在各个方面继续深化改革,并形成了稳定的机制与模式,如信息化侦查机制的建立、执法规范化建设的强力推进,并逐渐形成了注重社会效果的民意导向的刑侦工作。

---

① 如 "两阶段说"的学者认为,以 1978 年十一届三中全会的召开和 1992 年邓小平"南方谈话"为标志将中国社会的转型历程分为 1978—1992 年和 1992 年至今的阶段。持 "三阶段说"的学者认为应当遵循思想解放→经济发展→全面科学发展的路径,将中国社会的转型历程分为 20 世纪 70 年代末至 80 年代末、20 世纪 90 年代初至 21 世纪初、21 世纪初至今三个阶段。持 "四阶段说"的学者则以党的十一届三中全会、党的十二届三中全会、党的十三届三中全会、党的十六届三中全会作为节点来划分中国社会转型的阶段,很明显这也是一种更为直观的以经济转型为主线的划分标准。

② 中共公安部党委. 改革开放三十年公安工作的辉煌历程 [J]. 公安教育, 2009 (1):1–8.

由此可见，在社会转型的语境中考察侦查权的功能演变，需要结合中国社会转型历程中涉及侦查工作的重大事件与决策，这既构成了侦查功能的系统背景，也成了考察侦查功能的路径。笔者认为，这些系统背景包括：社会转型前的"总体性社会"、改革开放初期的"严打"政策、1991年提出的社会治安综合治理国策、1996年颁布的《刑事诉讼法》与1997年提出的"依法治国"国策、20世纪初提出的社会主义法治理念中的社会效果与法律效果概念。而本书亦按照侦查权在上述系统中的功能分章论述。

第二章　总体性社会结构中侦查权的专政功能：社会转型前的观察

　　不同时期，不同的社会结构构成了侦查权的结构语境，提供了侦查权所要互动的系统对象，也对侦查权产生了不同的功能需求。侦查权的设定与侦查工作的开展必然要在客观上靠近相应社会结构中的政策目标，甚至成为某种意义上的政策工具。因此，在社会转型前后侦查权的变迁中考察侦查权的功能更能揭示侦查权功能的演变轨迹。

　　从新中国成立到改革开放前的计划经济体制时代被称为总体性社会，所谓总体性社会，是指"一种结构分化程度很低的社会。在这种社会中，国家对经济以及各种社会资源实行全面的垄断，政治、经济和意识形态三个中心高度重叠，国家政权对社会实行全面控制"。① 总体性社会体制具有两个主要特征：一是国家对社会的高度管制。在总体性社会结构中，个人要想获得最基本的生存条件，就必须也只能通过国家的制度性安排，即以单位制度、户籍制度和身份制度来获取。国家不仅是生产资料的垄断者，也是生活资料的发放者，还是权力和威望的配置者，国家治理具有明显的管制色彩。从国家治理结构来看，国家直接面对民众，是一个无缓冲阶层的"竞技型"管理，因而社会秩序完全取决于国家控制的力度以及政府对社会的动员能力。为了在"面对面"的社会控制中占有绝对优势，庞大而直接的控制网络是必不可少的。二是社会结构的高度关联性。在总体性社会结构中，以单位为基本载体的政治中心、经济中心、意识形态中心高度重叠。由于国家与社会没有区别，政治制度所形成的框架成为社会层面运行的基本框架，社会中的各种组织或制度安排系统均附着于政治制度框架上，政治和行政权力成为

---

　　① 孙立平. 转型与断裂——改革以来中国社会结构的变迁 [M]. 北京：清华大学出版社，2004，31.

支配整个社会生活的基本力量。因此，在总体性社会结构中并不存在独立的司法体系与法律领域。经过国家对社会的一系列改造，相对于国家而言独立的社会力量已经基本消失，治安秩序的维护完全取决于国家党政系统的态度与方式。法律裁判也以社会矛盾的性质作为标准，对于"人民内部矛盾"，以调解的方式进行化解，维持单位制体系内的正常运作。而对于敌我矛盾，则以专政的方式进行人身财产的限制，从而将其驱逐出单位体制。在这种两分法下，无法对犯罪本质及其规律进行科学的认识，而公安机关的治安秩序维护职责也被简单地分为两种：调解纠纷与打击敌人。于是侦查权的行政属性与司法属性逐渐归一到政治属性，而其运行方式、策略则完全由当时的政治框架所决定。

一、尚未成型的侦查权与侦查主体的多样化

新中国成立后，包括公安机关在内的政法机构迅速成立并直接深入乡镇一级，根据1949年12月中央人民政府批准的《中央人民政府公安部试行组织条例》规定，公安部的职责主要是：主管全国公安事宜，负责国内与国际特务、间谍、盗匪及一切危害人民共和国的反革命分子的侦缉、讯问、检举等工作的组织与领导。在没有建立检察机关的地区，公安机关还代行检察权，并在1951年后兼管监所、劳改工作。很显然，在新中国成立之初，公安机关的职能是复合而又强大的，但是对于侦查工作或者侦查权并没有实现法定化和专属化。① 具体而言，三个方面的因素造就了侦查权的初期形态：首先，刑事诉讼法尚未制定，刑事诉讼的主体范围无法可依，因而沿袭了革命年代社会保卫局的组织架构，不区分治安行政权与刑事侦查权。同时，刑事立法的缺乏还导致了侦查程序的弱法律性，正如上文所述，侦查权的运行完全由当时的政治框架所决定，侦查被归类为一种打击方式，在矛盾区分的策略下，侦查策略由政治策略统摄，侦查程序并不完全是一种法律程序，因而侦查主体不是被完全限定的。其次，新中国成立之初，面对残余的反动势力以

---

① 当时公安部内设机构为政治一局（政治保卫局）、政治二局（经济保卫局）、政治三局（治安行政局）、政治四局（边防保卫局）、政治五局（武装保卫局）、政治六局（人事局），以及办公厅和中央公安干部学校。各地方公安机关以此为参照样本，略有不同。详见魏永忠. 改革开放以来公安机构改革及其启示 [J]. 中国人民公安大学学报（社会科学版），2008 (6).

及因为旧社会解体而存在的大量越轨行为，不限定侦查主体的做法可以增强公安机关处置违法犯罪行为的灵活性，同时，通过授权或者部分授权的方式，公安机关可以依托党政组织网络或者基层单位更便利地动员群众，从而降低警务成本，巩固业已稳定的社会形势。最后，受制于当时的刑事科学技术水平，侦查专业化的水平较低。从社会分工的角度来看，公安机关内部的警种分化程度较低，无须进行过于细致的分工，也不需要专职的侦查调查人员和侦查技术人员，而在传统群众路线的路径依赖下，"一切依靠群众"同样被自觉用于公安工作，因而继续沿用了革命时期对敌斗争的策略与经验。

在总体性社会结构中，政府还特别注重对基层组织和居民的渗透，群众自治组织就是当时对组织体系的一种创新。除了正式的公安机关，各级治安保卫委员会也在当地居民委员会的领导下履行一定的警务职能。1952 年 8 月 11 日，公安部发布了《治安保卫委员会暂行条例》，在《城市居民委员会暂行条例》颁布后，治安委员会正式纳入居民委员会的组织体系之下，成为居民委员会下属的工作委员会。但治安委员会受公安派出所和居民委员会的双重领导，其最主要的职能是在公安部门的领导下维护胡同的社会秩序。虽然文件并未细化治安保卫委员会的具体职权，但是实施"任意侦查"和"刑嫌调控"以及搜集"刑事情报信息"活动是治安保卫委员会配合公安机关的日常工作内容。在随后的"三反"、"五反"运动中，以治安保卫委员会为代表的群众自治组织提供了大量的线索，发挥了巨大的作用。① 可以认为此时的治安保卫委员会拥有了部分的侦查权。

有效动员社会资源是总体性社会下国家治理的一大优势，通过公安机关领导，治安保卫委员会协调配合，充分发动群众，实现参与式警务是当时治安秩序维护的一大特色。这里的发动群众并没有仅仅停留在将群众视为"情报信息来源"的层次上，而是让群众充分地具有主体性

---

① 到 1952 年 10 月，全国 80% 左右的反革命分子受到了杀、关、管各种惩处。1952 年年底，全国镇反运动基本胜利结束。在这次镇反运动中，全国共歼灭土匪 240 余万人，判处各种徒刑的反革命分子 127 万人，管制 23 万人，判处死刑的有 71 万人。经过这一运动，人民公安工作也进一步加强了与人民群众的联系，在全国范围内普遍建立了群众性的治安保卫委员会，团结了群众反奸积极分子近 200 万人。详见何理. 中华人民共和国史 [M]. 北京：档案出版社，1989，42.

的作用，群众不仅能揭发提供线索，还可以直接捕捉"反革命分子"，这可以视为一种"准逮捕"行为，这与现在对现行犯的扭送有着本质的区别。在用政治运动解决治安问题的同时，群众实际上获得了准侦查行为的授权。

二、政治警务与侦查权的专政功能

未成型的侦查权与侦查主体的多样化在本质上是一种对社会治理资源缺失的应急反应，在传统政治运动式的组织运行模式下，公安机关仍然是运动的主导者，"群众运动就是通过政治动员的方式激发广大人民群众的积极性而发动起来的。动员不仅贯穿于运动的每个步骤，而且还贯穿于运动过程的始终，在群众运动中处于相当关键的地位，起着举足轻重的作用"。[1] 只要公安机关仍然能够主导社会治安治理的方向与重点，就会尽可能吸纳非政府组织和个人加入社会治安的治理中，这自然也包括侦查工作。Charles P. Cell 教授曾从两个维度对运动式治理进行分类：第一，运动是否有特定的目标群体被设计为"敌人"；第二，运动执行特定的功能还是执行较广泛的功能。[2] 由于侦查权与行政权不区分，侦查工作也在大体上呈现为打击和镇压特定行为的工作。因而这一时期侦查工作具有动员特定目标群体并实现特定功能的侦查运动（如"三反"、"五反"），也有动员特定目标群体并实现更广泛功能的侦查运动（如镇压反革命运动）。

表1　新中国成立以来20次全国公安会议情况概览[3]

名称	时间	议题	简况
第一次全国公安会议	1949.10.15—11.1	确定全国公安机关的组织机构和公安工作的方针、任务等	毛泽东接见与会人员，朱德主持会议，周恩来、董必武等作指示，罗瑞卿作报告

---

① 佘湘. 1949—1978：中国群众运动成因问题研究 [D]. 北京：中共中央党校，2010, 122.

② Charles P. Cell. Revolution at Work：Mobilization Campaigns in China[M]. New York：Academic Press,1977,187-188.

③ 陆永. 当代中国警政与现代国家成长 [D]. 南京大学，2012, 54.

名称	时间	议题	简况
第二次全国公安会议	1950.10.16—10.21	贯彻毛泽东指示，部署镇压反革命的工作	刘少奇、彭真到会讲话，罗瑞卿作报告
第三次全国公安会议	1951.5.10—5.15	总结镇压反革命的经验，制定严肃、谨慎、收缩的镇反运动方针、政策	毛泽东修改审定会议决议，刘少奇、彭真到会讲话，罗瑞卿作报告
第四次全国公安会议	1951.9.11—9.17	彻底肃清反革命的残余势力，部署继续开展镇压反革命运动	周恩来、彭真到会讲话，罗瑞卿作报告
第五次全国公安会议	1952.10.12—10.18	讨论镇压反革命工作，通过建设公安部门政治工作决议	罗瑞卿作报告
第六次全国公安会议	1954.5.17—6.17	按照党在过渡时期的总路线、总任务，提出加强业务建设、全面转入经常斗争的方针，保卫经济建设和国防建设，保障社会主义改造顺利实施	董必武、彭真到会讲话，罗瑞卿作报告
第七次全国公安会议	1955.12.16—12.14	讨论确定1956年全国公安工作任务	周恩来到会讲话，罗瑞卿作报告
第八次全国公安会议	1956.12.20—12.28	坚决打击一切反革命破坏活动，继续进行政治争取和瓦解工作，大力开展同刑事犯罪的斗争，进一步做好改造工作	罗瑞卿作报告
第九次全国公安会议	1958.6.23—8.16	总结9年公安工作，部署今后公安业务和队伍建设，进一步巩固无产阶级专政，为社会主义建设提供安全保证	董必武、陈毅、谭震林、陆定一、薄一波、彭真到会讲话，罗瑞卿作报告
第十次全国公安会议	1960.2.11—2.27	讨论部署保卫社会主义建设连续"大跃进"问题	陈毅到会讲话，谢富治作报告
第十一次全国公安会议	1961.2.14—3.6	研究解决容易混淆两类矛盾的十个政策问题，通过加强公安政治工作的决议	谢富治作报告

名称	时间	议题	简况
第十二次全国公安会议	1962. 10. 19 —11. 15	贯彻中共八届十中全会精神，确定公安工作的主要任务是打击现行、保卫要害、推动生产、清理内部	彭真、陆定一、陈毅、谭震林到会讲话，谢富治作报告
第十三次全国公安会议	1964. 2. 28 —3. 18	研究贯彻中共关于依靠群众力量加强人民民主专政、把绝大多数四类分子改造成为新人指示的措施	谢富治作报告
第十四次全国公安会议	1965. 6. 11 —7. 6	总结执行中央关于依靠群众专政、少捕人、不要把矛盾上交指示的情况，讨论了公安战备和加强政治工作问题	谢富治传达中央指示，并作报告
第十五次全国公安会议	1970. 12. 11 —1971. 2. 11	狠抓阶段斗争，坚持群众路线，加强党委领导，加强调查研究，加强对敌斗争，加强治安管理	周恩来到会讲话，谢富治作报告
第十六次全国公安会议	1973. 2. 12 —5. 5	深入开展批林整风运动，加强对敌斗争，加强治安管理、内部安保、基层基础建设等工作	叶剑英、李先念、纪登奎、华国锋、汪东兴到会讲话
第十七次全国公安会议	1977. 12. 1 —1978. 1. 15	揭发批斗林彪、"四人帮"罪行，分清路线是非，研究部署新时期的公安工作任务	华国锋、李先念到会讲话，赵苍璧作报告

　　从整体上来说，这一时期公安机关的警务模式呈现出明显的政治警务特征。在总体性社会结构中，阶级斗争成为警务政策的制定依据，警察的一切活动以当时的政治需要为主要依据，而侦查权作为敌我斗争的主要工具，不仅深深地卷入这种运动式的斗争中，甚至自身也在推进着运动式斗争。例如，第二次全国公安工作会议的主题为"部署镇压反革命的工作"；第三次全国公安工作会议的主题为"总结镇压反革命的

经验，制定严肃、谨慎、收缩的镇反运动方针、政策"。这些警务工作的方针、政策完全是当时宏观政治政策的复制版本，考虑到当时侦查权与行政权的合一，可以认为当时的侦查权完全是国家专政体系的一部分，是国家政治任务的主要承载力量。

由于运动式斗争统摄了警务工作的方方面面，警察的角色已经在政治/行政属性上实现了重合。在司法属性上，虽然检察机关当时已经成立并负责起诉工作，但是1957年中共中央批转的最高人民法院、司法部党组的报告中提出："今后在不违背中央政策法令的条件下，地方政法文教部门受命于省、市、自治区党委和省、市、自治区人民委员会。全部审判活动，都必须坚决服从党委的领导与监督，党委有权过问一切案件，凡是党委规定审批范围的案件和与兄弟部门意见不一致的案件，都应当在审判后、宣判前报请党委审批。任何借审判独立，抗拒党委对具体案件审批的想法和做法都是错误的，必须坚决给予纠正。"① 由于审判机关和检察机关也已经成为国家专政的基本工具，司法机关开始与党的权力网络完全合二为一，公安机关已经在实质上成为任务性组织，与其他司法机关成为"对敌专政"链条的一环，只是分工不同而已。可以看出，总体性社会结构中的侦查工作既缺乏权力制约与程序裁判的司法属性，也缺乏官僚科层体系的行政属性，而是完全继承了党的群众路线与无产阶级专政理论的具体方针策略，并在侦查运动中彰显了这一实践作风与政治价值。实际上在当时的历史条件下，政法机关是实现对敌专政最直接而又有效的武器，通过对特定对象人身和财产的或潜在或直接的控制，可以实现社会主义初创时期特殊的政策目标。因此，在政治警务统摄下的侦查工作表现出了强烈的政治属性，并覆盖了行政属性与司法属性。侦查权的运行形态深深地刻上了革命时期阶级斗争的模式，侦查权自然也只剩下专政的功能。

由于过分强调侦查权的专政功能，导致侦查活动逐渐脱离了法律轨道，而成为适宜的政策工具，而一旦政策出现重大失误，就会直接使侦查权成为侵犯人权的"元凶"，这样不仅不能实现打击犯罪的既定目标，反而会伤及无辜，造成众多的冤假错案。同时，侦查主体的泛化，导致公安机关逐渐失去了群众运动的主导权，尤其是在"文化大革命"

---

① 张晋藩. 中华人民共和国国史大辞典 [M]. 哈尔滨：黑龙江人民出版社，1992，298.

时期，在"砸烂公、检、法"的口号下，公安机关纷纷被革委会或者党委替代，司法体系受到的冲击直接导致了社会治安秩序的全面瓦解，"动员式的改良方式以超越法律规范和组织体系为特征，与行政组织结构的理性化与制度化发展相背离，甚至会削弱、瘫痪和破坏组织的正常权威和结构，而组织结构的理性化与制度化是组织管理能力发展的基础和载体"。① 在群众运动的浪潮下，公安机关不仅自身失去了对社会治安的控制，其权威性、合法性也受到了政治政策本身的怀疑，侦查权被强行撕去"官僚—法理"的外衣，而成为一个任人打扮的"小姑娘"。②

---

① 唐皇凤. 社会转型与组织化调控：中国社会治安综合治理组织网络研究［D］. 上海：复旦大学，2006，77.

② "文化大革命"期间，公安部有225人被打成"叛徒"、"特务"、"反革命"、"走资派"，北京市公安局有1693人被戴上"特务"、"三反分子"的帽子，其中72人被捕入狱。这表明政治警务的实施也消解了其自身的正当性，从而摧毁了现代警务萌生的因素。详见蔡定剑. 历史与变革——新中国法制建设的进程［M］. 北京：中国政法大学出版社，1999，109.

第三章　社会转型初期的侦查权："严打"中的犯罪弹压与秩序整饬

一、侦查权的法定化与逐步专业化的刑事警务

（一）侦查权的法定化

"文化大革命"结束后，全党在反思国家治理的教训后作出了"把全党工作的重点转移到社会主义现代化建设上来"的重大战略决策。而社会主义现代化首先是国家权力组织网络的现代化。"在中国，国家治理与社会调控体系的建构是以权力组织网络为基础确立的，这个权力组织网络的载体是党的组织体系。这个权力组织网络把党、国家和社会连接在一起，其中任何一个力量都无法离开这个权力组织网络而存在，权力组织网络是分析中国政党—国家—社会权力关系的基本要素。"①"文化大革命"的教训在于极端的群众动员既破坏了权力组织网络的完整性，又消解了权力组织本身的权威性和合法性。因此，在十一届三中全会之后，一系列旨在恢复现代国家制度体系、培育现代治理因素的举措不断被推行，1980 年成立的中央政法委员会专职于全国政法机关的恢复与建设。人民检察院、人民法院的复建，使得整个司法程序有了坚实的组织基础。1983 年，国家安全机关成立，原来公安机关主管的特务、间谍案件移交国家安全机关管辖。公安机关自此成为国家行政机关的组成部分，专职于治安行政与刑事司法工作。

与此同时，为了避免再次陷入侦查主体泛化的危险境遇，一部刑事诉讼法是必需的，尽管制定过程比较仓促，但是 1979 年《刑事诉讼法》还是开了我国刑事程序法治之先河。该法首次承认了刑事诉讼需

---

① 唐皇凤. 社会转型与组织化调控——中国社会治安综合治理组织网络研究［D］. 上海：复旦大学，2006，39.

要"保护公民的人身权利、民主权利和其他权利"。权利不再被视为一种社会主义意识形态的对立。对于侦查权而言，其法定化主要体现在以下几个方面：

第一，明确了侦查权的归属。1979年《刑事诉讼法》第十三条规定，贪污罪、侵犯公民民主权利罪、渎职罪以及人民检察院认为需要自己直接受理的其他案件，由人民检察院立案侦查和决定是否提起公诉。第一、二款规定以外的其他案件的侦查，都由公安机关进行。这就从总体上明确了侦查权的归属，禁止将侦查权授予其他主体，保证了侦查权的国家垄断。

第二，侦查程序的法定化。该法虽没有触及程序正义的法治理念，但已经认识到对侦查权的适当规训是防止侦查权滥用、维护社会主义法制的重要手段。例如，1979年《刑事诉讼法》第四十一条规定了先行拘留的限制性条件，第四十三条规定了执行拘留时必须要出示拘留证。侦查程序的法定化，表明了立法者对侦查权的作用范围有了一个清晰的认识，即侦查权首先是刑事司法领域内的追诉权，侦查属于刑事诉讼的程序之一。

第三，明确了群众参与侦查活动的限度。为了吸取过往侦查主体泛化的教训，同时又不至于失去人民群众的支持，1979年《刑事诉讼法》除了明确侦查权的归属，还对群众参与侦查活动的范围进行了界定：一是在总则中宣示刑事诉讼包括侦查活动必须要依靠人民群众，同时教育公民积极同犯罪行为作斗争。二是规定了公民扭送的权利。该法第四十二条规定了可以扭送的情形，从而将公民参与侦查程序限制在权利而非权力的范畴内。三是规定了公民可以作证的情形。该法第三十四条规定了人民法院、人民检察院和公安机关有权向有关的国家机关、企业、事业单位、人民公社、人民团体和公民收集、调取证据。

尽管1979年的《刑事诉讼法》仍然夹杂着诸多政治口号，立法技术也不够完善，但作为侦查现代化的特征之一，侦查权的法定化预示着侦查权不再是一种政治政策的直接工具。权力规训的首次提出，也表明国家对社会纠纷的控制不再是持一种阶级斗争的立场，而是试图将其纳入一个更为稳定和常态的法律框架中解决。"从这个意义上讲，一切政治秩序归根结底都是权力秩序，一切政治发展都必须以相对稳定且有序的权力秩序为条件。"①

（二）逐步专业化的刑事警务

伴随侦查权法定化的是逐步专业化的刑事警务。从行政管理的角度看，科层式官僚体系的建立是保证能够分阶段、分领域处理社会问题的前提。同时，也可以保证官僚系统内资源的最大化利用，并明确各个部门的管理责任。"这种理性意义上的科层体制是属于目的合乎理性的管理行为，体现出科学精神、法制精神与理性精神，抛弃经验管理过程中的人的因素，避免了任意专断和感情用事，带来了理性和效率。"② 面对"文化大革命"后亟须恢复的社会秩序，建立更为专业化的组织分工体系迫在眉睫。除了在宏观上恢复司法程序、重建司法机关，公安机关内部也在逐渐发生着效能的变革。1979 年 12 月 24 日，公安部颁布了《关于刑事侦察部门分管的刑事案件及其立案标准和管理制度的规定》，该规定将不同案件归口八个侦查机构管辖，分别是刑事侦查部门，政治侦查保卫部门，经济文化内部保卫部门，边防保卫部门，预审、劳改部门，治安管理部门，交通安全管理部门，消防管理部门。刑事侦查部门首次成为专职的案件侦查机关。同时，该规定还认识到了普通刑事案件与其他刑事案件的区别，并没有成立一个包罗万象的大侦查机关。可以说公安部的这一规定，逐渐认识到了犯罪现象的普遍性和特殊性，并在原有机构分工的历史基础上加以改进以适应新的犯罪形势和管理趋势。专业化的刑事警务首先从机构的专门化、类型化入手。除此之外，该规定还专章明确了刑事案件的报告制度、刑事案件的统计制度、侦查文书制度以及案件审批制度等。这些制度都有利于上级侦查机关对下级侦查机关的领导与控制。于是，在横向分工的基础上，纵向的科层式特征也逐渐明晰，一个严密的行政组织体系正在产生。

除了建立专门的刑侦组织，专业化的工作方法也在逐渐推广。除了继承中国古代已有的法医病理学知识，近代指纹技术、法医人类学也逐渐成为专门的侦查手段，与此同时，一些长期以来较有成效的经验和做法也被转化成为工作规章或指导思想。例如，1984 年公安部《关于刑事犯罪情报资料工作暂行规定》指出："犯罪情报资料工作是同刑事犯

---

① 江国华. 权力秩序论 [J]. 时代法学，2007（2）：24.

② 李德全. 科层制及其官僚化研究 [D]. 杭州：浙江大学，2004，15.

罪作斗争的一项重要的基础业务建设和有效的侦查手段。"而在 1988 年，公安部刑侦局进一步阐明："刑事犯罪情报资料工作、刑事特情工作、刑事技术工作是刑侦工作基础建设的三大支柱，要把这三项工作摆上重要位置。"刑侦基础工作概念的提出进一步提升了刑事警务的专业化水准，使刑侦工作从单纯的经验式的工作技巧上升为具有一定职业门槛的包含着科学主义精神的专门化作业流程。

按照韦伯的观点，"科层制指的是一种权力依职能和职位进行分工和分层，以规则为管理主体的组织体系和管理方式"。科层制具有"专门化、等级制、规则化、非人格化、技术化"① 五大基本特征。虽然这一时期侦查权的诸多结构与要素尚未能完全达到科层制的理想标准，但随着侦查权的法定化以及逐步专业化的刑事警务，侦查组织还是逐渐显现出科层制的轮廓来，而科层制的组织模式则被认为是现代行政组织的基础版本。侦查权此时出现了政治/行政上的分离，初步具备了行政属性，符合行政现代化的规律。

二、功能背景：秩序危机与"严打"政策

(一) 社会转型中的秩序危机

社会转型意味着原有社会控制手段的变化，而社会控制手段又与经济生产方式、政治权力的运行机制息息相关。在总体性社会结构中，通过严苛的户籍制度与功能复合的单位管理，人口的流动性极小，在属地管辖的原则下，个体被牢牢地束缚在单位的社会空间内，个体的交往方式、活动空间甚至交往方式都深深地打上了单位的烙印。可以说，在总体性社会结构中，社会控制是一种基于身份的人身管制，任何有可能导致违法犯罪的因素都会在单位内部被消化和分解。然而"文化大革命"对国家体系的冲击导致基层单位的管理功能逐渐式微，而以市场取向为目标的改革又不再坚持总体性社会结构中的片面行政管制原则。于是，在新旧体制的转换过程中，社会控制的手段在僵化，控制程度在弱化。然而经济转轨带来的生产要素的流通又使得社会交往方式发生了剧烈变化，最突出的表现就是大规模的人口流动、城乡二元结构被打破。"公

---

① 卢荣春. 韦伯理性科层制的组织特征及其对我国行政组织发展的借鉴意义 [J]. 中山大学学报论丛，2005（6）：192 - 193.

社制的解体、家庭承包经营制的确立，从制度和时间支配方式上保证了亿万农民获得了乡村内部的身份自由；乡村工业的发展、小城镇的建设，使农民就地实现了职业角色的转换；农产品的丰裕，使城镇最终取消了各种供应制度，从而为农村人口流入城市扫除了生存障碍。城市经济的改革开放，为乡村劳动力进入城市提供了大量的就业机会，促使数以亿计的农村劳动力进入城市。"① 社会流动在提供市场经济所需的基本人力资源时，也冲击了尚无制度建设的人口管理制度，并且由于市场初步形成时的盲目性与滞后性，流动人口中也会有较大部分无法被流向地所在城市接纳为正式的城市居民。于是，那一时代特有的"盲流"成为影响城市治安秩序的重要因素，再加上原有社会控制体系的瓦解与控制能力的弱化，对城市"盲流"的犯罪抑制一时成为重要的社会问题。

同时，市场经济的发展带来了阶层的分化。在改革初期，由于政策尚处于试水阶段，并不成熟的利益分配方式和利益调整手段使得社会矛盾逐步累积。更为重要的是，在观念形态上，意识形态的控制能力正在下降。新中国成立之初，国家意识形态是通过对"人民"和"敌人"的区分与转化建立起来的，借助于阶级斗争的话语，"将国家的意志与多数人的认同结合起来，从而实现对少数越轨者的规制"。② 在总体性社会结构中，社会阶层也是按照政治成员的身份进行划分的，③ 因此，社会阶层之间的冲突能够以国家强制力的方式进行抑制。而向市场经济转轨后，以职业为基础的社会分层以及个体对利益的追求极大地削弱了社会团结的纽带作用，一方面，个体不再认同参与式的政治运动，将自身置于市场经济主导的社会交往之中，原有社会分层的政治标准正被市场经济的市场交换原则所瓦解。"个体劳动者、企业家阶层不断壮大，由于经济收入高，其政治、经济地位日益提升，整个社会分层体系已由

---

① 吴鹏森. 犯罪社会学 [M]. 北京：社会科学文献出版社，2008，239.

② 林辉煌. 法治的权力网络——林乡派出所的警务改革与社会控制 [D]. 武汉：华中科技大学，2013，402.

③ 在新中国成立后的历次政治运动尤其是"文化大革命"时期，地主、富农、反革命分子、右派分子、坏分子被称为"黑五类"，而工人、贫下中农、革命干部、革命军人、革命烈士家属则被称为"红五类"。"红五类"的政治地位高，拥有参与政治的特权，而"黑五类"则毫无政治地位，属于专政对象。

单一的政治身份分层向经济、声望、权力等多元化分层方向发展。"①
另一方面，失去意识形态控制的个体不再尊重国家法律制度的权威，甚
至在社会控制的真空地带通过越轨行为形成犯罪的亚文化观念，与国家
的正式权威分庭抗礼，不断挑战国家"最低限度的秩序"。

（二）国家场域的管治与"严打"政策

在上述因素的共同作用下，在改革开放初期，社会秩序面临着严峻
的考验，根据学者的粗略计算，"1951 年至 1979 年以来，中国社会的
犯罪率没有超过每万人 7.0 的水平，即使三年自然灾害期间中国社会的
犯罪率也没达到每万人 7.0，然而 1979 年后，中国的犯罪率很快就突
破了每万人 7.0 的水平，并且犯罪率出现连续走高现象。1979 年中国
的犯罪率为每万人 6.6，1980 年中国的犯罪率达到每万人 7.67，1981
年更达到每万人 8.9，连续创造了 1951 年以来中国犯罪率的新高，而
且连续 3 年上升"。②犯罪率的飙升在客观上阻碍了"将重心转移到社
会主义现代化建设"这一决策的实施。面对突发式的犯罪率飙升，公
安机关并没有做好充分的思想准备，也未能正确地认识犯罪原因及其规
律，因此，对犯罪的控制、对社会秩序的恢复，成为改革开放首要解决
的问题。"稳定压倒一切"的观念应运而生。由于社会系统与政治体系
都对秩序的重建有着极大的需求，而此时尚缺乏社会自治组织和社会中
介组织，因此恢复秩序的任务再次进入"国家场域"③之中，在"国家
场域的管治与服从"的逻辑下，1983 年 9 月 2 日，第六届全国人大常
委会第二次会议作出《关于严惩严重危害社会治安的犯罪分子的决
定》，立法机关直接颁布一套刑事政策。而邓小平同志则明确指出：
"刑事案件、恶性案件大幅增加，这种情况很不得人心。几年过去了，
这股风不但没有压下去，反而发展了。原因在哪里？主要是下不了手，

---

① 毛寿龙. 政治社会学 [M]. 北京：中国社会科学出版社，2001，292.

② 陆建华. 中国社会问题报告 [M]. 北京：石油出版社，2002；翟中东. 犯罪控
制——动态平衡论的见解 [M]. 北京：中国政法大学出版社，2004.

③ 场域理论由布迪厄首先提出，是指由社会成员按照特定的逻辑要求共同建设的，是
社会个体参与社会活动的主要场所，是集中的符号竞争和个人策略的场所。场域具有相对自
主性，在改革开放初期，虽然国家与社会有了一定程度的分离，但在社会力量和市场力量尚
不发达的情形下，秩序的平稳过渡依然是在"国家场域"内完成的，依靠国家权力对秩序标
准进行直接立法和执法是"国家场域的管治与服从"逻辑的体现。相关内容参见李全生. 布
迪厄场域理论简析 [J]. 烟台大学学报（社会科学版），2002（2）.

对于犯罪分子打击不严、不快，判得轻。对经济犯罪活动是这样，对抢劫、杀人等犯罪活动也是这样。"① 由此，"国家场域的管治与服从"逻辑、重刑主义的犯罪刑罚观以及社会主义法制体系实现了耦合、运动式的执法，即"严打"被设定成为最佳的政策工具。

"严打"政策的出台，还与当时侦查工作遇到的困难有关。首先，社会管制的放松导致了跨区域犯罪大量增加。正如上文所述，由于单位制的瓦解与户籍制度的改变，大规模的人口流动在全国展开，城市"盲流"问题亦随之产生，流窜犯罪、跨区域犯罪开始逐步显现。这在总体性社会结构中是极少发生的。大量的违法犯罪现象涉及几个地区的侦查管辖权。而当时公安机关刚刚复建，缺少区域警务协作机制，面对作案、销赃、落脚分散在不同地区的流窜犯罪，公安机关明显是有心无力。② 而"严打"则是在公安部的统一领导之下，通过并案侦查、专案侦查等组织形式，集中应对跨区域犯罪，试图将累积起来的跨区域犯罪问题通过破案战役一次性予以"消化"。公安部的统一领导与指挥，自然可以给基层办案机关输送更多的侦查资源。因此，"严打"也可以看作在缺少常态侦查资源整合机制情形下的一次大范围的非正式协作。其次，随着经济体制的变动，一些新的经济交往形式处于法律的灰色地带。1979 年的《刑法》同样制定得较为仓促，该法在制定时，主要目的在于恢复因"文化大革命"而被破坏的社会治安秩序以及强调犯罪是法律属性而非政治属性。因此，该法并没有对经济犯罪进行深入的立法规制，再加上 1979 年经济体制改革尚未破冰，所以 1979 年《刑法》难以对经济犯罪进行回应。刑法对经济生活的回应不足导致了侦查机关在实际办案中的困难，面对一些具有社会危害性但罪名不确定的嫌疑行为，侦查机关在立案标准、取证程序上都存在着疑惑，而像"投机倒把罪"之类的"口袋罪"，也由于与当时的经济政策走向存在着某种程度的冲突，导致侦查机关在分析其犯罪构成与社会危害性时较为疑惑。而"严打"在公安部的统一领导之下，可以明确其潜在的立案基准，

---

① 邓小平. 邓小平文选（第三卷）［M］. 北京：人民出版社，1993，283.

② 张远煌教授曾经做过调查，1980—1986 年，江苏、湖北、广东三省的跨区域犯罪一直处在上升状态，而到了 90 年代，沿海等经济较发达地区的外来人口犯罪比例则高达 50%～70%，详细资料参见张远煌. 犯罪学原理［M］. 北京：法律出版社，2001.

进而避免可能产生的阻碍经济改革的责任。从这个角度来说，"严打"也是侦查裁量权的集中让渡。

但鉴于"文化大革命"时期异化的群众运动，此次运动式执法同以往的群众运动相比，至少有两方面不同：一是始终将"严打"控制在"犯罪—刑罚"的法律框架内。改革开放之前的群众运动，是在阶级斗争的语境中展开的，斗争的对象与方式均由实际参加人员遵照政策确定，因而斗争的后果不具有可控性，甚至超出了原定的领域。而"严打"政策则始终将打击的对象限定在具有犯罪事实且需要追究刑事责任的公民。很显然，"严打"只能存在于法律领域内，而不扩及政治层面。这也表明国家—社会正在分化，需要运用国家权力来保卫社会领域。二是充分挖掘国家权力网络尤其是侦查组织的运转潜力。"严打"要求严厉、迅速地打击犯罪，而在刑事诉讼法的限制下，群众参与的程度有限，因而大部分的压力都落在了国家权力组织网络中，其中，政法机关成为"严打"的主导型组织。而刚刚复建的公安机关尤其是初步专业化的侦查机构，则成为国家行政体系中最强有力的一环。"严打"也成为检验侦查机关的试金石，其形成逻辑为：秩序危机→国家场域→"严打"刑事政策→"一体化"的政法机关→侦查权的主导。

三、"严打"中侦查权的功能：犯罪弹压与秩序整饬

刑事政策和政治压力成为悬在公安机关尤其是侦查组织头上的一把利剑，因而侦查组织乃至整个公安机关都在为打击犯罪而运转，其直接后果就是侦查权的运行逐渐偏离了查明事情真相的基本功能——忽略了办案质量而强调办案数量和抓获对象数量。这体现在"严打"的第一阶段（1983—1984 年），公安机关的主要任务在于破积案、抓逃犯、打团伙。"第一仗主要是打击浮在面上的犯罪分子，搜捕了一大批犯罪分子，破获了一批久侦未破的积案。第二仗是深挖犯罪，集中搜捕流窜犯、逃犯，打击流氓团伙，大力侦破大案、要案和重大积案。第三仗是巩固前两个战役的成果，挖出一批隐藏较深的大要案。"① 无论是"浮在面上"的犯罪分子，还是流窜犯罪分子，都是对社会秩序和公众安

---

① 毕惜茜. "严打"整治斗争的回顾与展望 [J]. 中国人民公安大学学报（社会科学版），2003（2）：45.

全感有直接威胁的人员。而人大常委会在《关于严惩严重危害社会治安的犯罪分子的决定》中更是将流氓罪等直接违反社会管理秩序的行为顶格甚至超格处理。显然，决策者寄希望于侦查权的高密度、高强度运行——收押重点对象、压制越轨行为，来完成对社会秩序的短期整饬。而通过1983年第一次"严打"的实施，刑事案件发案数确实出现了大幅度下降，1984年刑事案件回落到51万起。在第一次"严打"期间，刑事、治安案件都维持在较低水平。

如上文所述，社会秩序的危机是由于社会治理结构出现了巨大的变动所导致的，需要进行治理上的改进，在具体到犯罪率时，更是要考虑到社会经济，甚至是心理层面的因素，一味地将失范原因归结为公安机关打击不力是有失偏颇的，更是违背规律的。而侦查组织之所以能够完成社会秩序的短期整饬，与侦查权的运行环境有着密不可分的联系。

首先，政法一体化的管理思想。虽然政法机关的复建表明了党对社会主义法制的充分重视，但囿于当时的政治氛围和研究成果，法制与法治的关系并没有被深入思考，因此，政法机关仍然被视为一种一体化的治安维护工具，只是分工不同而已。这在"严打"中被推到了无以复加的地步。由于侦查程序是刑事诉讼的前置程序，侦查事实构成了刑事审判的基础事实，因此，"严打"政策的实施在实践中是由侦查机关主导的，起诉程序和审判程序成了流水线上的加工产品，犯罪嫌疑人则任由司法处置，得不到适当的辩护，侦查组织往往成为个案处理的发起者和最终的考核受益者。

其次，刑法大量的"口袋罪"使得侦查裁量权大增。所谓"口袋罪"，是指那些罪状具备高度模糊性和概括性，进而使该罪状内容具有高度不确定性和极大包容性的罪名。"严打"时期适用的是1979年《刑法》，而1979年《刑法》关于反革命罪、投机倒把罪、流氓罪的规定完全是一种应景式的立法，甚至融入了诸多道德因素和政治因素，这使得法条本身就显得空洞和模糊，而将罪行认定的标准赋予了侦查机关。侦查机关为了完成对社会秩序的整饬，滥用法律解释，将一些越轨行为上升为犯罪行为，将轻罪上升为重罪，"相对于社会公众，'严打'等运动式治罪的决策、实施具有一定的神秘色彩，社会公众往往事先无法得知各种运动式治罪究竟何时开始、何时结束等具体情况……这种变化对于一般人来说实在是过于突然。可以说，运动式治罪的浪潮也在制造和标定犯罪"。① 这使得侦查程序成为一个封闭的高度行政化的程序，侦查权缺乏最基本的制约，并直接受制于形势政策乃至社会情绪的表达，② 导致侦查权的司法属性不足。

最后，"严打"本身的旨趣也符合当时的价值认知。"严打"在本质上是一种暴风骤雨式的"以暴制暴"，其背后隐藏着深刻的权力逻辑或者价值诉求，即"国家场域中的管治和服从"。如上文所述，在总体性社会结构中，由国家掌握和分配个体必需的生活资料，国家权威得到极大的施展，而公民个体对国家理性的崇拜和迷恋从未停止过。在社会转型初期，作为社会秩序失范的直接受害者，个体仍然希望国家权威能够降临在社会秩序整饬的领域内，社会秩序本身也成为国家进行分配的对象。国家暴力在应对犯罪时的"狠"、"快"以及与之相伴的各类"公审"、"公判"无不体现出一种"以暴制暴"的畸形政治审美情趣。诚然，这种"以暴制暴"的政治审美情趣与"治乱世用重典"的治国信条有关，但隐藏在惩罚背后的"剧场效应"却不可小觑。③ 正是因为价值认知上的耦合，第一次"严打"获得了广泛的社会共识，警察执法权威得以确立，也在事实上论证了改革开放后中国秩序重建的合法性。

---

① 单勇，侯银萍. 中国犯罪治理模式的文化研究：运动式治罪的式微与日常治理的兴起 [J]. 吉林大学社会科学学报，2009（2）：42.

② "严打"期间，最著名的莫过于明星迟志强流氓罪案件，据迟志强描述，他当年的情况不过是与女舞伴跳了"贴面舞"，在轿车里女伴"坐在了他的大腿上"。起初，警方了解情况经过后并不想追究刑事责任，但这个事情登了报后，引来了全国人民的公愤，最终他被判入狱4年。资料来源：平安常州网. 从新中国建立到现在消失的罪名："流氓罪"[EB/OL]. http://www.czsga.gov.cn/html/JingJieFC/JingChaBWG/2014 – 07 – 30/1473014335117246689. htm,2014 – 12 –03.

③ 周建达. 转型时期我国犯罪治理模式之转化——从"压力维控型"到"压力疏导型"[J]. 法商研究，2012（2）：56.

第四章　社会治安综合治理进程中的侦查权：侦查权的犯罪控制功能

一、功能背景："严打"的局限性与社会治安综合治理方针的提出

（一）"严打"的局限性

"严打"所产生的短期稳定收益并不能维持太久，在经过 1983—1987 年的低速犯罪增长率后，1988 年出现了拐点，抢劫案、杀人案、重大盗窃案等严重影响公众安全感的恶性案件层出不穷，犯罪率从 1987 年的每万人 5.14 跃升至每万人 7.6，并在 1989 年达到新中国犯罪率最高的每万人 17.89。第一次"严打"所取得的效果荡然无存。于是第二次"严打"又被提上日程，经过 20 世纪 90 年代的"严打"，社会秩序再次得到恢复，但同第一次"严打"一样，2001 年年初，犯罪率再次直线飙升，社会秩序已经明显呈现出"一治一乱"的节奏。

有学者指出"运动治理的基本特征决定了其在本质上与追求理性精神的制度化相悖。在运动治理的情境中，国家权力成为政治体系唯一可供动用的政治资源……以阶级斗争和群众大规模参与为主要特征的犯罪治理运动往往超越国家的法律规范和组织体系的制度规范，其结果是制度建设受到了阻碍，法律的发展遭到搁置；以间歇性与局部性的社会控制形式展开的运动式治理，难以保障工作的常规化，使得组织的常规管理能力受到限制"。[①]"严打"作为一种间歇性的资源动员方式，会对正常的官僚科层制度的运转产生冲击，同时，"严打"期间以刑事政策补充甚至替代法律的方式，也会阻碍既有的法治规划，甚至会积累新的

---

① 黄石. 转型期犯罪治理模式变迁研究［D］. 武汉大学，2013，87.

社会矛盾。对于侦查权而言，"严打"政策的持续运行，至少造成了以下负面影响：

1. 刑侦基础工作无法正常开展

"刑侦基础工作，是指刑侦部门利用日常职能工作，围绕与刑事犯罪有关的人、事、物等情况和线索，为侦查破案和预防犯罪积累、准备、创造条件，奠定基础，提供支持的工作。"① 对于有组织犯罪、流窜犯罪和惯犯而言，犯罪行为与日常行为存在着某种交互性，这种交互性让犯罪行为或多或少地在日常生活中留下了线索和踪影，而刑侦基础工作的价值正是在于捕捉这种线索和踪影。"严打"期间，侦查权是以破案战役的方式运行的，而破案战役则要求资源高度集中、对象集高度相似、执法力度保持同一，任何与破案战役对象无关的工作都被视为一种不服从政策指导的行为。这使得刑侦基础工作无法得到落实，"部门各警种围绕着'严打'这根指挥棒，其结果是打疲了民警，打油了罪犯，弱化了防范和管理，荒废了基层基础工作，却未从根本上改变社会治安形势依然严峻的局面"。②

2. "严打"对象确定不科学，具有盲目性

正如上文所述，由于决策者寄期望于侦查权来恢复社会秩序，因而在"严打"对象的选择上几乎一致偏向街面犯罪类型，如抢劫、黑社会性质犯罪、盗窃案件等。并且还形成了以"特殊人群"为重点的压制型管控方式。然而从政策制定的角度来看，"严打"是由于犯罪达到了"社会安全阀"的临界点，从而挤入了决策者的议程，从这个角度来说，"严打"政策是被动实施的，因而"严打"对象的确定具有一定的盲目性，缺乏科学的论证。实际上，在 20 世纪 90 年代，就已经出现了新型犯罪，经济犯罪也开始日益猖獗，③ 而侦查权却被定位在暴力犯

---

① 马忠红. 论刑侦基础工作的几个基本问题 [J]. 四川警察学院学报，2008（6）：2.

② 侯利敏. 社会治安综合治理方针的提出与发展 [J]. 华北水利水电学院学报，2003（6）：97.

③ 在我国第一部刑法即 1979 年《刑法》生效期间，全国人民代表大会常务委员会共颁布了 24 个单行刑法，其中有 9 个是为增设经济犯罪的罪名而制定的。在此期间，制定或修订的多部法律法规都补充了导引性的刑罚规范，最高人民法院和最高人民检察院陆续配套颁布了几十个处理经济犯罪案件的司法解释。立法的滞后可能也是"严打"对象未能科学确定的原因之一。

罪中，很显然滞后于犯罪的新形势。

3. 过于追求效率，侦查法治进一步被破坏

"严打"是一种犯罪压力下的应急反应，而应急反应则是以指标和数据作为短期评价依据的。再加上决策者公开的政治话语中一再强调国家管制的成效，使得以制约权力为宗旨的程序法治不得不退居二线。有学者指出："我国的运动式治罪本质上是一种'贤人之治'，在其启动过程中政治权威起到了关键性作用，而法律仅具有工具属性，法律的最高权威尚未从实质上得到确立。"① 对于侦查权而言，自"严打"一开始就承受着不可承受之重。正如上文所述，在政法一体化的理念下，"严打"的效果取决于"严打"的"排头兵"——侦查权的运作效果，而在刑事法治尚处于起步的背景下，面对着最终严苛的指标考核，实用主义被奉为侦查组织的信条，因而刑讯逼供、滥用强制措施无法得到有效制止。

4. 侦查权过度作用导致对犯罪原因的忽视

如上文所述，"严打"所代表的"国家场域的管治与服从"逻辑充分重视对犯罪压力释放空间的压缩与收紧，却对更为根本的犯罪压力有意忽略，这导致犯罪治理变成了秩序管制，虽然能看见短期收益，但这是一种刚性稳定，不具有可持续性，一旦侦查权降低了运行强度和频率，被社会原因所裹挟的犯罪动机就会喷涌而出，陷入"一治一乱"的节奏。同时，由于"严打"作为一种国家最高的刑事政策，过于重视侦查权的管制作用，导致了其他国家权力组织要不就是为侦查服务，要不就是陷入了无为的状态，这对犯罪条件的进一步消除是极其不利的。

5. 侦查方法中的路径依赖

在"严打"时期，由于强调从严从快，再加上对司法程序的规避，因而并不注重侦查取证中的科学性与正当性，侦查程序主导了整个刑事诉讼程序，这也使得侦查人员并不完全关注证据的确实充分，更不用说收集对犯罪嫌疑人有利的证据了。在这种情势下，侦查主体既无动机也无空间去实现侦查方法的理性化，在破案指标的压力下，侦查主体极易

---

① 单勇，侯银萍. 中国犯罪治理模式的文化研究：运动式治罪的式微与日常治理的兴起［J］. 吉林大学社会科学学报，2009（2）：42.

形成"先口供后证据"的侦查模式，也即由供到证的侦查模式。由供到证，是指"在侦查破案过程中侦查人员以收集口供、证言等言词证据为侦查的出发点和主要突破口，从而带动全案侦破的一种侦查模式"。① 由供到证侦查模式的逻辑过程为：首先依据初查的线索判断出可能的犯罪嫌疑人，然后采取强制措施对犯罪嫌疑人进行强制讯问，再根据其供述获取实物证据。这一逻辑过程是由供到证的基本逻辑单元。在实践中，为了获得事实的完整性，这一基本单元可能会无限重复，从而形成供述证据与实物证据的对应。此种侦查模式的便利之处在于犯罪嫌疑人一开始便进行供述，从而使得证据印证更为方便，我国"严打"时期的审判采用的也是证据印证的证明方式，这使得侦查工作一开始就能符合审判的实际需求，从而提高了案件的有罪判决率。除此之外，由供到证的模式还可以节约大量的侦查成本，特别是在"严打"时期公安机关刚刚复建，还缺乏相应的物质资源与刑事科学技术，而在一个制定的裁量范围内，羁押犯罪嫌疑人更为容易，这就使得由供到证不仅成为一种可能，还具有现实紧迫性。由此可见，由供到证的侦查模式与"严打"具有很强的契合性，虽然后期"严打"逐渐消逝，但由供到证的侦查模式却因其便利性被保留下来，并顽固地存在于日常的侦查活动之中。

（二）社会治安综合治理方针的提出

"严打"所代表的重刑主义，建立在"犯罪消灭论"的基础之上，新中国成立以后在阶级斗争意识的影响下，我国刑法理论曾一度认同并且在实践中广泛宣传、灌输"犯罪消灭论"，认为犯罪可以从根本上被消灭掉，社会主义国家存在犯罪的根源在于剥削阶级和剥削思想的存在，只要消灭了剥削阶级就可以消灭犯罪。正是基于这种无视犯罪规律的指导思想，刑法将犯罪人作为社会的对立者，使其成为无产阶级专政和镇压的对象。这种思想一直衍生到改革开放初期，马克思关于"犯罪是孤立的个人反对统治关系的斗争"仍然被视为是对犯罪最经典的解释而被奉为一种信条。具体到"严打"政策来说，就是依靠侦查强制措施对具有越轨倾向的"孤立的个人"进行羁押或者限制其活动空

---

① 樊学勇. 犯罪侦查程序与证据的前沿问题 [M]. 北京：中国人民公安大学出版社，2006，26.

间，从而从人身上消灭其犯罪的可能性。在"犯罪消灭论"的指引下，重刑主义一度占据了主流的话语空间，而侦查权作为国家刑罚权的重要实现载体并没有直面犯罪规律和原因，却依据犯罪率的异动而盲目反应，显然这是一种体制性的防卫过当，反应效果通常也很难得到充分论证。按照某些学者的定量研究，我国两次"严打"后犯罪率的降低与"逮捕率的上升、执法强度的增强、公检法的合作以及刑罚的从严直接相关"。① 而这几个关键性因素显然不具有可持续性。将侦查权的功能再定位在社会秩序的管制上显然已经不合时宜。

"综合治理"首先出现在1981年中央政法委员会关于《京、津、沪、穗、汉五大城市治安座谈会纪要》中，该纪要指出要争取社会治安的根本好转，必须全党动手，实行全面综合治理的方针。随着第一次"严打"结束后治安形势的再次恶化，1991年2月，中共中央、国务院制定了《关于加强社会治安综合治理的决定》，3月，全国人大常委会正式出台了《关于加强社会治安综合治理的决定》，这标志着社会治安综合治理正式纳入了法制化轨道。同"严打"政策相比，社会治安综合治理是个更为抽象的概念，在社会治安综合治理委员会编写的教材中，将其定义为"在各级党委、政府的统一领导下，各有关部门充分发挥职能作用，协调一致、齐抓共管，依靠广大人民群众，运用政治、经济、行政、法律、文化和教育等的多种手段，整治社会治安，打击和预防犯罪，完善社会管理，化解社会矛盾，维护人民权益，保障社会稳定，促进社会和谐，为社会主义现代化建设和改革开放创造良好的社会环境，推进中国特色社会主义事业深入发展"。从最初"严厉打击严重刑事犯罪是综合治理的首要环节"的思想到"打击犯罪和预防犯罪两手都要抓"的思想，再到"运用法律手段加强和改进社会治安综合治理工作"，社会治安综合治理也是一个从理论到实践不断发展的过程，在认识犯罪规律、遵循法治规律的基础上，社会治安综合治理最终加入

---

① 陈春良. 刑罚威慑与犯罪治理：基于我国1979—1999省级面板数据的实证研究 [A]. 2010年度中国法经济学论坛文集 [C]. 2010.

了善治的行列之中。① 社会治安综合治理方针的提出，至少在以下几个方面对犯罪控制的格局进行了调整：

1. 犯罪控制的最终目的在于预防和控制犯罪

放弃了"犯罪消灭论"的社会治安综合治理承认了犯罪是社会转型时期的必然产物，也与社会的政治、经济发展密切相关。"犯罪首先是一个以社会越轨行为形式存在的社会问题，然后才是一个需要定罪量刑的法律问题。"② 吴宗宪教授则认为："刑事政策的现实目标不是要通过非理性的、非正规的手段和措施大幅度减少犯罪，更不是要消灭犯罪，而是要遏制犯罪不断急剧增加的趋势。"③ 社会转型的过程必然包含着利益的分化与冲突，而犯罪作为一种社会冲突的暴力形式，不可能完全被消灭，也不能简单地认为犯罪人与守法人绝对有异。"秩序并不意味着没有犯罪，恰恰相反，正是犯罪的存在才是检验秩序能否真正被称为秩序的试金石，才是衡量制度化安排合理性的标尺，秩序本身应当具有承受、吸纳、化解犯罪的能力并通过法律程序化的方式使犯罪得到惩治，使遭受侵害的权益得到补救，也使犯罪人的合法权益得到保障并在此过程中强化法治的权威从而达到新的秩序。"④ 因而不能片面地将所有的犯罪行为都视为对统治关系的反对。相反，应当关注犯罪背后的社会因素与制度因素，从犯罪的结构与犯罪的过程来看待如何减少与预防犯罪。对犯罪原因和规律的正视，使得社会治安综合治理有了一个正确的目标和方向，预防和控制犯罪而不是消灭犯罪成为社会治安综合治理的最终目标。

---

① 1982 年 8 月，中共中央批转的《全国政法工作会议纪要》分析了治安形势，初步总结了社会治安综合治理的经验，提出了严厉打击严重刑事犯罪是综合治理的首要环节的思想。

中共中央办公厅 1985 年在《关于转发彭真、陈丕显同志在全国政法工作会议上讲话的通知》中指出，社会治安综合治理最基本的是打击犯罪和预防犯罪，要坚持"两手抓"。

2011 年在纪念加强社会治安综合治理两个《决定》颁布 20 周年座谈会上，中央政法委提出坚持"打防结合、预防为主"，用好"宽严相济"的刑事政策，保持对严重刑事犯罪活动的高压态势，构建社会治安立体化防控体系，提高驾驭社会治安局势的能力。

② 高玥. 等级社会与犯罪——关于犯罪与犯罪治理行为的嵌入性分析 [J]. 刑法论丛，2013 (1)：524.

③ 吴宗宪. 论宽严相济刑事政策的层次和背景 [J]. 犯罪学论丛（第 6 卷），2008，164.

④ 蔡道通. 犯罪与秩序——刑法视野考察 [J]. 法学研究，2001 (5).

2. 治理主体的多样化

社会治安综合治理强调在执政党的统一领导下，整合各政府职能部门，积极吸纳、协调其他社会主体参与犯罪治理，这是因为犯罪原因的多样化决定了治理责任的分散化，没有一个主体能够单独达成犯罪控制的效果。伴随着治理主体多样化的还有主体责任的有限化。犯罪作为一种社会越轨行为，挣脱了正式的社会控制体系，因而必然与国家权力组织网络、社会主体甚至是个体发生不同程度的互动，而不同主体互动的特点、方式和结果显然不同，因此，在确立治理主体的多样化后，主体责任的内涵与边界便易于得到界定。"犯罪控制参与主体之间存在一定的权力依赖。这里的权力依赖有三层含义：一是参与治理的犯罪控制主体必须依靠其他组织；二是犯罪控制参与主体之间存在资源交换和谈判协商；三是犯罪控制主体之间不仅交换资源，还要通过协商制定行动规则。"① 犯罪控制主体的多样化意味着犯罪控制主体不再仅仅由警察力量甚至是国家正式系统负责，而需要在一个合法性的框架下，吸收更多的社会力量参与，这也是国家—社会分化的必然结果。强调犯罪控制主体的多样化还需要将"分散的责任"进行整合，这也意味着多样化是在协同机制上的多样化。从系统论的角度来看，责任合理、清晰的治理主体才能进行有序的治理作业，从而达成整体治理的效果。我国传统的治安保卫组织与不断兴起的保安公司，就是我国犯罪控制主体网络的典型非正式力量。而从更宏观的社会控制来说，学校、社区、商业实体、社会团体都应当在犯罪机理的不同环节发挥犯罪控制的功能。

3. 治理手段的多样化

犯罪控制主体的多样化衍生出犯罪治理手段的多样化。在国家—社会的框架下，以警察为代表的国家正式力量与社会非正式力量必然在犯罪治理的机制上存在差异。国家正式力量以正式管制规则与国家强制力为后盾，而非正式力量则通过市场机制、志愿服务等方式实现与犯罪控制的配合。例如，治安承包就是将某一特定区域的治安防范任务有偿承包给某个人或某一组织，承包人组织人员开展巡防工作，相关政府部门根据区域内的刑事案发数量和承包人抓获的犯罪嫌疑人的数量等指标对承包者进行考核奖惩的社会化安全管理新模式。治安承包以警察为纽带

---

① 焦俊峰. 犯罪控制中的治理理论 [J]. 国家检察管理学院学报，2010（2）：102.

将国家正式力量与非正式力量连接起来，在释放警力的同时，也通过市场机制实现了整合犯罪控制资源。因此，警察强制手段并不是犯罪治理的最佳工具，而需要从现有的制度体系中寻求一种较稳态的力量，持续形成对犯罪动机的消解和对犯罪条件的去除。严厉打击刑事犯罪不再是犯罪治理的首要环节，而"最好的社会政策也就是最好的刑事政策"治理手段的多样化也使得警察角色回归理性，包括侦查权在内的警察权也存在着一个适度作用的场域。

二、侦查权的犯罪控制功能

应当说，社会治安综合治理方针的提出，使侦查权摆脱了犯罪控制中的全能主义倾向，在以犯罪预防和控制为最终目的的综合治理中，试图依靠侦查权进行秩序维护的想法已被实践所否定。正如上文所述，作为一项社会系统工程，社会治安综合治理要想发挥犯罪预防和控制功能，必须要系统内的各要素自身充分发挥最大功能，并且形成互相配合、密切协同的组合方式。侦查权作为社会治安综合治理权力网络的一部分，需要基于自身结构在与综合治理系统互动的过程中，发挥犯罪控制功能。这种犯罪控制功能体现的是侦查权的"行政"属性。

（一）对犯罪的威慑功能

贝卡利亚认为："犯罪与刑罚之间的时间隔得越短，在人们心中，犯罪与刑罚这两个概念的联系就越突出、越持续，因而，人们就很自然地把犯罪看作起因，把刑罚看作不可分离。"[①] 犯罪与侦查是刑事警务的一对基本矛盾，犯罪自从其行为产生之时，就成了侦查权潜在的运行客体。而当被害人或者知情人向警方报案之日起，这对潜在矛盾便上升到正式的法律层面。侦查权运行中的有案必立、有案必查的原则使得刑罚的确定性有了坚实的基础，从这个意义上来说，专门侦查机构的成立就是为了实现对犯罪侦查的确定性。除了有助于实现刑罚的确定性，侦查权还构成了刑罚及时性得以实现的权力基础。"刑罚应该尽可能紧随罪行而发生，因为它对人心理的效果将伴随时间间隔的延长而减弱。此

---

① ［意］贝卡利亚. 论犯罪与刑罪［M］. 黄风译. 北京：中国法制出版社，2005，185.

外，间隔通过提供逃脱制裁的新机会而增加了刑罚的不确定性。"① 对于侦查权而言，破案率越高、破案的速度越快、破案质量越高，对犯罪嫌疑人的心理强制作用就越明显,② 越能很快地打消犯罪嫌疑人逃避惩罚的侥幸心理，摧毁其抗拒惩罚的心理防线，促使其认罪服法。从一般预防的角度来说，也可以威慑潜在的犯罪嫌疑人，促使人们慎重地选择自己的行为。而法律经济学的研究学者则更进一步地分析出了刑事司法效率对犯罪威慑效果的具体影响机理。例如，陈屹立、张卫国通过"实证结果发现，无论是惩罚的确定性还是严厉性均对总犯罪率、财产犯罪和暴力犯罪产生了显著的威慑作用，其中破案率的威慑力最强。而无论惩罚的确定性还是严厉性对暴力犯罪的威慑作用均小于财产犯罪"。③ 侦查权只有在充分发挥威慑力的基础上，才能够为其他综治机构提供更多的话语材料，保证话语主导权，引导公众积极提供侦查线索，教育公众预防犯罪的技巧，从而使犯罪成本上升，达到控制犯罪的目的。

（二）对犯罪风险的感知和治理功能

自从 1986 年德国学者乌尔里希·贝克在其《风险社会》一书中用"风险社会"的概念来描述当今全球化时代充满风险的社会时，风险就不再仅仅停留在危害的层面上，"危险/危害能够控制，也能够保险；然而风险是一种未来的不确定性，人们无从体验、也无法依据传统的时间序列来估计",④ 也就是说，风险社会的本质就是不确定性。这种不确定性同样也会渗透到社会控制的层面，从而出现诱发犯罪的风险。在中国社会转型的过程中，风险与犯罪同样构成了一种不断发展的，又互相影响的现代化范畴。贝克用"自反性现代化"来描述工业社会进一步现代化过程中风险的继受性和嵌入性。"工业社会的危险开始支配公

---

① ［英］吉米·边沁. 立法理论——刑法典原理［M］. 孙力，等，译. 北京：中国人民公安大学出版社，1993，69.

② 当然，这种威慑机制因犯罪类型不同而效果不同，但从总体上来说，刑罚的威慑能力还是存在的。"严打"正是将侦查权的这种犯罪威慑功能发挥到了极致。

③ 陈屹立，张卫国. 惩罚对犯罪的威慑效应：基于中国数据的实证研究［J］. 南方经济，2010（8）.

④ 鲍磊. 现代性反思中的风险——评吉登斯的社会风险理论［J］. 社会科学评论，2007（2）：85.

众、政治与私人的争论和冲突。于是现代社会不得不面对自身（简单）现代化过程所造成的种种未预期的、不可控制的和不可计算性的巨大威胁，科技风险问题也因此日益成为现代社会的突出问题。"① 工业化、市场化之后的中国早已进入风险社会行列，而风险社会中的不确定性因素有可能转化为犯罪的环境风险与动机风险，而现代犯罪学的研究也早已揭示出犯罪风险的普遍存在，如犯罪情景预防理论就通过"对犯罪可能发生于其中的具体情境进行改造，以增加犯罪难度和风险，减少犯罪收益和犯罪机会，从而预防犯罪的发生"。② 还有学者直接将犯罪风险源分为"犯罪风险的技术源、犯罪风险的实践源、犯罪风险的制度源和犯罪风险的个体源"。③ 然而犯罪风险与犯罪危害不同，无法以可视的方式展现在公众面前，风险本身虽然是客观存在的，但是对风险的认知，或者说风险进入公众的视野是一种知识分析的结果。"风险被视为一种文化或社会建构，风险管理活动将按照不同的标准制定，且优先权应当反映社会价值和生活方式的偏好。"④ 风险虽然是一种观念上的存在，但只有以外在的物质形式才能被人们所认识，如风险造成的实质性损失等。而犯罪风险则是通过既遂或者未遂的犯罪结果来被犯罪控制主体所认识的。从这个角度来说，犯罪风险是存在于犯罪控制主体观念形态中的关于犯罪结构及其危险性的各种假设命题。因而犯罪风险源的构建标准也需要以专家式的科学理性和转型社会的公共价值取向作为指导原则。虽然侦查权并不是唯一能够感知、定义和治理犯罪风险的权力类型，但是侦查的发现总是第一性的和敏感的，相对于治安警察权，侦查权总能对新的犯罪风险做到先知先觉。

1. 侦查主体通过查明案件真相，形成完整的案件结构，感知犯罪风险

刑事案件是具有一定结构的，侦查权启动之初，由于报案信息并不

---

① ［德］乌尔里希·贝克，等. 自反性现代化［M］. 赵文书译. 北京：商务印书馆，2001，4－9.

② 刘涛. 犯罪情境预防［D］. 南京师范大学，2013，2.

③ 师索. 犯罪与风险研究论纲：风险社会视野下的犯罪治理［J］. 中南大学学报（社会科学版），2011（6）：83－85.

④ ［英］谢尔顿·克里姆斯基，多米尼克·戈尔丁. 风险的社会理论学说［M］. 徐元玲，孟毓焕，译. 北京出版社，2005，60.

全面、准确，因此，刑事案件所暴露的结构也若隐若现。① 当成功侦破案件，查明犯罪事实时，刑事案件就会以结构化的形式为侦查主体所认识。而如果已破案件在结构要素上出现了新的特点，或者结构之间出现了新的组合方式，那么这就是一种新的犯罪风险源，如电信诈骗案件就比传统案件在犯罪工具和犯罪手段上呈现出更加智能化的特征。从侦查职能和治安职能的关系来说，侦查权可优先察觉到新的犯罪风险源，并以个案为依据，抽取风险源的特征、分布情况等表象特征，进而传递给治安职能部门，以寻求进一步治理。例如，2014 年连续发生的女大学生失联被害案件，通过案件侦查，获得这些案件结构上的共同特点，即乘坐不明黑车或者单身夜行，而这些犯罪风险源正是通过个案侦查得以认识基本事实的。值得注意的是，除了案件事实本身的结构，一些游走于刑法灰色地带的外在行为，也能成为侦查权感知犯罪风险源的条件。静止的抽象的法律规则无法涵盖动态的具体的社会生活，当一些被调查的行为出现法律适用上的难点时，侦查权往往又处于先知先觉的位置，对这些行为的定性以及证据运用，将成为表征该犯罪风险源的有力手段。在具有深远影响的吴英一案中，关于民间借贷行为与非法集资诈骗的界限成为本案的争议焦点，对于合法与非法的认识不仅关系到个案的罪与非罪，更关系到经济犯罪中是否存在新的风险源，以及公安机关对此究竟应秉持何种态度的问题。

2. 对犯罪人/区域进行监视，直接管控犯罪风险

在大多数情况下，犯罪的发生并不是基于新的风险源，而是旧的风险源尚未治理成功。犯罪热点和高危人群的概念就是描述风险源的专门术语。如单勇认为，基于地理信息系统的犯罪制图技术是应对犯罪风险的有力工具，"依托地理信息系统的犯罪制图技术，能够以犯罪热点探测的方式识别风险，以数学建模等方法进行风险评估，以时间序列模型等手段进行风险预警"。② 无论是犯罪热点还是高危人群，其原理都是将犯罪风险划分为人的风险和空间的风险。人的风险主要集中在重新犯

---

① 侦查学界一般认为刑事案件包括犯罪主体、犯罪对象、犯罪时间、犯罪空间、犯罪工具、犯罪手段、犯罪痕迹、犯罪遗留物、犯罪带离物。

② 单勇，阮重骏. 犯罪制图：城市犯罪风险分析的新技术与新挑战 [J]. 山东警察学院学报，2014（6）.

罪与流窜犯罪的问题上。空间的风险则主要集中在犯罪环境的生成与刺激问题上。在传统的回应型侦查模式中，侦查的焦点集中在犯罪案件上，强制措施的采取是为起诉做准备，但在主动型侦查模式中，"更倾向于将犯罪看成一种正常的可管理的对象，那些试图去矫正犯罪或惩罚犯罪的观念在逻辑上是逊色于管理犯罪及减少控制成本的想法的"。①著名犯罪学家沃勒教授在解释纽约 1989—1998 年犯罪率连续下降的现象时认为，"如果这 5% 的下降的确源于增加轻微违法逮捕行动，那么它更应该是纽约警察局采取的以下行动造成的：禁止人们携带手枪、关闭露天毒品市场、叫停卖淫……问题主导警务导致犯罪率下降，即犯罪减少的原因是警察针对危险诱因的行动"。② Richard Young 教授在对 1984 年英国《警察与刑事证据法》施行效果的研究中惊奇地发现：从 1986 年开始，警察采用截停与搜查措施的法律文书记载大幅度增加，而犯罪嫌疑人被逮捕的比例却呈下降趋势，从 1986 年最高的 17.2% 下降至 1997—1998 年度的 10.3%，虽然在 1999 年之后显著回升，但总体逮捕率仍在 13% 左右。David Dixon 教授在评价这一奇特现象时认为："警察在截停某人时并不仅仅依据法律，还为了能够掌握到新的情报，在某些人、某些群体和某些区域形成强制权威以及实施干涉行为，如对毒品市场的清扫。"③ 根据 1984 年英国《警察与刑事证据法》，截停需要有合理怀疑，否则视为程序不合法，搜查所得的证据会被排除。但英国警察的侦查行为显然不是为了某个具体案件，虽然很多截停行为在合理怀疑上不够充分，无法对违法者提起诉讼，但通过此举，却能够没收毒品、枪支，威慑潜在的犯罪嫌疑人，从而削弱潜在犯罪嫌疑人的犯罪条件与犯罪意志。

（三）对犯罪黑数的挖掘

犯罪黑数，是指"一个国家或地区在一定时期内，社会上已经发生但尚未被司法机关获知或没有被纳入官方犯罪统计的刑事犯罪案件的数量"。④ 一般认为，犯罪黑数的形成是由于警方立案不实和被害人不

---

① Ed Cape,John Coppen. Regulating Policing[M]. Oxford：Hart Publishing,2008,34.

② ［美］欧文·沃勒. 有效的犯罪预防 [M]. 蒋文军译. 北京：中国人民公安大学出版社，2011，114 – 116.

③ Ed Cape,John Coppen. Regulating Policing[M]. Oxford：Hart Publishing,2008,32.

④ 李伟. 犯罪黑数研究 [D]. 烟台大学，2013，8.

愿报案或者犯罪属于无被害人案件等造成的。犯罪黑数的存在严重影响了对犯罪控制整体格局的判断，有可能造成刑事政策制定上的失误，更有可能因为犯罪嫌疑人未能受到应有的刑事追究而强化其侥幸心理，使得刑罚的威慑力荡然无存。就警察执法领域而言，犯罪黑数主要存在于日常治安行政与治安处罚中的漏案、隐案中。由于治安处罚本身就是一种独立的法律程序，因此，案件一旦进入治安处罚程序，即使存在刑案的可能，也会因为部门利益或者程序不可逆等现实原因而无法转入侦查程序。而在积极侦查的方针下，侦查权的运行，特别是在主动型侦查模式下侦查机关可以充分挖掘隐案。其挖掘途径有三种：一是对已抓获的犯罪嫌疑人进行深挖余罪，迫使其交代侦查机关尚未掌握的罪行，如盗窃惯犯。二是通过情报信息研判进行立案侦查，发现潜在的犯罪线索，如通过初查发现本地毒品价格急剧下跌，一般可以认为本地存在多个互相竞争的毒品贩售团伙，从而对潜在的毒品贩卖行为进行立案侦查。三是通过与其他执法机关的合作与信息共享，及时接管涉刑案件。在刑法的罪名体系中，有一类行为在本质上并不违反伦理道德，但是为了贯彻行政措施的目的而对违反行政义务者加以处罚，该类刑事违法行为被称为行政犯罪（或被称为法定犯，与自然犯相对应）。"行政犯罪是行政不法与刑事不法彼此交叉的结果，是一种具有刑罚后果的行政不法。"[1]在实践中，行政犯罪与行政违法行为可能就是程度和情节上的差别，由于行政执法机关先于侦查机关调查行政违法行为，因此，违法的程度和情节首先是由行政执法机关来认定的，一旦行政执法机关存在失职行为，行政犯罪就有可能被降格处理，犯罪黑数就会形成。而侦查权的存在则是一种对行政执法的潜在监督，侦查机关通过行使初查权可以及时对行政犯罪案件调查进行干预，转移并拥有该类案件的管辖权，从而避免在行政执法环节中形成犯罪黑数。

三、侦查权实现犯罪控制功能的中国实践

社会转型的过程也是政府组织不断适应改革形势进行自我变革的过程。加强组织建设、提高队伍水平是党在现代化进程中一再强调并视为核心要义的指导思想。而进一步推进甚至优化韦伯版本的官僚科层制

---

① 李晓明. 行政犯罪的确立基础：行政不法与刑事不法 [J]. 法学杂志，2005（2）：46.

度，建立符合现代市场经济和社会管理的理性政府，则是党实现上述指导思想的具体实践，"效能政府"成为20世纪末以来最显眼的名词。侦查组织同样也属于组织建设的范畴，在社会治安综合治理的大框架下，为了更好地发挥犯罪控制功能，提高侦查权的运行效率，公安机关对侦查权运行的体制、机制进行了一系列的变革。

（一）1997年刑侦体制改革：急于求成的犯罪控制

1. 侦审一体化评析

20世纪90年代，这一时期正处于第一次"严打"后的犯罪率反弹时期，第二次"严打"正在如火如荼地开展，此时"严打"的局限性已经暴露，为了能够回归到常态社会下的日常执法中，以增加对其他违法犯罪行为的打击，从而遏制重大暴力犯罪的演化，避免犯罪率的反弹，公安部于1997年在石家庄召开了刑侦工作改革会议。此次会议决定进行刑侦体制的重大改革，一是将侦查部门和预审部门合并，二是设立独立于派出所的基层责任区刑警队。

在此之前，一个完整的个案侦查工作首先由"侦查部门"收集证据、抓获犯罪嫌疑人，然后再提交给相应的"预审部门"，预审部门的职责为讯问犯罪嫌疑人、审核案件情况、补充证据体系，同时深挖余罪，破获更多隐案。两部门各有侧重点，互相制约，又互相配合，并衍生出了各自部门的专家级警员。侦查部门和预审部门的合并，理论上又称为侦审一体化。侦审一体化，是指"刑事案件的侦查职能与预审职能合并，即刑事案件的立案、侦查、审讯犯罪嫌疑人、提请逮捕、移送起诉的职能，由刑事侦查部门统一行使并承担责任的刑事侦查工作体制"。① 对此，当年学者进行了颇多论证，刑警学院课题组认为侦审一体化有助于贯彻执法责任制，符合程序公平正义的价值，能够削减不必要的程序环节，符合诉讼效益原则。② 李和等认为原有的侦审分设体制，在检察机关退侦情形下容易出现侦审互相推诿、超期羁押的现象，也不利于事后追责。因而侦审一体化是必然趋势。③

---

① 中国刑警学院课题组．"侦审一体化"的理论与实践［J］．中国人民公安大学学报（社会科学版），2000（6）：24.

② 中国刑警学院课题组．"侦审一体化"的理论与实践［J］．中国人民公安大学学报（社会科学版），2000（6）：26.

③ 李和，岳中，赵华．再析侦审一体化［J］．中国刑警学院学报，2000（3）.

可以看出，公安部进行改革的初衷是通过侦审一体化，减少侦查程序中的中间环节，落实以组为单位的破案责任制，再通过指标化考核，希望在客观上节省程序时间，在主观上激发基层刑警的工作积极性。然而这种设计并不完全符合当时中国侦查程序的特点。首先，侦审分设体制所出现的办案周期长究竟是因程序衔接过长导致还是由于侦查方法本身存在问题而导致，需要进行实证研究才能区分。简单地将两者合一是一种拔苗助长的做法。其次，侦审分设体制存在的最大问题在于各自角色的设定有误。原有的侦审分设体制在实际运行中将预审前的侦查功能视为抓人，而将预审功能视为取证。这是一种由供到证侦查模式的产物，不仅不能有效形成权力制约，还会因为"抓人"与"取证"之间的方法、内容不同，而形成侦查环节的断裂。因而预审制度的改革应当是对各自工作职责与权力的改革，而非简单地进行程序合并。最后，侦审一体化取消了仅有的程序制约，在当时的刑事法治条件下，无疑加大了错案的可能性。组织行为学上认为组织决策可能会出现群体冒险与群体"盲思"的现象。而出现这种风险则是因为组织中决策主体的同质性与相互隶属关系。"当群体具有很高的凝聚力，并且相对较少受外界影响时，群体忠诚和从众压力会导致群体盲思。"① 正如上文所述，原有的侦审分设体制是在由供到证的侦查模式下进行设定的，而由供到证本来就存在着极高的错案风险，在取消预审程序后，原有的异质主体之间的程序荡然无存。而由供到证的侦查模式却并未受到实质性改变，于是在侦查人员"一办到底"的现状下，不要说纠正冤假错案，就连发现冤假错案都成为一个问题。

2. 责任区刑警队配置评析

在设立责任区刑警队之前，基层派出所承担了大量的轻微刑事案件的侦查工作，由于打防不分，且在"严打"浪潮下以打为主，导致了派出所忽视了犯罪预防工作，将大量精力放在侦查工作中，整个公安基层基础工作不实。为了改变这一局面，落实社会治安综合治理以防控为主的目标，同时加强与人民群众的联系，夯实刑侦基础工作，公安部决定将县一级刑警大队和派出所中原来从事侦查工作的人员合并在一起单独成立责任区刑警队，成为第四级侦查组织。

---

① 刘永芳. 管理心理学［M］. 北京：清华大学出版社，2008，159.

然而公安部的上述设想未能充分转化成战斗力，责任区刑警队的设立，使得本已捉襟见肘的基层刑警大队再次进行人员分离，这导致责任区刑警队的规模普遍偏小，刑警大队也缺乏人力从事系统的刑侦基础工作。而派出所由于不再承担侦查工作，因而出现了刑警中队与派出所关系的紧张，打防之间也出现了断层。但是犯罪侦查并没有因为责任区的划分而降低难度，雪上加霜的是由于基层刑警的基本素质和能力尚未达到侦审一体化的标准，失去组织支持和能力储备的责任区刑警队很快就成了"鸡肋"，大案破不了，小案办不好，基层刑警苦于应付指标，不再积极侦查，容忍了大量犯罪黑数的存在。"改革开放后，虽然刑警大队对基层中队和领导的调度提高了效率，减少了层次，刑警中队也有了主体意识和破案责任，但由于工作量增加，办案要求高、难度大，加之刑侦人员严重不足，落实到每个刑警头上的责任依然降不下来，运行中出现了由原来的大派工转化为现在的小派工，临时组合、临时指派的现象仍四处可见。"① "但是，由于一些管理措施相对滞后，受本位主义、经济利益驱动的影响，存在各自为战、封闭信息、超越辖区、互相争夺、有利就争、无利互推的现象，致使一些本该破案的很好的线索白白流失，甚至错过了抓捕犯罪嫌疑人的有利时机，从而增大了犯罪分子作案的空白点，影响了破案效率，造成了动态治安防范失控。"② 这些当年的反思性论述证明了刑侦改革实践中存在的巨大落差。应当说，此次刑侦的改革初衷是好的，但仍然未能基于犯罪规律和警务资源进行调整，因而在总体上呈现出急于求成的倾向，导致既定的犯罪控制功能未能有效实现。

　　（二）信息化侦查：更即时的犯罪威慑和更精确的犯罪风险源治理

　　1. 情报信息主导警务

　　进入21世纪，以计算机技术为代表的信息化革命正在悄然发生，传统以人力推进为特征的警务手段也逐渐融入了信息化的高效、便捷优势。在美国，早在20世纪90年代，计算机统计型警务就已经为时任纽约警察局局长布莱顿所采用，以考核警方的治安责任。但是计算机统计型警务只是通过犯罪统计和犯罪趋势的变化来反映警方内部机构的工作

---

① 郭锦孝，保国祥. 刑侦体制改革后面临的问题与出路 [J]. 公安研究，1998 (1)：65.
② 李英. 刑侦体制改革后面临的困难及解决办法 [J]. 河南公安学刊，1998 (6)：43.

效率，也就是说，它仅仅在管理层面上具有重大意义，并未涉及警务手段的革新。而真正形成警务信息化革命的却是 2000 年英国推行的"国家情报模式"（National Intelligence Model，NIM）。正像国家情报服务机构所宣称的那样，情报信息将引导警务策略在以下三个方面发生变化："以犯罪者为对象（特别是通过各种公开的或秘密的方法查获的现行犯罪）；对犯罪高发和秩序混乱地区的治安管理；对一连串犯罪和事件间关系的调查以及犯罪预防措施的运用，这包括同当地伙伴关系共同工作以减少犯罪和失序。"① 而随着环境犯罪学的兴起，情报信息主导警务已经成为警方参与犯罪治理最有效的模式。环境犯罪学坚持在实证主义方法论的基础上探索犯罪现象与犯罪控制、地理位置的关系。"机会理论认为犯罪分子选择作案目标主要取决于作案机会。所谓作案机会有两层含义：第一，就是作案目标所具有的吸引力；第二，就是作案目标容易接近的程度（accessibility）。罪犯的日常生活模式对如何选择犯罪地点产生影响，即使对那些有意识地寻找犯罪目标的罪犯，也是如此。机会理论认为，在我们的大脑中保存着对自己生活的城市的"认知地图"。② 其后，对惯犯的研究、犯罪生涯理论的提出进一步丰富了犯罪防控中的决策依据，使得犯罪防控不再深陷于社会结构失衡等宏大而无法落实行动责任的主题中，警方也重新找到了其工作支撑点：管控住人和空间。著名警学家莱特克里菲直接指出，"情报导向警务作为一种客观制定政策的工具，是犯罪情报分析的运用，其方式是有效的警务战略和有良好基础的外部友好合作关系，目的是犯罪的减少和预防"。③ 在战略层面，情报信息主导警务包括三个环节：通过情报解读犯罪环境、通过情报影响决策者以及决策者改变犯罪环境。于是我们可以概括情报信息主导警务的三个基本特征，即以犯罪减少和预防为目标、多样化的合作伙伴关系以及决策科学化。而这三个特征则与社会治安综合治理具有内在的契合性。

---

① Jerry H. Ratcliffe. Intelligence – led Policing [J]. Australian Institute of Criminology，2003（248）：2.

② 梅建明. 论环境犯罪学的起源、发展与贡献 [J]. 中国人民公安大学学报（社会科学版），2006（2）：68 – 69.

③ Jerry H. Ratcliffe. Intelligence – led Policing [J]. Australian Institute of Criminology，2003（248）：2.

2. 信息化侦查的方法类型

在警务信息化整体推进的格局下，我国情报信息主导侦查或信息化侦查也开始如火如荼地开展，随着金盾一期工程的结束，信息化侦查有了自身的物质基础，公安部《2005 年全国刑侦工作要点》以大量的篇幅阐述了刑侦工作信息化问题，明确了刑侦信息化的工作思路：2005年年底之前刑侦工作要完成基本信息化办公环境改造、建设刑侦专项信息平台、整合警务信息资源，同时初步建立网上协作侦查机制。① 在信息化时代，信息是侦查思维的逻辑起点，"侦查思维的起点从'物质'转化为'信息'，侦查思维要从'物质'思维层面转向'信息'思维层面"。在侦查途径的框架下，信息化思维渗透到传统的侦查破案程式中，从而创造了新的结构化的技战法。

（1）由案到人：目标轨迹追踪和网上摸底排队。目标轨迹追踪，是指案件发生后，"对于刑案相关的物件或情报，依照其时间顺序建立方向性的联结，可产生点与射线组成的图形，此图形称为目标轨迹"。② 成功的目标轨迹追踪需要有三个阶段：一是确定可疑目标，主要是根据案发时的犯罪嫌疑人的影像或者按照一定时空规律捕捉犯罪嫌疑人停留过的地点。二是根据犯罪嫌疑人遗留的可供人身识别的信息，来分析研判犯罪嫌疑人在发案线性时间序列中的来去路线，一直到判断犯罪嫌疑人最后的落脚点。三是围绕最后的落脚点具体查证犯罪嫌疑人的位置。传统的由案到人都是通过复杂而又脆弱的物证痕迹关联、因果关系等来摸排犯罪嫌疑人的身份、职业、性格特征的，它是一个由点到面，再由面到点的过程，中间任何一环断裂或者人为失误，都可能使侦查工作陷入僵局。目标轨迹追踪是信息化时代社会监控集成化和数字化的产物，是传统由案到人的简约版本，它绕过了复杂的关联关系，减少了侦查人员的工作量，增加了侦查认识的准确性。

网上摸底排队则是在信息化条件下，由案到人的另一种新形式。网上摸底排队，是指"借助计算机技术和网络技术，应用各个信息系统，设定摸排条件，发现犯罪嫌疑人和侦查线索的方法"。③ 网上摸底排队

---

① 公安部. 2005 年全国刑侦工作要点 [J]. 中国刑事警察, 2005（1）.
② 詹明华, 李文章. 目标轨迹在犯罪侦查上之应用 [J]. 刑事科学, 2006（3）.
③ 马忠红. 网上摸底排队的原理和方法 [J]. 上海公安高等专科学校学报, 2006（8）.

实际上是传统摸底排队操作程式的信息化，传统摸底排队需要通过调查访问来落实摸排条件，因此无论是侦查人员亲自询问还是发动群众、基层干部汇报可疑信息，都存在着信息传递噪声大、信息传递扭曲或者传递虚假信息的情形，这容易导致摸底排队因人为的疏忽而前功尽弃。网上摸底排队依靠准确的数据信息系统，从而减少了人力的中间环节，使得摸底排队更为快捷、直接和准确，也能够及时发现摸排设定条件存在的问题，便于调整摸排方法和策略。

（2）由人到案：基于高危人群的侦查假设和可疑数据挖掘。信息化侦查带来的最大变革就是由人到案途径的广泛运用，这使得犯罪的提前预判、处置以及主动型侦查能力都得到了广泛提升。所谓由人到案，是指"侦查人员以各项侦查基础业务、专门侦查手段为依托，从个体和群体在特定或不特定场所暴露出的已知或未知的与犯罪相关联的嫌疑活动或嫌疑信息入手，确认其行为性质或确认其与特定案件之间的联系的侦查方法"。[①] 由人到案的侦查途径，要义在于对犯罪嫌疑人的关注，而非对案件的关注。因此，对围绕着犯罪嫌疑人所暴露出来的异常信息的研判，就是信息化侦查由人到案途径技战法的关键所在。实践中主要的技战法类型包括基于高危人群的侦查假设法和可疑数据的挖掘法。

首先，基于高危人群的侦查假设法。"犯罪高危人群分析是通过已破案件中对犯罪行为人的人群特征和犯罪手段的统计分析，寻找两者间的关联性规律的一类分析方法。"[②] 在一些由案到人侦查途径存在巨大障碍的案件中，通过对犯罪高危人群的假设进行分析判断是一条可行的捷径。虽然高危人群并不是一个严格统计学意义上的概念，但通过对犯罪高危人群进行分析判断却是寻找侦查突破口的一种有效方法。特别是对于跨地域的流窜犯罪而言，户籍地、前科、吸毒史等都是高危人群识别的重要依据。同时，与这些人群特征相联系的是犯罪手段，其基本过程为：通过现场勘查对犯罪手段进行描述，在数据库系统中分析出对应的高危人群，再通过目标轨迹的查询，寻找在本辖区内有过逗留的可疑人员，运用调查访问、阵地控制等常用侦查措施和方法，进一步缩小可疑人员的范围，直至锁定个人或团伙。此种技战法类型实际上是以高危

---

① 郝宏奎. 浅谈侦查途径的变革［J］. 人民公安，2002（21）.

② 陈刚. 犯罪情报分析［J］. 北京：中国人民公安大学出版社，2007，91.

人群和目标轨迹为分析节点，将案件所含信息与高危人群的活动轨迹相联系，从而形成一幅幅可以假设的图景。通过这样的图景拓展证据线索来源，为最终锁定犯罪嫌疑人创造条件。因此围绕高危人群的侦查假设是一种典型的由人到案的侦查途径。

其次，可疑数据的挖掘法。数据挖掘，是指从大量的、不完全的、有噪声的、模糊的、随机的数据中提取隐含在其中的、人们事先不知道但又是潜在有用的信息和知识的过程。数据挖掘的本质是知识的发现，"数据挖掘的对象可以是结构化的，如关系型数据库中的数据，也可以是半结构化的，如文本、图形、图像数据，以及分布在网络上的异构型数据"。① 可疑数据的挖掘对纳入情报信息研判的数据进行各种算法的碰撞、统计从而完成关联分析、偏差分析等可以显示侦查线索的任务。数据挖掘技术伴随着计算机的算法规则已经成为警务智能信息系统构建的一种重要技术支撑。从信息化侦查的角度看，可疑数据的挖掘实际上是通过侦查思维的创新发现海量数据中具有波动性、异常发散性以及触及敏感领域的那部分数据，再通过查证数据所反映出的留下信息的人员的活动情况，从而判断该人与相关案件的关系的过程。可疑数据的挖掘是由案到人的另一种方法。例如，某地发生了一起杀人碎尸案，现场勘查并没有获得很多有价值的线索。侦查人员假设杀人碎尸案现场一般发生在屋内，需要有大量的自来水进行冲洗，那么该户主的用水量一定会比平时产生了幅度更大的波动。于是侦查人员调取了自来水公司的用户水表数据，从而锁定了一些用水量异常的用户，使得侦查范围大大缩小。

（3）由案到案：以科技手段为基础的串并案。无论是学术界还是实战部门均认同案件的侦破是需要条件和时机的。如果说高危人群分析体现的是一种归纳的侦查思维观，那么以科技手段信息化为基础的串并案则体现了演绎的侦查思维观。此处的科技手段需要作广义的理解，既包括传统的以同一认定为基础的物证鉴定领域，也包括技术侦查、视频侦查等以科技手段为支撑的新兴科技侦查领域。随着数据库系统的升级和完善，科技手段的运用结果也可以数字化的方式融入数据库，如指纹自动识别系统、视频监控资源、GPS 资源等。在一些尚不能及时破获的

---

① 祝捷. 基于数据挖掘技术的警务智能信息 ［D］. 郑州：河南财经政法大学，2010，5.

案件中，通过现场勘查和技术手段所呈报的信息资源将成为以后串并案的基础。例如，周克华案件就是以其作案地点出现的人身影像作为并案侦查的依据的。

3. 战术层面的情报信息主导侦查：更为即时的犯罪威慑

就战术层面而言，信息化侦查的优势表现在三个方面：

第一，通过可视化、结构化的方式获得案件信息，具有效率优势。效率，是指单位时间内的劳动产出比。侦查效率主要表现为办案周期的长短。传统的侦查工作主要靠侦查人员听、记来进行信息的表达和传播，在传播过程中难免会出现信息损耗的情形。"实体侦查整体工作效果过分依赖局部工作效果。由人力推进的实体侦查活动，从实施效果上讲，对于那些全面铺开的侦查活动——如由人力实施的对犯罪嫌疑人的摸底排队——而言，如果一个环节没有落到实处，整体的人力投入就可能功亏一篑、无功而返，此所谓一百减一等于零。在一定意义上讲，实体侦查是一种高投入、高风险、低收益的侦查活动。"① 而信息化侦查无须进行铺开式的大兵团作战，通过计算机平台以信息检索的方式，可以将所需侦查信息以排列有序、可视化的方式展现在侦查人员面前，这就省去了许多中间环节，只要检索输入得当，计算机系统就不会出现遗漏的情形。

第二，通过信息的碰撞，可以避免侦查人员对实体性资源的过度依赖，具有效度优势。效度，是指针对某一问题所采取对策的有效性。传统侦查工作侦查线索的获得需要依据大量的实体性资源，如指纹、人证等。但是随着社会转型期的到来，社会正式控制体系逐渐弱化，实体性资源正面临着短缺的困境，如证人不愿意出庭作证、犯罪嫌疑人反侦查意识增强而造成的证据客观生成机制上的困难。而信息化侦查通过实时记录的虚拟信息可以实现人—机办公，从而使侦查人员的思维更加活跃，可运用的技战法也更加丰富。例如，在盗窃机动车案件侦查中，传统侦查方式一般是通过明确被盗车辆特征、控制赃物销售等方式获取侦查线索，而这些都依赖于相关人员的配合和准确描述。在信息化条件下，通过视频监控判断轨迹、通过 GPS 判断轨迹，甚至通过车内电子设备（遗留的手机等）都可以获得大量的侦查线索，而这些线索是基

---

① 郝宏奎. 论虚拟侦查［J］. 中国人民公安大学学报（社会科学版），2008（1）：4.

于更为客观准确的虚拟资源而产生的。此外，信息化侦查也是压制新型犯罪的有力手段。信息化社会不仅带来了警务手段的革命，同时也导致了犯罪机会的增多。诸如网络色情犯罪案件、电信诈骗案件、金融盗窃案件等高智商犯罪屡见报端，新型犯罪也在信息的利用和传播中制造着犯罪机会，在这个意义上讲，信息化侦查正是在信息领域中与新型犯罪维持攻防手段的平衡博弈。

第三，信息化侦查强调无情报、不行动，通过人—机办公、落地查证的方式，具备效益优势。效益，是指劳动成本与劳动收获的比值。传统侦查工作在立案之后，就以侦查小组为单位进行侦查活动，然而受制于非信息化中信息缺损等困境，传统侦查决策具有一定的盲目性，在一些大案中，甚至开展兵团式作战，虽然能最终破获案件，但成本是巨大的。而在信息化侦查中，首先通过人—机互动，明确侦查决策所拥有的资源及其限制性条件，从而使得决策更加科学、行动更加精确，自然能够提高效益。

信息化侦查在战术层面的优势还契合了我国社会转型期的犯罪规律，我国在犯罪结构上呈现出"重罪数量虽然持续上升，但在全面犯罪中的比重却呈下降趋势；盗窃、抢劫、诈骗等财产型犯罪的传统主力犯罪类型的地位依然稳固；犯罪的流窜性不断增强"[①] 等特点。对于财产性犯罪，信息化侦查所运用的轨迹跟踪、社会关系网络分析等手段可以有效定位犯罪嫌疑人，查获犯罪团伙。而对于流窜性犯罪，网上串并案分析则是破案的一把利器，如杭州公安局所创造的"外地抓获人员分析法"就是通过将外地抓获人员在杭州的活动轨迹与相同时间内案发情况进行比对，从而进行串并案。信息化侦查在效率和效度上的提升大大增强了侦查权的犯罪威慑能力，从而在一定程度上更好地发挥了侦查权的犯罪控制功能。

4. 战略层面的信息化侦查：更为精确的犯罪风险源治理

就战略层面而言，信息化侦查仍然秉持了情报信息主导警务的总体战略，即以犯罪预防和减少犯罪为最终目标。在吸取了"严打"的教训之后，战略层面侦查权的运行更加强调决策科学、有的放矢。实际

---

① 杨靖. 犯罪治理：犯罪学经典理论与中国犯罪问题研究 [M]. 厦门大学出版社，2013，123.

上，从第二次"严打"开始，侦查机关就不再简单而盲目地对所有的刑事犯罪进行打击，而是开始有了所谓的重点对象，如20世纪90年代中期的"严打"，就以"六害"和"车匪路霸"作为主要打击对象。[①]从决策的角度看，"六害"的行为虽然不比杀人、抢劫、强奸等罪行严重，但其具有腐蚀社会风气之作用，极易诱人犯罪甚至升级至重罪。而在90年代社会流动加速时期，交通是经济发展的大动脉。"车匪路霸"不仅严重影响了群众安全感，还影响到了经济建设的大局。并且"车匪路霸"沿交通线作案，已经形成了犯罪热点地区，对这些区域实施持续的打击和管控，有利于改变交通沿线的整体治安状况。由此可见，侦查战略在本质上就是一种侦查政策，而信息化侦查将在政策决策上更为精确。

首先，通过犯罪情报分析，信息化侦查方式可以清晰地定位政策议题。从政策的制定过程来看，议程设置是政策制定的首要阶段，在这个阶段要明确"哪些事情能被提上议事日程"，而侦查政策制定过程中的议程设置则决定了哪些犯罪问题需要纳入侦查政策的视野。由于侦查政策是对侦查价值进行权威分配的制度规定，因此，侦查政策的议程设置体现了决策者对具体事项的价值判断。在传统的决策环境中，由于信息阻隔和决策信息不足使得决策者在问题的界定上难以对决策问题进行界定。因而传统的侦查政策，特别是地方侦查政策在犯罪控制上具有一定的随意性，需要解决哪些治安问题往往以领导的意志为转移，侦查打击的对象、重点不明确也不科学。而在信息化条件下，侦查工作所要确立的政策议题完全可以在社会治安综合治理的框架下通过情报信息的收集研判而生成。战略层面的信息化侦查通过对已破个案进行结构分析，形成稳定的个案结构信息，当这些信息汇总到一定程度以后，通过历史分析、比较分析，得出不同个案的不同特点，并在分析本土治安局势、公共安全感的基础上，定位需要解决的问题。

其次，通过综合情报信息分析，信息化侦查方式有助于辨明目标的优先顺序。不同的犯罪风险源可能引发的后果是不同的，其本身也存在着风险等级的排列。除此之外，社会对犯罪风险源的容忍程度不同，决

---

① "六害"，是指卖淫嫖娼，制作、贩卖传播淫秽物品，拐卖妇女儿童，私种、吸食、贩运毒品，聚众赌博，利用封建迷信骗财害人的违法犯罪活动。

策者对风险源的容忍程度也不同，这就造成了在目标解决上存在着优先顺序问题。综合情报信息分析不仅囊括了犯罪情报分析，还包括对诸如群众安全感等社会信息进行分析研判，同时还要与决策者保持密切的接触，从而获得决策者的支持，从这个角度来说，战略层面的信息化侦查无法保证决策在客观上最优，却能达到在主观上最满意的状态，这也符合有限理性的决策规律。①

最后，通过侦查战略行动后的信息反馈，评估犯罪风险源的治理效果。传统的"严打"行动在运动结束后，往往以发案率的高低来评价"严打"行动的效果。但是由于"严打"未能针对犯罪风险源开展行动，因此，"严打"后短暂的发案量低速增长，很有可能是犯罪转移所引起的，也就是说，在治标不治本的情形下，"严打"的效果其实是对犯罪形成挤压，迫使其转移或者形成短暂的蛰伏。而信息化侦查虽然也在战略层面组织破案战役，但是在行动后会主动收集信息进行评估，对犯罪嫌疑人和犯罪空间进行剩余分析，并及时将这些评估结论传递到其他综治部门，配合社会政策加以根本解决。从这个角度来说，信息化侦查也是一种以问题为导向的侦查方式，以解决问题作为战略行动的最终归宿。

（三）"打防管控"一体化：更为协同的犯罪控制

1. "打防管控"一体化警务模式的概念

经过信息化侦查的培育，侦查权在犯罪控制领域已经找到了自己的角色和支撑点。就侦查组织自身而言，其单项功能正在持续发挥之中，然而正如社会治安综合治理需要治理主体多方协同一样，现代官僚体系也需要进行组织功能上的整合。侦查权的法定化与相对独立是在韦伯的科层制影响下，警察组织功能结构化和规范化的要求。但是科层制并不是永恒的、完美的，科层制的专业分工与权力分授在一定程度下会演化成碎片式的功能分立。"正是由于这种结构的规范化和角色的规范化，使公共行政的总目标产生了独立化，使系统的、整体性的公共行政目标

---

① 所谓有限理性，是指当评价人类的理性时，在决策上的天然限制必须被考虑进去，这些限制包括环境的不确定性或变动性，不可能获得所有需要的信念、偏好不那么明确和稳定等。侦查中的大部分决策也是属于有限理性范畴。详见：郑海，蒋勇. 有限理性视野下的侦查决策失误研究 [J]. 中国人民公安大学学报（社会科学版），2011（2）.

分解成一个个相互独立的、各自为政的分目标，在这种目标关系的指导下，公共行政组织运行呈现分散的、独立性的状态。"① 如上文所述，几次"严打"运动无意中强化了侦查权在犯罪治理中的突出地位，而以破案指标考核为代表的压力型体制再次刺激了侦查权运行的自我隔离倾向。另外，信息化侦查所产生的巨大收益，使得侦查权在犯罪控制中产生了巨大的绩效优越感，按照班杜拉教授的观点，"人们对自身完成既定行为目标所需的行动过程的组织和执行能力"② 会有一个基本的判断，这被称为"自我效能感"，而当自我效能感与实际存在的绩效完全成正比关系时，就会削弱"集体效能感"，而"集体效能感"意味着"群体对它具有组织和实际行为达到一定成就水平所需的行动过程的联合能力之共同信念"，③ 信息化侦查所产生的效能、效度和效益上的优势使得侦查组织的"集体效能感"逐步降低，而侦查组织的"自我效能感"急剧上升。侦查权与其他综治权力网络产生了某种程度的分离倾向，协同能力也在逐步减弱。但是信息化侦查依赖的并不仅仅是刑侦专业信息，整个公安信息、社会信息都是信息化侦查发挥优势的基础，而侦查权在综治网络中的独大，不仅使得其他机构的工作积极性下降，而且在战略层面，信息化侦查精确的犯罪风险源治理功能也会因为失去其他机构的配合再次陷入盲目发动战役的泥潭中，于是为了提高整个综治网络的协同性，进而实现以犯罪预防和控制为目标的综治理念，"打防管控"一体化的警务模式便成为一种比较流行的协同式警务。

"打防管控"一体化警务模式，最先由北京市公安局在 2011 年 3 月 21 日提出，"市公安局立足于'想长远、办大事、打基础'，坚持以民意、民心为主导，作出了打整体仗、打合成仗，开展"打防管控"一体化工作的决定。与以往不同，这项工作突出民意、突出大局、突出整体、突出创新，是警务工作的新模式"。④ 随后，浙江省、广东省、

---

① 齐明山，陈虎. 论公共组织整合的三种模式［J］. 浙江社会科学，2007（3）：58.

② ［美］A. 班杜拉. 思想和行动的社会基础——认知论［M］. 上海：华东师范大学出版社，2001，553.

③ ［美］A. 班杜拉. 自我效能：控制的实施［M］. 上海：华东师范大学出版社，2003，683.

④ 北京市公安局. 市公安局启动"321""打防管控"一体化工作［EB/OL］. http://www.bjgaj.gov.cn/web/detail_getAticleInfo_296240_col1169.html，2014－08－06.

山东省警方也陆续沿用了"打防管控"一体化的工作模式，并融合了情报信息主导警务的优势，形成了更富有创新精神的情报信息主导下的"打防管控"一体化警务模式。

"一体化警务是运用一体化的理念规划指导警务工作的产物，它是指围绕统一的警务目标，以情报信息为主导，通过机制调整和手段创新采用整合的、协同的和一体化的管理方式与技术高效整合内外警务资源，实现警务领域高度贯通，警务效能大幅度提升的现代警务机制。"① 一体化警务就是一种在组织功能上进行整合的警务形态，而公安机关的"打"、"防"、"管"、"控"则是最基本的四种功能，"打防管控"一体化警务就是以预防和减少犯罪，维护治安秩序为统一的警务目标，在情报信息的主导下，"打"、"防"、"管"、"控"四种基本功能实现体制和机制上的整合，从而形成警务目标在最大程度上接近的警务形态。"打防管控"一体化警务模式具有如下几个特征：首先，警务目标为预防和减少犯罪，维护社会治安秩序。信息化侦查模式以其迅速破案、查获犯罪嫌疑人为模式优势，社区警务以改善警民关系、维护社区居民安全感为警务优势。而"打防管控"一体化警务模式则回归到警务的最初目标：在客观上能够预防和减少犯罪数量，在效果上有助于形成对治安秩序的维护。其次，"打防管控"一体化警务模式必须以情报信息为主导，为了实现"1＋1＞2"的效果，警务组织和机制的整合必须有能够一以贯之的警务要素作为串联线索，这个串联要素就是警务情报信息，情报信息的收集、分析研判和运用贯穿了整个警务工作过程，从而将其他警务要素串联在标准的警务工作流程中，形成了一种内在的驱动力。最后，"打防管控"一体化警务模式是一种以问题为导向的警务模式。"打防管控"一体化警务模式在于实现综合的警务目标，即实现犯罪治理和秩序维护的目标，功能上的整合当然不能仅仅指向单一的警务目标，而犯罪治理和秩序维护既是现代警察诞生的正当性依据，也是当代警察的基本功能，在犯罪治理和秩序维护的基础上，才能有更好的社会效果和警民关系。

---

① 傅金明. 全面实施"一体化警务"机制建设的思考——以浙江省平湖市为例［J］. 公安学刊，2013（5）：5.

2. "打防管控"一体化警务模式的理论基础

（1）系统论原理。贝塔朗菲在 1932 年发表的"抗体系统论"中提出了系统论的思想，系统论的核心要素是系统的整体观念。贝塔朗菲强调任何系统都是一个有机的整体，它不是各个部分的机械组合或简单相加，他反对那种认为要素性能好，整体性能一定好，以局部说明整体的机械论的观点。他指出机械论的错误有三："一是简单相加的观点；二是机器的观点；三是被动反馈的观点。"[①] 整体性、灵活性、系统的结构性、时限性是所有系统共同的基本特征。也就是说"整体大于部分之和"。同时，各个部分之间还会交互作用，从而形成一定条件下的自组织结构。系统论对研究范式的革新意义在于研究问题时摒弃了以往将事物分解成若干部分，分析出每一部分的性能，然后再以部分性质去说明复杂事物。可以说系统论建立在现代复杂社会的基础之上，是对事物内部以及事物之间联系的系统把握。在系统论视角下，系统具有层次性、开放性与稳定性。从系统层次性原理来看，由于组成诸要素的种种差异包括结合方式上的差异，从而使系统的地位、作用、结构与功能表现出等级秩序性；从系统开放性原理来看，它指的是组织系统在与环境的相互作用中，在一定范围内其发展变化不受或者少受条件变化，坚持表现出某种趋向预先确定的状态的特性；从系统稳定性原理来看，在开放的社会系统中，系统的不平衡交换会引发负熵——一种组织更加完善、转换资源能力增大的过程。开放系统在外界作用下具有一定的自我稳定能力，能够在一定范围内进行自我调节，从而保持和恢复系统原来的有序状态，保持和恢复原有的结构和功能。

从功能的角度来看，警务模式是一种典型的系统构成，"打"、"防"、"管"、"控"分别对应着警务的功能子系统，一体化的意义正是在于产生整体大于部分之和的效果。首先，任何一种警务系统都必须要由若干要素组成，无论是警务体制还是警务机制都是整个警务模式中的子系统，因而警务系统的构建必须要有层次地推进到子系统中的要素建设，并且要素的建设还要形成一定的警务结构，以实现整体大于部分之和的功效，这体现了系统论的整体性与层次性原则。其次，警务系统在本质上是一种目标导向的，警务系统的改善与再组织应当依据反馈系

---

① 周树杰. 系统科学的形成与发展初探 [J]. 理论界，2006（9）：25.

统接近目标的程度而言，这意味着警务系统必须要保持一定程度的开放性，既要能从环境中汲取资源来维持警务系统的运转，又要在与系统的互动中，及时得到警务系统运行效果的反馈，这体现了系统的目的性与开放性。最后，警务系统的结构变动和微调也需要以一定的动力机制去完成，警务系统在发生目标偏差的情形下，需要一定的动力源去调整警务系统的结构，从而适应新的功能需求，而这种动力源则是在警务系统与外界环境的交换作用中完成的，只要保持警务系统与外界交换的平衡状态，警务系统就能够实现自组织并保持稳定性，这体现了系统的稳定性。因此，警务模式的构建就是一种系统的搭建过程，遵循着系统论的原理。

（2）犯罪交互与渐进原理。犯罪信息转移原理曾被认为是对信息化侦查模式的最好注脚，任何侦查模式或者警务模式的改革，都必然是基于犯罪特性的回应，"打防管控"一体化警务模式同样也不仅仅只具备管理学的理论基础，它还是对犯罪交互性与渐进性的回应。

第一，犯罪行为与日常行为的交互性。犯罪是对主体行为在法律上的评价，犯罪需要借助行为这个载体才能彰显其法律意义，而犯罪主体的行为在外延上必然要大于犯罪行为，犯罪主体的行为包括犯罪行为和日常行为两大范畴。犯罪行为与日常行为之间存在着交互性。虽然对犯罪行为的终止形态还存在争议，但是犯罪行为总是能与日常行为实现无缝连接，在这些连接之处体现了这种交互性。例如，犯罪嫌疑人在作案之后回住处休息，或者进行消费。"杀伤犯罪逃逸行为在以下方面存在显著特点：杀伤犯罪逃犯多出入娱乐场所，多通过手机和公用电话与同伙联系，多使用伪造身份证，容易接触陌生人，很少回家……逃犯的生存方式在很大程度上受到以前生活习惯的影响，甚至依赖于以前的生活方式。"[1] 张君系列案件破获后，在对张君进行心理分析时，相关专家认为，"张君对待集团成员凶狠，但同时很爱自己的儿子，孝敬自己的母亲……每次回家看儿子，都要买整箱的奶粉"。[2] 犯罪行为与日常行

---

[1] 刘杰，李玫瑾. 杀伤犯罪逃逸心理及行为规律研究 [J]. 中国人民公安大学学报（社会科学版），2005（4）：111-112.

[2] 戴纲，周力凡，郭卫，毛志斌. 张君犯罪集团心理特点及活动规律分析 [J]. 中国人民公安大学学报（社会科学版），2001（1）：112.

为的无缝连接，既是生存的需要，也是犯罪主体情感的需要，并且相对于犯罪行为而言，日常行为中的反侦查意识会降低。犯罪行为与日常行为的交互性还体现为日常行为会影响犯罪行为的实施。"犯罪人格是个体在社会化过程中逐渐形成的一种趋向犯罪的稳定的心理结构"，① 日常交往与学习是社会化的重要形式，在犯罪意图形成阶段，日常交往能否满足个体的需求将是一个关键因素。犯罪学认为需要是犯罪心理和行为形成的基础，"犯罪人格缺陷的实质就是个体需要结构的不合理发展和满足需求的方式不被社会认可"。② 因此，在某些案件中，可以看到犯罪人对日常交往中未满足其需求的极端表达。在犯罪行为实施阶段，犯罪人的技能、手段、方法会反映出犯罪人日常交往中的行为特征，"反侦查行为的潜意识形态与个人的生物本能和生活经验有关"。③ 班杜拉及其社会学习理论认为决定人类侵犯行为的主要途径是过去的学习，"侵犯行为是学习的结果，各种因素诱发侵犯行为的产生，强化使侵犯行为得以保留"。④ 相关学者在进行实证检验后又对其进行了修正，"通过暴力符号示范可习得反规范的态度或行为倾向"，⑤ 这一点在诈骗犯罪中表现得尤其明显，犯罪人通过学习日常人们交往之间的不道德行为（如欺骗、恐吓行为），从而上升到犯罪策略层面，在有合适的被害目标的情况下，驱动犯罪行为的产生。日常行为还有可能因其突发性而造成犯罪行为的修正。例如，发现作案对象为认识之人而放弃犯罪计划。犯罪人迷信某一坊间传说而实施了某一特定行为，正如有学者总结的，"犯罪现场信息中既有利罪信息，也有止罪信息，既有同向信息，也有逆向信息，正是在信息的对抗中，影响犯罪决策"。⑥ 日常行为中通过学习所获得的信息将会成为以后形成特定犯罪行为模式的基础。从侦查

---

① 巩超. 犯罪人的生成机制与防控对策的社会学探析 [D]. 福州大学，2006，22.

② 梅传强. 犯罪心理生成机制研究 [D]. 重庆：西南政法大学，2004，49－50.

③ 马静华，王国民. 论反侦查意识的形成 [J]. 吉林公安高等专科学校学报，2003 (2)：27.

④ 张荣伟，林国耀，程利国. 从社会学习理论看犯罪行为产生的心理机制 [J]. 江西公安专科学校学报，2005 (6)：67－69.

⑤ 赵军，彭志刚，彭红彬. 暴力资讯与未成年人犯罪实证研究——以社会学习理论为主要修正对象 [J]. 江西财经大学学报，2010 (3)：109.

⑥ 刘为国，詹王镇. 论信息与犯罪生成机制——以犯罪现场为视角的分析 [J]. 河北科技师范学院学报，2012 (1)：58－59.

学的角度来看，这些都初步具备了犯罪心理画像的意义，如"对犯罪嫌疑人人格特征的刻画，对犯罪人职业、教育背景的刻画，对犯罪生物学的解读等"。①

犯罪行为与日常行为的交互性使得警务模式不再仅仅以犯罪现场为中心，犯罪控制将从犯罪的"点"走向社会的"面"，与此相关的则是"时间要素的延伸、空间要素的立体化、事件要素的向外拓展、人的要素的关联化等"。② 而对社会面的控制和信息的挖掘显然需要合成的力量。因而警务系统中的"打"、"防"、"管"、"控"各子系统必然只有呈现出交互的状态才能做到同步的犯罪控制，进而在犯罪现场之外也能够依据犯罪信息的扩散进行"打"、"防"、"管"、"控"。

第二，犯罪形态的渐进性和多样化。犯罪行为是一种渐进的过程，通过思想基础和环境诱因产生犯罪动机，继而产生犯罪行为。此外，犯罪形态的渐进性还表现为犯罪危害和犯罪数量的逐步升级，从最开始的越轨行为到犯罪行为、从轻罪到重罪、从偶犯到惯犯。这一渐进性被犯罪学家总结为犯罪生涯理论，"犯罪生涯研究的结论可以归纳为：6%的犯罪分子实施了约60%的犯罪"。"犯罪生涯开始得越早，持续时间就越长。犯罪分子倾向于扩展犯罪业务，很少有犯罪分子专注于特定性质的犯罪。"③ 这种渐进性使得对犯罪主体的认识在时间段上从现在扩展到以前，甚至还有可能预判未来，因此，成了构建"打防管控"一体化警务模式的科学依据。犯罪形态的多样化表现为两个方面：一是在犯罪性质、罪名上的变化，如抢夺罪转向抢劫犯罪；二是同一罪名在犯罪手法上的变化，如拦路抢劫变为入室抢劫，溜门盗窃变为撬门盗窃。这种犯罪形态的多样化体现了犯罪主体对犯罪环境的适应和自身犯罪技能的进化。而分散的警种总是对犯罪形态存在着零散的片段化认识，因此，也只有一体化的警务力量才可以全面客观地认识多样化的犯罪形态。一体化警务模式的科学性也正体现于此。

① Stephen Tong, Robin P. Bryant, Miranda A. H. Horvath. Understanding Criminal Investigation [M]. New York: CRCPRESS, 2009: 77 - 78.

② 马忠红. 信息化时代侦查思维方式之变革 [J]. 中国人民公安大学学报（社会科学版），2011 (1)：103 - 106.

③ [英] 杰瑞·莱特克里菲. 情报主导警务 [M]. 崔嵩译. 北京：中国人民公安大学出版社，2010.

3. "打防管控"一体化警务模式中的侦查权

对于侦查权而言，"打防管控"一体化模式强调综治网络中侦查权与警察行政权的协同，强调社会主体重新参与和支持侦查工作。尽管各地在推行"打防管控"一体化警务模式中存在着各自的差异和特色，但在总体上"打防管控"一体化警务模式使侦查权运行出现了新的特点：

（1）情报信息管理的集权化，侦查权与警察行政权拥有共同的信息来源。在公安信息化早期，刑侦专业信息与其他警种信息各自收集，各自为用。而"打防管控"一体化警务模式建设时期已是金盾二期工程完工阶段，强大的信息网络和完善的终端服务，早已使得现代警务变成了一种数字警务。"打防管控"一体化的前提就是要做到情报信息收集的一体化。目前各级公安机关的情报信息中心成为"打"、"防"、"管"、"控"的指挥中枢，通过日常情报信息的收集和研判，从而为指挥中心提供决策依据，如济南市公安局就以管控信息平台为基础，"全面发挥指挥中心的龙头指挥作用和权威性，变以往各警种、各平台单打独斗为有机统一的整体作战单元，'打'、'防'、'管'、'控'工作全部在指挥中心的统一指挥下实施，牵一发而动全身，实现了真正意义上的'打防管控'一体化。"① 情报信息中心的这种中枢作用是以海量、规范、准确的数据为基础的，而这些数据早已超越了警种的狭隘范畴，成为全警的基本工作方式。而以往归属于"行政警察"特别是治安警察事项的信息数据也要被采集和存储到情报信息中心，这在事实上拓展了信息化侦查所能利用的信息总量。

（2）工作方式的合成化，侦查信息与治安信息互为决策工具。谭学良认为，"现代社会问题的复杂性不仅源于关系结的多重性，更是与知识信息的丰富及智能性有关。政府协同能量场的大小在很大程度上依赖于组织成员的合作能力"。② 要达成"打防管控"一体化的协同状态，警种之间必须存在某种能够共同解决犯罪预防和减少犯罪的共同技能，

---

① 济南市公安局. 守护"民安"收获"民满"区公安分局"打防管控"一体化建设让群众心安意满［EB/OL］. http://www. Changing. gov. cn/news/2011/11/10831. htm ,2014 - 08 - 06.

② 谭学良，李巧霞. 协同文化、合作技能与整体责任：政府协同软动量之三角关系 ［J］.武汉理工大学学报，2014（2）：247.

并且在任务导向的前提下，实现资源整合和跨部门协作。"打防管控"一体化在理念上继承了社会治安综合治理的犯罪预防和减少犯罪的目标，在这一共同目标下，捆绑式的绩效考核激发了侦查权与警察行政权在某种程度上的合作，而在实践运行中也使二者形成了一定的交集：首先，侦查破案更加侧重对犯罪风险的表征并传递给警察治安部门，警察治安部门再通过社区警务等方式实现犯罪治理。例如，济南市公安局"通过对本地及毗邻地区违法犯罪变化规律及特点、发展态势的动态分析，以及对个案、系列案件的研判，揭示犯罪主体，高发案区域的时段、地段等要素的规律特点，及时预警预测"。① 侦查破案实际上成为治安管理与决策的前置性信息收集与研判程序。除此之外，在实践中，治安部门经常会根据刑侦部门案件侦查的需要来安排监控设备的布点，加强对职权范围内高危人群和重点区域的管理。其次，警察治安部门通过日常治安管理及时发现和移交犯罪线索，使得侦查部门在初查上更为迅速、准确。尤其是在黑社会性质犯罪的初查中，对于犯罪人员之间的有组织性、犯罪频率的查实需要治安部门提供大量的基础信息，这些基础信息不仅包括执法信息还包括警察行政部门内部的信息。最后，应对警务突发事件时的整体联动。随着改革进入深水区，潜在的社会矛盾会在不特定时期内爆发，形成突发事件。而随着反恐形势越来越严峻，应急警务也要求打破警种间的壁垒，实现跨部门的合作。对于警务突发事件而言，在侦查部门查明事件真相所需要的时间内，事件往往会发生一定程度的演化和升级，此时，警察行政部门或是其他综治机构需要对事件进行实时的管控，遏制突发事件的破坏性后果，同时为侦查查明真相提供宝贵的时间。而对突发事件的处置，也需要在事件真相的基础上，仅仅依靠警察行政的强制措施是无法给事件定性的，而查明事件真相则是侦查权的功能。在实践中，多警种联动往往是"打防管控"一体化的典型表述，如枣庄市公安局在深化"打防管控"一体化建设中，结合"封边、控点、锁城"的工作目标，以环枣防控圈和环各区、市防控圈建设为重点……在报警过程中，指挥中心人员可实时查看接警车辆的行进路线。通过车辆3G天线图像传输设备，民警可将现场图像实时

---

① 刘力伟. 以情报信息主导警务为理念 全面提升信息化条件下"打防管控"一体化水平 [J]. 公安研究, 2012（10）: 7.

送回指挥中心。如果犯罪嫌疑人逃跑，处警人员可在现场依据前端警务工作站进行一键堵控，并以案发中心为中心，根据犯罪嫌疑人逃窜的速度，自动生成5分钟、10分钟、15分钟三层包围圈。[①]

四、侦查权实现犯罪控制功能的基本特点

侦查权实现犯罪控制功能的过程也是一个侦查方法、技术、体制和机制不断演化的过程，而上述侦查要素的变化并不是杂乱无章的，它与国家治理技术、科学技术的发展密切相关。

（一）犯罪与侦查维持着博弈平衡

从最初的"严打"，到刑侦体制改革，到信息化侦查，再到"打防管控"一体化，侦查权运行模式的变化，从根本上说是为了应对犯罪变化的需要。犯罪的异动最先挑动着侦查权的神经。在中国社会转型时期，犯罪控制的背后隐藏着深刻的权力逻辑或者价值诉求，即"国家场域中的管治和服从"，而侦查权则是这种管治力量的典型代表。因此，在不同历史时期，犯罪呈现出的变化和动向总是由侦查权进行回应的。改革开放初期，犯罪形式较为简单，犯罪数量激增，运用"严打"手段进行犯罪控制既能起到短期效果，也是一种无奈之举。到社会治安综合治理时期，犯罪类型、结构开始出现变化，而犯罪数量却趋于稳定浮动，于是寻求常态治理便成为犯罪控制的新策略。这一时期的刑侦体制改革就是试图建立能够适应犯罪变化新趋势的更有针对性的侦查体制。而当犯罪进入高科技时代、犯罪嫌疑人的反侦查能力大幅度增强时，侦查权自然也会升级到"战斗力2.0时代"，这不仅包括警务科学技术等硬件的进步，还包括管理体制、运行机制等软件的升级。从这个角度来说，侦查权实现犯罪控制功能的过程就是犯罪与侦查互相博弈的过程，如果说犯罪源于转型社会的结构性失衡，那么侦查权就是对这种失衡的最后补正，虽然不能完成犯罪的治本，但却在国家场域中形成了一定的博弈平衡，从而使犯罪率维持在社会的可容忍限度内。

（二）侦查体制、机制的改革反映了政府行政管理技术的变化

"在技术范式变革的过程中，如何识别外部技术环境的变化，从外

---

① 枣庄市公安局. 枣庄完善"打防管控"一体化作战模式［EB/OL］. http://paper. dzw-ww. com/sdfzb/data/20120813/html/3/content_1. html, 2014 – 08 – 07.

部环境中获取有价值的知识，并与组织现有的知识进行整合、吸收，是组织获取竞争优势、获得高水平绩效关键的一步。"① 如果说侦查体制、机制的改革是为了应对犯罪变化的需要，那么侦查权的行政属性就使得这种体制、机制的改革策略要在总体上受制于政府行政管理技术的规划，与其保持一致，因而也是有规律可循的。在"严打"时期，国家亟须恢复正式的社会控制体系，官僚科层制的组织方式成为首选。"严打"本身就成为塑造侦查机关专业能力、服从命令意识的一次重大场合。② 而随着官僚科层制政府组织方式的成熟，脱离群众、官僚主义盛行、政令不畅这些官僚科层制的弊端也逐渐在侦查权的运行中暴露出来，"由于理性官僚制是一种理想的和纯理论的组织制度，在实际操作中也有很多地方难以实现，而且理性官僚制与人性相违背，在强调理性化、制度化时却忽略了人性、自由与创造以及非正式组织的交流，这些弊端使得组织缺乏应有的弹性和应变能力。同时，官僚制采用集权、等级制的封闭结构，没有看到组织与外部的联系，导致了它的僵化、迟钝"。③ 1997 年的刑侦体制改革试图避免这些弊端，但是操之过急，未能实现全局的谋划。而随着我国加入 WTO 后，政府信息化成为建设服务性政府、责任政府、阳光政府、效能政府的重要途径。政府信息化要求政府决策更加科学、开放，强调精细化管理并形成竞争性的治理方式，政府信息化也与强调市场导向的新公共管理运动不谋而合。事实上，当侦查权经过信息化的打磨后，业务流程再造、效能警务这些概念也随之浮出水面，可以说信息化侦查也是信息化时代行政管理技术的产物。管理学的实践发展、新公共管理运动又被视为政府功能碎片化的"元凶"。"竞争治理的市场导向、工具主义、民营化造成了管理碎片化和服务分裂性等诟病，产生了严重的政府危机。"④ 于是，整体性治理

---

① 卢彬彬. 技术范式变革环境中组织的战略适应性研究 [D]. 北京：中国社会科学研究院研究生院，2012，59.

② 中央政法委员会 1985 年在《情况通报和今冬工作意见》中指出："要一手坚持抓严厉打击严重刑事犯罪和严重经济犯罪的斗争，一手坚持抓全面落实社会治安综合治理的各项措施；并通过这两手，有意识地加强政法各部门的业务建设和队伍建设。"而所谓业务建设和队伍建设，正是要建立以专业分工为基础的官僚科层式政法机关。

③ 唐兴霖. 论中国公共组织改革的官僚理性基础 [J]. 上海交通大学学报（哲学社会科学版），2007（4）：54.

④ 曾凡军. 从竞争治理迈向整体性治理 [J]. 学术论坛，2009（9）：82 – 85.

成为近日行政管理的新潮流，"政府组织在目标和手段之间的冲突问题的根源在于政府组织之间所存在的碎片化问题……整体性治理反对的并非专业化，其敌人是碎片化，整合所指向的反面也不是分化而是碎片化"。① 在维持专业化分工的基础上，协调与整合成为整体性治理技术的核心概念，其可以看作官僚制组织方式的螺旋式变更。而"打防管控"一体化正是试图克服"警种功能碎片化"的弊端，在情报信息主导的侦查专业化方向下，通过情报信息的串联作用以及情报信息的决策基础作用，实现侦查权与警察行政权甚至是其他主体的协调与整合。从上文的分析可以看出，侦查权运行方式的变化并不是决策者随意设计的，在与犯罪博弈的过程中，会吸收政府行政管理技术的优势，从而确定自己的革新策略，而这也是侦查权行政属性的体现。

---

① 唐兴霖. 论中国公共组织改革的官僚理性基础［J］. 上海交通大学学报（哲学社会科学版），2007（4）：55.

第五章 法治进程中的侦查权：
侦查权的诉讼保障功能

从本源上来说，侦查属于刑事诉讼的阶段，自从刑事诉讼不再属于私力救济的范畴后，侦查权就为国家所垄断，这种垄断意味着解决犯罪嫌疑人的刑事责任问题已经不仅仅是被害人的利益所在，刑事诉讼包含着更为多元的利益。而近代侦查机关的出现，使得刑事诉讼不再仅限于刑事审判的范畴，国家权力也深入"查明事件真相"的阶段，并在犯罪发生之时就自动运行，其强制性深刻地改变了国家—社会—个人在特定时间段的权力（利）义务关系。而这种权力与权利的关系又内嵌在一国整体的法治化进程中。

一、功能背景：法治主义的兴起与依法治国的提出

正如有学者指出的，"中国的国家治理呈现出典型的组织化调控的特征，组织而不是制度和意识形态成为支撑社会转型和国家治理的基础性力量"。[①] "所谓组织化调控，就是通过党的组织网络和政府的组织体系，在组织建设和组织网络渗透的过程中不断建立和完善执政党主导的权力组织网络，使社会本身趋向高度的组织化，最终主要通过组织来实现国家治理目的的一种社会调控形式。"[②] 制度资源的贫乏尤其是法治意识形态的缺乏既是组织化调控模式生成的原因，也是组织化调控演进的后果。在总体性社会结构中，由于国家完全覆盖了社会，依靠严密的党政组织和基层群众自治组织可以在制度之外通过运动式治理有效管控

---

① 唐皇凤. 社会转型与组织化调控——中国社会治安综合治理组织网络研究［D］. 上海：复旦大学，2006，39.

② 唐皇凤. 社会转型与组织化调控——中国社会治安综合治理组织网络研究［D］. 上海：复旦大学，2006，40.

社会，但是这种管控也会因上文所述的某些缺陷而伤及自身。而在社会转型后，制度而不是组织成为市场经济运行的有效基础，这是因为市场是通过广泛的社会交往而产生的，同计划经济相比，市场经济具有经济关系市场化、市场主体自主化、企业行为竞争化与宏观调控间接化等新型特征。① 为了维护市场主体的自主化与平等竞争，就必须要限制政府权力对市场的干涉，而宏观调控的间接化要求政府有所为有所不为，能够尊重经济规律而进行宏观调控。而组织化调控很显然难以完成这样的任务，只有一种普遍的规则与制度才能成为市场经济运行的基础。"这样一种借助于广泛的社会交往和社会联系而进行的社会生产，就必然相应地产生一种客观的和普遍的要求，即需要有统一的、大家共同遵守的社会规则来规范各类经济主体的活动。因为只有依靠这样一些规则，社会生产才能有秩序地正常进行，而不至于发生混乱，否则，市场经济体制将不能维持。"②

作为一种舶来品，法治在中国最初的面相是"法制"，在十一届三中全会上，邓小平同志在总结"文化大革命"的教训时，正式提出了社会主义法制的概念，其经典表述为"有法可依、有法必依、执法必严、违法必究"十六字方针。1986年邓小平指出，"我们国家缺少执法和守法的传统，从党的十一届三中全会以后就开始抓法制，没有法制不行。法制观念与人们的文化素质有关……所以，加强法制重要的是要进行教育，根本问题是教育人。法律教育要从娃娃开始，小学、中学都要进行这个教育，社会上也要进行这个教育"。③ 此时的法制伴随着社会秩序的整饬与国家权力组织网络的恢复，强调的是形式上的法律制度及其实施，是为了解决"无法"以及法律是否得到遵守的问题，因而具有浓厚的控制和稳定色彩。对于改革开放初期的中国而言，能够充分重

① 所谓经济关系市场化，是指所有生产要素都应当以商品的形式进入市场流通，市场机制是分配生产要素的基本机制。所谓市场主体自主化，是指所有进入市场的经济活动主体都必须自主经营、自负盈亏，并且市场主体之间在权利上应当是平等的。所谓企业行为竞争化，是指企业作为市场的主要主体，为了实现自身利益的最大化，必须在市场中开展充分的竞争，只有竞争才能促进市场要素的流通，从而维护市场的活力。所谓宏观调控间接化，是指政府应当通过制定经济政策、利用经济杠杆对市场进行引导，而非直接使用行政手段。

② 贾高建. 市场经济与法治国家：内在联系的逻辑分析 [J]. 新视野，2006（2）.

③ 邓小平. 邓小平文选（第三卷）[M]. 北京：人民出版社，1993，163.

视法律在国家治理中的重要作用，建立一整套法律体系，已经完成了从人治转向法治的第一步。但是仅仅停留在法制层面是不够的，因为法治意味着"政府在一切行动中都受到事前规定并宣布的规则的约束——这种规则使得一个人有可能十分肯定地预见当局在某一情况中会怎样使用它的强制权力，并根据对此的了解计划他自己的个人事务"。① 法治要实现的不仅是法律的工具性，更强调良法之治、程序正义与实质正义并重，最重要的是法治要通过宪政实现对国家权力的规训，因而才会有"ruled by law"这一宣示。法治也被认为是善治的组成部分，法治通过对国家—社会—个人进行明确的权力（利）、义务划分，并通过公正的司法程序，将权力与权利间的对抗，权力与权力间的制约保持在一定的限度内，从而使社会冲突保持在可控范围内。"从集权秩序向制约秩序的转换则意味着各个权力主体间权力的划分以及各自权力的运用都将从人治走向法治，并用刚性的权力规则保障权力合理、合法地行使。"② 从这点来说，法治也是社会控制体系的一部分，兼具"控权"和"控制"导向。

　　而在转型社会中，法治的实现情况要更为复杂，市场经济体制的确立、社会阶层的分化及其带来的利益纷争、国家干预的扩张与退缩等无不夹杂着风险的因素，于是在组织化调控的主导下，"党的领导、人民民主与依法行政三者有机统一"就成为中国特色的法治版本。1997 年党的十五大报告明确把"依法治国，建设社会主义法治国家"作为中国共产党领导人民治理国家的基本方略。依法治国，是指"广大人民群众在党的领导下，依照宪法和法律规定，通过各种途径和形式管理国家事务，管理经济文化事业，管理社会事务，保证国家各项工作都依法进行，逐步实现社会主义民主的制度化、法律化，使这种制度和法律不因领导人的改变而改变，不因领导人看法和注意力的改变而改变"。③ 1999 年，"实行依法治国，建设社会主义法治国家"被正式写入宪法修

---

① ［英］弗里德里希·奥古斯特·哈耶克．通往奴役之路［M］．王明毅，冯兴元译．北京：中国社会科学出版社，1997，73．

② 陈国权，曹伟，谷志军．论权力秩序与权力制约［J］．江苏行政学院学报，2013（3）：97．

③ 江泽民．高举理论伟大旗帜，把建设有中国特色社会主义事业全面推向二十一世纪——在中国共产党第十五次全国代表大会上的报告［M］．北京：人民出版社，1997，34．

正案。应当说，依法治国的提出，进一步在组织化调控之中融入了制度因素，对组织本身的控制亦成为党的政治使命。

二、刑事诉讼：一种刑事纠纷的解决方式

（一）刑事诉讼的目的：刑事诉讼存在的依据

在法治的框架下，刑事诉讼作为一种以国家强制力为后盾的法律程序需要重新审视其本质，而要观察本质，则首先要明确刑事诉讼的目的。刑事诉讼的目的决定了刑事诉讼何以存在，也即其存在的依据。

在刑事诉讼法治化的过程中，犯罪惩罚（控制）与人权保障一直是刑事诉讼目的的核心命题。早期学者多秉持单一的刑事诉讼目的观，且以犯罪惩罚作为刑事诉讼的目的，理由是我国刑事诉讼法在总则一章便开宗明义地表明：为了保证刑法的正确实施，特制定本法。因而刑事诉讼就是国家进行刑事诉讼所期望达到的目标，进而指向国家刑罚权的落实。而在 1996 年《刑事诉讼法》修正后，随着当事人主义诉讼模式的引入，刑事诉讼目的观开始朝保障人权偏移，其中，正当程序的理念影响最大。"正当法律程序产生之初的含义仅指保证被告一定要按照规定的刑事诉讼程序，公平受审，刑事被告人享有一定受保护的权利，政府只有遵守这些程序，才可以采取反对被告人的行动。"[①] 而后正当程序又扩大到程序本身是否为良法之治，是否受到了有效制约。正当程序强调在刑事诉讼中充分保障个人权利，尤其是犯罪嫌疑人和被告人的诉讼利益应该得到尊重。例如，丹宁勋爵认为正当法律程序，是指"法院为了保障日常司法工作的纯洁性而认可的方法，促使审判和调查公正地进行，逮捕和搜查适当地采用，法律援助顺利地取得以及消除不必要的延误等"。[②] 因而正当程序的内容与人权保障的概念不谋而合，成为我国刑事诉讼又一新的目的观。于是自宋英辉教授提出犯罪惩罚（控制）与人权保障相统一的刑事诉讼目的观后，双重目的观便成为我国刑事诉讼研究和实践的基本理念。双重目的观认为"我国刑事诉讼的

---

① 杨宇冠，宁黎黎. 论刑事诉讼中的人权保障——从正当程序的角度研究［J］. 甘肃社会科学，2005（1）：61.

② ［英］丹宁勋爵. 法律的正当程序［M］. 李克强，杨百揆，刘庸安译. 北京：法律出版社，1999.

直接目的应为追求控制犯罪和保障人权的统一，根本目的则在于维护宪法所确立的制度和秩序"。① 而在具体实现刑事诉讼目的的过程中，则要采取利益权衡原则，选择最大限度的统一。双重目的观符合学界当时对当事人主义诉讼模式的偏爱，也可以在中国国情下，解释我国刑事诉讼法需要修正的原因。但是双重目的观也存在着巨大的缺陷：其一，犯罪控制与保障人权本身就存在着一种张力，如何进行统一。从国家的角度来说，刑事诉讼的启动就意味着国家权力要介入查明案件事实，并决定是否适用特定刑罚，而以正当程序为基础的人权保障就是限制国家刑罚权的实现方式，甚至会产生程序制裁后果。不能简单地认为对被告人正确地实施了定罪量刑，人权保障就能够实现。因此，犯罪控制与人权保障存在着天生的张力，而正是这种张力才导致了刑事诉讼立法的每一次修正。很显然，机械的双重目的观无法解释立法的变迁。其二，双重目的观无法解释刑事司法实践中出现的新情况。例如，刑事和解的产生，所谓刑事和解，是指"在刑事诉讼中，加害人以认罪、赔偿、道歉等形式与被害人达成和解后，国家专门机关对加害人不追究刑事责任、免除处罚或者从轻处罚的制度"。② 刑事和解的产生，突破了犯罪控制或者人权保障的解释框架而成为一种当事人的合意形式。其三，双重目的观无法适用各刑事诉讼主体的专门活动。刑事诉讼主体包括国家专门机关、犯罪嫌疑人及其辩护人、诉讼参与人等。各刑事诉讼主体在刑事诉讼中都有着独立的诉讼利益，而双重目的观则无法成为每一个刑事诉讼主体都适用犯罪控制与人权保障有机统一的目的观。例如，犯罪嫌疑人及其辩护人不可能为犯罪控制之目的而进行辩护活动。同样，公诉机关也不可能为人权保障之目的而进行公诉活动。这种诉讼主体之间的目的断裂使得双重目的观成为一种刑事诉讼的抽象观念，而无法在刑事诉讼中去具体实施。

（二）刑事纠纷观下的犯罪本质

刑事诉讼以公正实现国家刑罚权为任务，并以国家强制力作为绝对保证，因而被认为是一国宪法的"测震器"。刑事诉讼充分展现了"国家—公民"之间的权（力）利义务分配格局，并在国家强制力的运行

---

① 宋英辉. 刑事诉讼目的论 [M]. 北京：中国人民公安大学出版社，1995.

② 陈光中，葛琳. 刑事和解初探 [J]. 中国法学，2006（5）.

程序中彰显一国的宪法秩序。法治理念的迭进也直接关联到对刑事诉讼的认识，并在实践中形成了不同的刑事诉讼模式。在封建社会的纠问式刑事诉讼中，犯罪嫌疑人不具有独立的主体地位，而成为诉讼的客体。刑事诉讼过程充满了国家管制倾向，犯罪被认为是对封建王权的反叛，因而控审不分、有罪推定成为一种常态。作为刑事诉讼阶段的侦查程序自然也成为国家权力恣意挥霍的场域，刑讯逼供、滥用职权成为封建社会的陋习并且影响至今。而在近代法治的启蒙下，犯罪被分解成两个层次的纠纷。

1. 犯罪是加害人与被害人之间的纠纷

纠纷是一种利益上的争执状态，犯罪的实施过程就是加害人对被害人利益的剥夺、挤占过程，而当被害人认为这种纠纷不具有合法性并且符合刑法所拟定的构成要件时，这种纠纷就可能从民事纠纷上升为刑事纠纷。因此，"刑事法视野下的行为是一种'较高级别'的行为，并非所有与法律相抵触的行为都可以进入刑事法的视野，只有影响范围达到一定的广度且性质的严重性达到一定的程度的行为才能受到刑事法的规范和调整"。[①] 刑事纠纷与民事纠纷的根本区别在于表现形式的不同，而非纠纷主体的不平等，只是因为人身危险性的考虑才在诉讼中对加害人给予强制处遇。正是因为纠纷主体的平等性才要求刑事诉讼必须同等保护加害人和被害人的基本人权，刑事纠纷的解决必须经过正当程序。

2. 犯罪是被告人与国家之间的契约纠纷

社会契约论认为国家是公民权利让渡的结果，为了维持社会的基本秩序和个体自然法意义上的权利，公民通过让渡自身权利形成国家，而公民与国家形成社会契约，遵从一定的义务。因此，犯罪被视为对国家与公民之间契约的破坏，是一种契约纠纷。特别是在无被害人犯罪中，这种纠纷的基础并不像加害人—被害人式样的以民事纠纷为基础，而是以行政纠纷为基础，如对非法经营罪的查处，是非法经营者破坏了国家与公民之间达成的许可特定经营事项的契约，而成为一种国家—公民之间的刑事纠纷。而纠纷一旦确认属实，国家刑罚权就会随之启动。"一项犯罪行为在进入刑事司法程序后，受现代国家追诉主义的影响，国家取代被害人成为与加害人在台面上对抗的主体，此时国家与加害人的关

---

① 何挺. 现代刑事纠纷及其解决 [D]. 北京：中国政法大学，2008，24.

系逐渐成为刑事案件发展的主线，刑事纠纷逐渐隐去直至完全被国家与加害人的关系所遮蔽；当案件经过刑事司法程序的处理，国家与加害人之间的关系因为国家实现了对加害人刑罚权而圆满结束后，加害人与被害人之间的关系即刑事纠纷可能又重新回到舞台的中心，重新成为发展的主线。"① 刑事纠纷作为一种契约纠纷，不能超越契约、剥夺契约之外公民保留的权利。因此，国家权力的作用是有限度的，而为了制约这种权力，在国家利益的代表人——检察官（公诉律师）的对面设立了辩护人，从而形成控辩对抗、法院居中裁判的三方格局。此外，在证明责任上也采取了无罪推定原则，由代表国家利益的检察官负证明责任。正是将犯罪理解为一种刑事纠纷，因而刑事诉讼并不完全由追诉机关主导，当事人合意、司法审查也是公正解决刑事纠纷的重要程序方法。而这种理解与现代法治中的权力制约、人权保障、正当程序不谋而合。

（三）刑事诉讼：刑事纠纷的解决方式

如果将犯罪视为一种刑事纠纷，那么刑事诉讼就是刑事纠纷的解决方式，并且是最佳的解决方式，这是因为刑事纠纷的解决需要达到以下目标：

1. 刑事纠纷解决应首先确认纠纷事实

一种纠纷的解决首先应当将纠纷的事实、纠纷的主体查明，并在正确、客观地查明事实的基础上按照一定规则进行处置。刑事纠纷的解决首先就应当正确认定有无犯罪事实及其刑法上的构成要件。而在查明犯罪事实的基础上，刑事纠纷的最终解决需要依据程序和实体两方面的规则来进行最终处置。

2. 刑事纠纷解决应当平复加害人与被害人之间的矛盾关系

既然刑事纠纷存在着加害人与被害人的矛盾关系，那么刑事纠纷的解决最终也需要平复两者之间的矛盾关系。这种矛盾关系的解决至少应包含以下几个方面：（1）被害人没有再被加害人加害的可能；（2）加害人与被害人之间恢复到正常社会关系，不会因为被害人心存怨恨而实施私力的报复；（3）加害人与被害人的矛盾平息应当以责任和伤害弥补为核心。在正确认定纠纷事实之后，矛盾的解决不能是恣意的，对于加害人来说，就是要承担起加害行为的法律责任，包括刑事责任与民事

① 何挺．刑事纠纷：一个概念的解析［J］．法学论坛，2011（1）：93.

责任；对于被害人来说，则需要进行利益弥补和精神的慰藉。只认定犯罪事实而没有后续的责任承担和伤害弥补就如同空头支票一样，对刑事纠纷的解决没有实质意义。

3. 刑事纠纷解决的效果应当扩及纠纷主体之外

虽然刑事纠纷是发生在加害人与被害人或者加害人与国家之间，但刑事纠纷所产生的影响却远远在纠纷主体之外。首先，纠纷产生的原因包含了社会因素，诸如犯罪动机的产生、犯罪环境的便利性都是一种社会因素。其次，纠纷的产生过程包含了社会因素。刑事纠纷的产生过程是加害人与被害人的互动过程，这种行为模式具有一定的可复制性，一些常见的刑事纠纷，诸如多发性诈骗案件往往包含了固定的社会行为模式。最后，纠纷的结果包含了社会因素。刑事纠纷的发生使得原有的社会秩序产生了一定程度的波动，原有的社会控制体系、公众安全感都会随之产生变化。因此，刑事纠纷的解决效果应当扩及纠纷主体之外，而这是私力救济所达不到的目标。

4. 刑事纠纷解决应成为一种固定的解决模式

在现代社会，刑事纠纷的产生应当是一种模式化的解决方式。所谓模式化的解决方式就是这种解决方式是一种可复制的、可重复运用的解决方式，这是因为刑事纠纷的解决不只是单个的、随意的解决，纠纷在本质上是一种利益的冲突与矛盾。如果解决方式过于随意，那么这种利益调整方式就会变得不确定，从而加剧潜在的冲突。因而对某一具体刑事纠纷的解决不但应当明确并实现加害人与被害人各自的权利义务，还应当形成解决此类纠纷的固定模式。从某种意义上来说，刑事纠纷的解决不应是一次性的解决，而应是模式化的解决。

刑事纠纷解决的上述目标决定了刑事诉讼是刑事纠纷解决的最佳手段。首先，刑事诉讼通过完整的侦查程序来查明纠纷事实。侦查程序中侦查机关可以运用各种技术方法来实现对纠纷事实的查明，并且收集能够充分证明纠纷事实的各种证据。其次，刑事诉讼以加害人的刑事责任追究为主要任务，以被害人的伤害弥补作为次等目标。刑事诉讼的任务是正确实施刑法，而刑法以刑事责任为刑罚的根据，刑事诉讼的过程就是通过认定刑事责任的有无来平复加害人与被害人的矛盾关系的过程，同时通过恢复性司法、刑事附带民事诉讼的方式给予被害人以伤害弥补与利益赔偿。再次，通过刑事诉讼，实现了对犯罪行为的惩罚与对犯罪过程的解释。这将为公共政策、治安环境的改善提供依据。最后，刑事诉讼依据程序法和实体法来运作，无论是刑事诉讼的过程，还是最终的判决结果，均是依规则而行，因而只有法治的刑事诉讼才能实现模式化的纠纷解决。

（四）侦查权的司法属性：刑事诉权之基础

虽然诉权理论来源于民事诉讼，但如果将犯罪看作一种刑事纠纷的话，其内在机制却是一致的。"诉讼机制是通过诉权启动的。社会成员在出现不同主张之间冲突的时候，把它们转换成法律主张，并且在法庭听证之后以一种具有实际约束力的方式加以裁决，以实现法律秩序的社会整合功能和法律的合法性主张。"① 要解决纠纷，首先就必须要有特定的主体去提出自己的法律主张，在无罪推定的价值引领下，刑罚权的实现不能通过犯罪嫌疑人的"自证其罪"，而只能由代表国家的刑事诉权加以主张和推动。刑事诉权，是指公诉机关及当事人为保障社会利益和当事人利益而享有的请求审判机关对刑事纠纷作出公正裁判的权利，它是一种基本人权，既抽象地存在于理论层面，又现实地通过一系列具体诉讼权利的行使而体现于实践中。② 刑事诉权表明国家将作为被害人的代表而与犯罪嫌疑人或者被告人产生实体与程序上的争讼。刑事诉权、辩护权与审判权，共同构成了刑事司法的权力与权利谱系。

从本源上说，侦查权的相对独立是警务专业化和法治化的结果，作为现代警察发源地的英国，侦查权是治安官权力的继承和延伸，而治安官则拥有完整的刑事诉权。"警察在应对犯罪方面的权力，最初主要源于治安自治的普通法传统。也就是说，对已经发生的犯罪，警察所能采取的行动和普通公众的行动无异。"③ 只是随着大都市警察局的建立，专业化警种的出现使得侦查权成为相对独立的一种公权力。因此，从历史上看，侦查权是附属于刑事诉权的。虽然学界对侦查目的究竟是"起诉预备"还是"独立地位"存在争议，但从组织运行来看，不以刑事起诉为目的的侦查行为不具备刑事诉讼的效果。因此，控诉权、辩护

---

① ［德］哈贝马斯. 在事实与规范之间：关于法律和民主法治国的商谈理论［M］. 童世骏译. 北京：生活·读书·新知三联书店，2003，245.

② 王长兹. 刑事诉权研究［D］. 北京：中国政法大学，2006，16.

③ 夏菲. 论英国警察权的变迁［D］. 上海：华东政法大学，2010，78.

权、审判权三者的互动关系必然要延至侦查阶段，这使得侦查程序诉讼化成为现代法治国家的普遍选择。侦查程序诉讼化，是指"根据诉讼的规律、特征和机制，将侦查程序纳入诉讼三方组合的轨道，使其兼有实体、程序、效率等多元诉讼价值；确立通过正当程序查明案件事实的诉讼目的；具备追诉、辩护、裁判三方主体共同参与、控辩双方平等对抗、裁判主体居中介入的'三角形'诉讼构造"。① 侦查程序诉讼化是刑事纠纷在侦查阶段的程序构造，它集中体现了现代法治的基本精神，也符合宪政国家对权力秩序的构建。虽然侦查程序诉讼化在各个国家的具体表现形式不同，但是刑事诉讼中具有"司法"属性的侦查权正在发挥着刑事诉权的功能。

侦查权与刑事诉权的关系通常以检警关系在实践中展现出来，英国在历史上长期由警察包揽了对犯罪的侦查和起诉的权力，因而刑事诉权完全被警察权所吸收，1984 年英国《警察与刑事证据法》成立了专门的皇家检察署，将起诉权从警察权中剥离，而皇家检察署并没有单独决定起诉的权力，是否决定起诉，仍然属于警察的裁量范围。只有警察移交起诉，检察署才能行使起诉权。因此，英国的检警关系是警察独享侦查权，而与检察官共享起诉权。检察官的刑事诉权必须依赖于警察的侦查权。

而在法国，侦查权则完全被刑事诉权所吸收。警察在正式侦查前，必须通知检察官并获得检察官的批准。在正式侦查的过程中，无论是侦查措施的采取还是侦查策略的使用，检察官都拥有指挥和决定权，任何司法令状都必须由检察官向法院申请，检察官主导侦查程序，警察只是执行或者配合。因而法国的检警关系可以表述为：检察官主导并与警察共享侦查权，而独享起诉权。检察官享有完整的刑事诉权，侦查权为刑事诉权所吸收。

而我国刑事诉讼法则赋予检察机关批准逮捕、审查起诉以及退回补充侦查的权力，而公安机关也可以对检察机关的逮捕决定和不起诉决定提出复议，由此，我国的检警关系体现为一种分工合作、互相配合、互相制约的关系，刑事诉权由公安机关和检察机关"按份共享"。因此，从制度的层面看，无论何种法系，侦查权都构成了刑事诉权的基础，而

---

① 李菁菁. 侦查程序诉讼化研究 [D]. 北京：中国政法大学，2005，2.

刑事诉权的实现必然以侦查权的充分行使为前提。

三、侦查权的诉讼保障功能

侦查权不仅在制度上构成了刑事诉权的基础，还在功能上为刑事追诉提供了保障。从纠纷解决的角度来看，为国家刑罚权主张的刑事诉权必须在纠纷性质、纠纷事实以及纠纷利益的前置性保护等方面有所作为才能够启动刑事审判权，而这一任务则主要是由侦查权来完成的。

（一）纠纷性质的确认：纠纷解决系统的选择

正如上文所述，刑事纠纷是一种刑事法视野中的纠纷，具有特定的外在表现形式。但在实践中存在着形形色色的纠纷，在法律性质上可以分为民事纠纷、行政纠纷和刑事纠纷。作为刑事诉权项下的侦查权首先要做的是确认该类纠纷所属的法律性质。"侦查活动的结果决定了刑事司法系统后续环节的启动与否，也决定了刑事司法系统的运作效果。"[1]

对于有被害人的纠纷而言，一般从纠纷的结果就可以确认纠纷性质。例如，非正常死亡案件就可能预示着加害人实施了符合刑法构成要件的杀伤行为；室内物品丢失案件可能预示着加害人实施了符合刑法构成要件的盗窃行为。对于无具体被害人的纠纷而言，则需要从基础纠纷的情节和频率来判断。如上文所提到的行政犯罪，作为一种刑事纠纷，很难从纠纷结果上判断，而只能从其基础纠纷——行政纠纷的累积情况和情节程度进行判断。例如，非法经营罪就是要根据其非法经营行为接受行政处罚的次数以及经营规模等进行判断。[2] 对于某些复杂的案件，则要通过对完整纠纷事实的重建来确认。纠纷确认的过程成为立案前的初查过程。初查过程需要对纠纷事实的基本性质、情节进行判定，而这需要警察侦查机构运用裁量权或者立案权，这也是侦查权实现纠纷性质确认功能的权力基础。

纠纷一旦被确认为刑事性质，就会通过立案进行正式调查，刑事诉

---

① 刘静坤. 刑事司法一体化视野下之侦查功能研究［J］. 贵州警官职业学院学报，2006（2）：11.

② 1997 年《刑法》第二百二十五条规定了非法经营罪的罪状：（一）未经许可经营法律、行政法规规定的专营、专卖物品或者其他限制买卖的物品的；（二）买卖进出口许可证、进出口原产地证明以及其他法律、行政法规规定的经营许可证或者批准文件的；（三）其他严重扰乱市场秩序的非法经营行为。随后，该罪状又经过了立法与司法解释上的几次扩展。

讼程序也就此展开。这样的逻辑过程在很多国家被转化为两步式侦查，如法国刑事诉讼法对调查与侦查加以区别，在调查阶段由司法警察进行，在侦查阶段则由检察官或者预审法官主导。如上文所述，侦查裁量权与立案权是纠纷性质确认的主要权力形式，因此，这一权力本身也需要进行适当的限制，以防止不作为或者滥作为。首先，侦查机关启动侦查程序调查刑事纠纷就必须要通知纠纷的一方被害人。于是被害人在刑事诉讼中享有对自身利益有关的自诉权。其次，侦查权处在刑事诉权项下，因此，侦查程序的启动应当报告给检控机关。在法国，司法警察必须报请检察官才能进行正式侦查；而在英国，虽然警察相对于皇家检察署具有一定的独立地位，但在实践运行中，王室检察院的工作效率在很大程度上又依赖于警察。由此，导致两者之间的合作多于监督。最后，对立案时的侦查裁量权进行一定的规制。各国对于立案①前的初查行为均具有限制性规定，英美法系国家将初查行为视同于侦查行为，必须遵循警察法与司法令状制度。而在大陆法系国家，由于特殊的检警关系，司法警察对犯罪嫌疑人可进行 24 小时的拘留，如果在拘留犯罪嫌疑人 24 小时以内仍然不能查明案情，在经检察官批准后可以将拘留时间延长至 48 小时，最后由检察官决定是否进入正式侦查阶段。在 48 小时内，根据司法警察对案件调查的情况和案情的汇报，由检察官作出释放、批评教育抑或立案侦查的决定。

（二）纠纷事实的发现功能：实体真实与程序公正

一直以来，学界惯用查明事实来界定侦查权在刑事诉讼中的功能，而对查明事实的解读又与"客观真实"与"法律真实"的争论密不可分，在"客观真实"的论调下，"所谓查明案件真相就是公安司法人员主观认识符合案件客观事实。公安司法人员认识案件事实必须通过感性认识上升到理性认识，才可能达到真实的程度……实践不仅是公安司法人员收集并运用证据认定事实的基础，而且是检验认定案情是否正确的唯一标准"。②而"法律真实"论则认为"所谓法律真实是指公、检、

---

① 西方国家很少采用标准立案程序，而以犯罪登记程序代替，因而警察的所有初查行为均视为侦查行为。

② 陈光中，陈海光，魏晓娜. 刑事证据制度与认识论——兼与误区论、法律真实论、相对真实论商榷 [J]. 中国法学，2001（1）：38.

法在刑事诉讼证明的过程中，运用证据对案件真实的认定应当符合刑事实体法和程序法的规定，应当达到从法律的角度认为案情是真实的程度"。① "对一个具体刑事案件的证明标准，只能达到近似于客观真实，而且是越接近'客观真实'越有说服力。那种必须达到或一定要达到'客观真实'的说法，在理论上是不成立的，在实务上是有害的，更是无法实现的。这不仅因为刑事案件是过去发生的事情，根本无法使之再现、重演，而且人们去认识它、调查它还要受到种种条件的限制，'客观真实'只能成为刑事案件证明的一个客观要求，它告诫办案人员要奋力地接近它，它绝不会成为个案的一个具体的证明标准。"② 笔者无意对"法律真实"和"客观真实"的纷争进行断定，而关注其背后的权力运作策略。"客观真实"论强调各种刑事诉讼主体权力的充分运行和权力主体的能力提升，而"法律真实"论则更强调权力的边界、限度与程序限制。笔者认为"客观真实"与"法律真实"实际上是"查明事实"的一体两面。

首先，证据来源于客观环境，因此，需要充分行使侦查权。虽然刑事纠纷的主体具有平等性，但侦查机关在发现证据上具有不可比拟的人力和技术优势，因此，发现和提取证据的主要责任落在了侦查权上。从这个角度来说，提升侦查技术、优化侦查策略和方法是侦查权充分行使的主要内容。而侦查技术、侦查策略和方法的主要作用在两种证据源上：一是犯罪现场的证据。现场是犯罪行为留下证据和信息的集中载体，正因为如此，现场勘查才被称为侦查工作的起点和基础。犯罪现场的证据主要通过犯罪现场勘查完成。二是犯罪现场外的证据。犯罪信息除储存在犯罪现场以外，也会在现场外进行流动。而犯罪行为与日常行为的交互性、犯罪信息转移性为侦查权在现场外发现证据提供了规律指导。在实践中，信息化侦查成为发现现场外证据的重要手段。对客观环境进行证据挖掘，反映了侦查活动的物质实在性，这也符合马克思主义认识原理关于世界是可以被认识的本体论理论。因此，侦查活动如何能从客观世界中获得法定的证据形式及其载体，就成为"客观真实"论的题中应有之义。

---

① 张泽涛. 刑事诉讼的证明标准应为法律真实 [J]. 中国刑事法杂志, 2003 (5): 81.
② 樊崇义. 客观真实管见 [J]. 中国法学, 2000 (1): 116.

其次，发现和寻找证据的手段必须受到程序的限制。正如有学者指出的那样，"法律真实还要考虑认识案件事实和证据的手段、方式'好不好'的问题，也就是要考虑诉讼活动和证据制度对社会利益和价值的影响及保护"。① 侦查权的充分行使是一把双刃剑，既有利于对证据的发现和事实的探求，也有可能造成权力滥用和异化的风险。正如上文所述，刑事纠纷的发生并不意味着国家权力能够侵蚀到契约以外公民的权利。因此，侦查程序在启动以后，对侦查权的控制权在同步产生，并控制着侦查权"查明"纠纷事实的手段和进度。正当程序就是通过权力之间的制约使得"查明事实"的手段更加客观、公正、人道。现代法治国家一般采取事前司法令状、事后非法证据排除规则的方式对侦查方法和手段进行控制。程序限制使得纠纷事实的探求往往会因为价值考量而"不得已"放弃某些证据的获取，从而形成一些不完整的"客观事实"，而如果这些不完整的"客观事实"最终没有达到法定的构成要件，就会产生"法律真实"与"客观真实"的差异。因此，查明纠纷事实的过程就是以"法律真实"的探求方式无限接近"客观真实"目的的过程，接近的程度取决于侦查机关的能力和程序限制的立法条文。

最后，纠纷事实的发现虽然由侦查机关主导，但是纠纷主体的平等性要求犯罪嫌疑人及其辩护人具有适当的知情权。在现代法治国家，犯罪嫌疑人并不是侦查客体，而属于侦查程序的主体，能够在一定程度上影响侦查程序的推进和相关法律的确定。从真实性来看，侦查机关主导了查明纠纷事实的整个过程，虽然侦查机关具备巨大的人力和技术优势，但也存在着决策上的偏见，并且侦查机关的官僚科层式组织方式使得对这种偏见的纠正难度极高。因此，具有异质化特征的辩护人的参与就显得尤为重要。辩护人通过收集额外证据、对质侦查机关的证据来提出与侦查机关不同的关于纠纷事实的命题和结论，从而保证纠纷事实的探究更为严谨。从程序限制的效果来看，除了司法令状，司法审查均是被动触发的，如果不能保证辩护人以适当的方式参与侦查程序，并知晓一定范围的程序事实，则通过程序限制侦查权的初衷将会落空，犯罪嫌疑人最终仍然会沦为侦查客体，从而破坏刑事纠纷主体的平等性。

由此可见，纠纷事实的查明是一个由多主体共同参与、共同推进的

---

① 刘玉田. 论"法律真实"的合理性及其意义 [J]. 法学家，2003（5）：127.

过程，涉及证据排除、多方质证、证据分析多个要素，因此，此处的查明已经不能简单地等同于历史考古或者科学发现中的查明，"科学在很大程度上是通过对现象进行简单化而进步的，特别是通过控制尽可能多的变量……相反，对日常事件的判断几乎从来没有也不能被视为可控实验的结果。太多的变量持续不断地、必然地发挥作用"。① 从建构主义的视角来看，纠纷事实的探求并不是百分百还原的，而是在有限（这里的有限既指证据客观生成数量的有限，也指具备证据能力之证据的有限）证据的基础上，融入多方认知结构的结果，是一种主动的构建。因此，与其说纠纷事实是查明的，还不如说纠纷事实是构建的。

（三）纠纷利益的前置性保护

纠纷性质的确认以及纠纷事实的构建最终是为了能够保证纠纷被公正地解决，因此，除了上述两个要素，刑事纠纷要想得到顺利解决，就需要在侦查阶段对一些萌生的利益进行前置性保护。

1. 犯罪嫌疑人的预防性羁押

无论是加害人与被害人的利益纠纷，还是国家与加害人之间的契约纠纷，加害人也就是侦查阶段的犯罪嫌疑人是刑事纠纷解决必不可少的参与主体。预防性羁押包括狭义与广义两个方面的含义。所谓广义的预防性羁押，是指"对在等待审判的过程中有逃跑危险、有伤害他人危险或实施其他违法行为危险的被告人，或有精神疾病可能造成伤害的人的监禁"。② 狭义的预防性羁押，是指"确保被告于侦查中及审判中出庭，确保判决确定后接受执行，确保其不会串证或湮灭证据"。③ 无论是广义预防性羁押还是狭义预防性羁押，都是侦查权解决刑事纠纷必不可少的领域。一方面，刑事纠纷解决需要犯罪嫌疑人与监控机关在互相举证、质证中完成证明责任，犯罪嫌疑人的供述与辩解既可以作为一种控诉证据，也可以作为一种反驳证据。另一方面，在职权主义审判方式中，法官也需要对犯罪嫌疑人进行诘问，以获得事实的心证。而保证犯罪嫌疑人安全、健康地出庭受审，则是侦查权的应然使命。一般来说，

---

① ［美］罗纳德·J. 艾伦. 论司法证明的性质［J］. 王进喜，杜国栋译. 证据科学，2011（6）：762.

② ［法］贝尔纳·布洛克. 法国刑事诉讼法［M］. 罗结珍译. 北京：中国政法大学出版社，2009，402.

③ 王兆鹏. 刑事诉讼讲义［M］. 台北：元照出版公司，2009，281.

侦查权在破案过程中，会及时逮捕犯罪嫌疑人，以便突破口供，形成证据链条。虽然羁押确实能够保证犯罪嫌疑人顺利出庭，但这并不表明羁押就是保障犯罪嫌疑人出庭的唯一手段。因而羁押也不是逮捕的自然后果。事实上，对于轻罪案件的犯罪嫌疑人、有身体疾病的犯罪嫌疑人、未成年犯罪嫌疑人而言，羁押的替代性措施更有助于其身心健康、防止犯罪亚文化的传染。因此，现代法治国家均设有羁押审查程序，以便将不适宜羁押的人员排除在外。同时也有一套更为健全的羁押替代性措施以保证犯罪嫌疑人能够安全、健康地出庭。例如，美国1984年《联邦保释改革法》规定侦查机关可以提出预防性羁押的动议，其犯罪类型包括："（1）暴力犯罪；（2）法定最高刑为终身监禁或死刑的犯罪；（3）依法可判处十年以上监禁刑期的毒品犯罪；（4）被认定犯有两项以上（1）至（3）中所述的任何重罪，不论是联邦法、州法或地方性法律规定的犯罪。"[①] 预防性羁押是一种独立的诉讼程序，并不附属于逮捕程序，因此，侦查机关必须要提出针对犯罪嫌疑人进行羁押的必要理由及其证据，由法院进行居中裁判。并且该证据应当达到"清楚且有说服力"的标准。[②]

2. 被害人的保护

刑事纠纷的解决应当达到"责任明确"和"伤害恢复"两个目的。"责任明确"即要解决纠纷中是否确实存在着刑事责任以及该责任的承担方式，对应着国家与犯罪嫌疑人之间的契约纠纷。而"伤害恢复"则意味着被害人应当从加害人处获得利益的修补以及国家层面适当的补偿，对应着加害人与被害人之间的利益纠纷。在"责任明确"层面被害人通常以证人的方式支持纠纷解决，而在"伤害恢复"层面被害人则是完全的主角和受益者。因此，对被害人的保护包括以下几个方面：

第一，保护被害人的人身利益和财产利益。在有被害人的案件中，

---

① The Bail Reform Act of 1984 Second Edition, Federal Judicial Center 1993, 18 U. S. C. §3142.

② 美国法的证明标准分为九等，第一等为绝对确定，第二等为排除合理怀疑，第三等为清楚和有说服力的证据，第四等为优势证据，第五等为合理根据，第六等为有理由的相信，第七等为有理由的怀疑，第八等为怀疑，第九等为无线索。美国侦查程序中逮捕的标准为合理根据，而羁押的标准则适用清楚和有说服力的，但又低于有罪判决的排除合理怀疑标准。可见预防性羁押处于程序法事实证明的"第二等"高标准，是相当慎重的。

犯罪往往是对被害人权利最严重的伤害。"创伤事件通常是指那些对生命或身体意志有直接威胁的事件，或是与暴力或死亡亲密交锋的事件，通常会引起人们极度的恐惧、无助、无法控制局面和受死亡之威胁的感觉。创伤事件动摇了个人的整个人格系统，即个人的自我保存（安全感）、自我控制（自治权）、对外联系（相关性）系统、人生意义和信念。"① 被害人的人身利益包括人身安全与人格尊严。在一些案件中，② 被害人与犯罪嫌疑人往往有着直接的接触，因而成为关键性证人。因此，各国都有着较严密的证人保护项目，以便充分保护好被害人的人身安全。除此之外，人格尊严也是侦查程序中被害人的人身利益所在。"人格权的对象涉及具体的、有差别的人格要素。之所以存在物质性人格权和精神性人格权之分，其原因绝非客体上的差别而在于权利对象之不同。由于姓名、肖像、名誉、隐私、尊严等对象具有无形性，故相应的人格权称为精神性人格权。由于生命、健康、身体等对象具有有形性，故相应的人格权称为物质性人格权。"③ 侦查程序中精神性人格权是一种独立的保护对象，为刑事纠纷解决之目的，刑事诉讼过程不能对被害人的精神性人格利益产生第二次伤害。例如，美国法规定在强奸案件中，禁止侦查人员询问被害人的性生活史。此规定来源于美国联邦证据规则第四百二十一条规定：不论其他法律有何规定，在某人被指控有强奸或者为强奸而侵害之行为的刑事案件中，有关声称受此强奸行为侵害之受害人的名声或意见证据不具有可采性；不论其他法律有何规定，在某人被指控有强奸或者为强奸而侵害之行为的刑事案件中，名声或意见证据以外的关于受害人过去性行为的证据也不具有可采性。

被害人的财产利益包括两个方面，一是被害人在犯罪中受侵害而需要返还的财产，二是因为犯罪而需要补偿的财产。对于前者而言，被害人的财产成为犯罪嫌疑人犯罪的对象，因此，侦查机关对此财产的查获，既可以及时退赔给被害人，也可以加以扣押而成为证明犯罪嫌疑人犯罪行为之证据。对于后者而言，一般为被害人人格利益之求偿。在此

---

① ［美］安德鲁·卡曼. 犯罪被害人学导论［M］. 北京：北京大学出版社，2010，2.

② 如在黑社会性质的犯罪案件中，被害人往往数量众多，而只有将被害人的陈述进行连接共同指向犯罪组织，才能证明个别的犯罪行动在本质上是有组织的。

③ 这里的人格利益应指精神性人格权利益，人身安全包含了物质性人格权利。详细论证参见：张平华. 人格权的利益结构与人格权法定［J］. 中国法学，2013（2）：45.

等情形下，侦查人员应当及时记录被害人所受侵害之精神性人格状况，并主动积极配合被害人为自身利益之民事求偿。

第二，保障被害人的程序利益。被害人在刑事诉讼中的程序性权利可以概括为以下三种：（1）与犯罪嫌疑人对抗的诉讼权利。包括被害人的知情权、反对强迫作证的权利、程序参与的权利、民事求偿权、聘请律师的权利。（2）一定的程序启动权。包括自诉权、独立上诉权、国家赔偿权、申请法院强制执行被告人刑事赔偿的权利、申请再审案件的权利。（3）对刑事诉讼国家专门机关监督的权利。包括获得公正审判的权利、不受不合理拖延的权利等。在侦查阶段，被害人的程序性权利主要集中在知情权、作证权、自诉权、民事求偿权等类型上。因此，侦查机关必须及时告知被害人所享有的权利、义务，并保证其权利行使所需要的条件。尤其是在适用恢复性司法的案件中，警察通过充分动员被害人参与恢复性程序，主张自己的情感和利益，从而使犯罪嫌疑人知晓其行为后果，以争取被害人谅解。例如，在澳大利亚的家庭会议模式中，"由犯罪嫌疑人、被害人、家庭成员、朋友以及双方各自的支持者参与决定对犯罪案件的解决方案"。① 在会议开始前一般由社区协调员（警察有时也可以充当协调员）事先和被害人、犯罪嫌疑人双方进行沟通，明确会议规则。会议开始后，先由警察向会议提交有关犯罪行为的调查报告、犯罪嫌疑人的经历以及犯罪嫌疑人所侵害的社区利益。接着由被害人及其支持者陈述犯罪行为对其造成的影响，并讯问犯罪嫌疑人相关问题，而犯罪嫌疑人及其支持者则向被害人及社区协调员陈述其犯罪动机以及犯罪带来的影响。在对犯罪后果进行深入讨论后，社区协调员要求被害人期望通过协商得到的后果，最后达成协议。在会议的过程中，被害人拥有完全的选择权，他可以中途退出，也可以拒绝和犯罪嫌疑人达成协议。被害人选择权的实现，首先由警察侦查活动所查明的事实作为基础，其次警察潜在的强制力和程序选择权也是保证被害人与犯罪嫌疑人面对面合意解决纠纷的前提条件。

（四）刑事纠纷的移交：侦查权与公诉权的衔接

侦查阶段的最后一步工作就是对刑事纠纷的移交，从而支持下一步

---

① ［美］Gordon Bazemore，Mark Umbreit. 四种恢复性司法模式之比较考察［J］. 封利强译. 西部法学评论，2010（3）：115.

的检控起诉工作。但是这种移交并非简单地进行案卷文书的转移，而是要在所查明的纠纷事实基础上，对这些事实进行刑事实体法和刑事程序法的双重塑造，从而将单纯的自然事实转向法律事实，并辅以证据体系。

第一，侦查结论是诉因事实的原初形态。无论是在有被害人的犯罪中，还是在无被害人的犯罪中，都存在着具体的纠纷形态，作为"不告不理"原则的贯彻，检控方必须首先提出这种纠纷的事实情节并通过刑法规则加以结构化，而侦查权则负责对这种纠纷的事实情节给出前置的结论。检控方通过精密的司法技术对侦查结论进行有利于检控目的的修正，从而最终将诉因事实展示给法官。侦查权此时扮演了检控方辅助人之角色，属于控方行列。既然侦查权因为纠纷解决而首先启动，那么诉因事实就是追诉之基础。侦查权的制约目的就在于限制国家追诉权，防止纠纷解决的异化，正是在这个意义上，侦查权属于国家追诉权，表现出了司法特性。

第二，撰写诉因事实。诉因制度是英美程序法上的重要概念，是指"起诉书所记载的起诉的原因和理由。诉因包括两部分内容：一是犯罪事实，二是法律评价……诉因实际上是由事实性要素与法律性要素构成的事实与罪名的结合形式"。① 诉因制度是当事人诉讼模式的产物，作为当事人一方的检控方要对犯罪嫌疑人提起控诉，就必须要明确记载犯罪事实及其对应的刑法条款，并且还要实现刑法抽象构成要件与具体犯罪事实的结合。法官仅根据检控方的诉因进行裁判，对超出诉因记载事实的，即使涉嫌构成犯罪事实，法官也不得自行裁判。而犯罪嫌疑人则在知晓诉因后，可进行有针对性的辩护防御。因此，诉因"具有引领、指导公诉行为的价值；决定起诉状的表述和要求；能分解犯罪的复杂性"。② 正是因为诉因制度的重要性，现代各国在移交审查起诉时，都有一套较为严格和统一的标准从而使侦查权与公诉权能够顺利衔接。例如，英国皇家检察署对某些案件制定了统一的指控标准，并要求警察照章执行。撰写诉因事实就是要按照起诉的标准，对自然事实进行拆分，

---

① 张弘. 诉因事实与公诉事实——两种公诉效力之效力评析 [J]. 青岛科技大学学报（社会科学版），2007（5）：85.

② 陈濂、林荫茂. 刑事诉因价值与可行性研究 [J]. 社会科学，2008（6）：89-91.

准确地写明构成要件规定的犯罪过程，涉及定罪量刑的犯罪情节、一罪与数罪等。

第三，移交具备证据能力的证据，构建证据体系。证据与诉因事实存在着对应的关系，不仅诉因事实的撰写需要基于证据提供的逻辑结论，诉因事实在审判阶段的确认也要依据证据而进行。为了更好地完成侦查权与公诉权的衔接，所有诉因事实中描述到的证据都应当进行移交，不仅是数量上的要求，还是质量上的要求，即在侦查阶段或者审查起诉阶段，就应当对非法证据进行排除。换个角度来说，就是要移交具备证据能力的证据。关于证据能力的有无通常刑事程序法会进行反面的明示：即对构成非法证据的情形进行列举。即使在判例法国家，依据法律原则而形成的判例使得对证据能力的判断也是有据可循的。在侦查阶段排除非法证据有助于提高诉讼效率，避免诉因事实因为证据能力的缺乏而受损。囿于侦查机关自身的立场，对非法证据的排除动议通常由辩护方提出，或者由检控方自行排除。除证据能力外，由诉因事实所决定的证据体系还必须能够达到证明标准。证明标准也是一个证明程度的问题，英美法系国家采用排除合理怀疑标准，而在大陆法系国家则用法官自由心证所代替。对于侦查机关而言，证明标准也意味着一种诉因事实能在多大程度上为法官所确认的心理预期，侦查机关越努力，证据体系就越全面，检控方的起诉工作就越顺利。

四、侦查权实现诉讼保障功能的中国实践

（一）1996 年《刑事诉讼法》：侦查权法治化的首次尝试

随着改革开放的深入，无论是市场经济的逐渐成形，还是政府职能的转变，都意味着公民权利意识的彰显，而 1979 年的《刑事诉讼法》在社会重建的特殊背景下已经不能适应 20 世纪 90 年代常态社会对法制的需求。特别是 1979 年《刑事诉讼法》仍然保留了大量的政治口号，粗线条的立法规定以及对犯罪嫌疑人权利的漠视导致在"严打"中造成的冤假错案引起了中央的重视。修正刑事诉讼法，从法制向法治的转身成为 1996 年《刑事诉讼法》修正的立法背景。

1996 年《刑事诉讼法》对 1979 年《刑事诉讼法》进行了大幅度调整，第一，在总则方面放弃了政治口号式的宣示，而直接将保护公民权利，保障无罪的人不受追究等写进刑事诉讼任务中，并明确"未经人

民法院判决，对任何人不得确定有罪"。这就意味着刑事诉讼不再是专政的工具，而是国家与公民之间责任上的纠纷。第二，大大增加了犯罪嫌疑人的辩护能力。1996 年《刑事诉讼法》将律师介入刑事诉讼的时间段提前到侦查阶段，律师可以在侦查阶段会见犯罪嫌疑人，了解犯罪嫌疑人涉嫌的罪名。除此之外，律师还可以在一定条件下进行独立的调查取证；在逮捕羁押中，犯罪嫌疑人及其代理律师对于超期羁押可以要求释放犯罪嫌疑人或者变更强制措施。第三，具体化了侦查权与检察权的互相制约机制。1979 年《刑事诉讼法》虽然也规定了公安机关与检察机关互相制约、互相配合，但缺乏具体的制约机制，并在"严打"运动中形成了奇特的流水线式作业样态，有配合而无制约。为了扭转这一现状，1996 年《刑事诉讼法》增加了立案监督制度，公安机关对检察机关要求立案的案件应当说明不立案的理由，理由不成立的，应当立案。在审查逮捕阶段，明确了逮捕不批准的法律后果，即释放犯罪嫌疑人或者变更强制措施，且必须通知检察机关。在审查起诉阶段，赋予检察机关退回补充侦查权力和不起诉的权力。从而使侦查机关在查证事件真相上更为慎重。第四，对侦查权能进行了明确和限制。侦查权能，是指侦查权的授权性内容，包括具体侦查行为的种类、使用条件及其期限。1979 年《刑事诉讼法》粗线条地规定了侦查权能的内容，导致了实践中侦查权的滥用。1996 年《刑事诉讼法》则在诸多侦查措施中尤其是侦查强制措施中对具体侦查行为进行了规范，如拘传的期限、刑事拘留的使用条件、羁押期限的延长、侦查措施的文书手续等。事实上，侦查权能明确占据了 1996 年《刑事诉讼法》侦查阶段修改的大量篇幅，也可以认为是从侦查权法定化走向侦查权能法定化的标志。第五，增加了被害人在刑事诉讼中的程序性权利。1979 年《刑事诉讼法》仅在刑事附带民事程序中提及了被害人的求偿权，并未在侦查阶段确立被害人侦查程序的主体地位，而 1996 年《刑事诉讼法》在保护公民权利的原则下，确认了被害人在刑事诉讼各阶段的主体地位，如被害人的立案申诉权、被害人的自诉权利、被害人聘请律师代理人的权利等都是对被害人在侦查阶段权利的确认。

应当说 1996 年《刑事诉讼法》"于理念上，在关注犯罪控制的同时，更加明确了人权保障；于结构上，在借鉴苏东与大陆法系现代审问式诉讼模式的基础上，转向吸收若干对抗制的因素；于具体制度上，规定了在侦查阶段律师介入、控辩双方在庭审中抗辩等一系列反映上述精神的新举措"。① 引进当事人主义诉讼模式的对抗式理念，将刑事责任的追究过程不再理解为一种阶级专政或者犯罪消灭的过程，这与刑事纠纷的中立解决有着异曲同工之妙。然而，1996 年《刑事诉讼法》并不是完美无缺的，在一定程度上它只是我国超职权主义诉讼模式的妥协，在侦查阶段，尤其是在侦查权的控制上，由于缺乏程序性制裁后果，许多关于侦查权能的禁止性条款、犯罪嫌疑人的辩护权利等最终未能落实。由于我国特殊的司法体制，检察机关介入侦查的能力有限，侦查监督缺乏抓手，权力与权力之间的制约始终难见成效。侦查权在刑事诉讼中的"行政治罪"特征仍然明显。

（二）执法规范化建设：侦查权内部控制机制的强化

1996 年《刑事诉讼法》颁布后，如何保证刑事诉讼法的制度和精神得到贯彻是一个棘手的问题，由于缺乏程序性制裁后果以及公、检、法三者之间的微妙关系，② 对侦查权的控制仍然是一个实践中难以走出的困境。然而权力规训不仅是法治的需求，更关系到中央对地方的监督与控制。正如有学者指出的那样，"一方面，基层公安的生存在很大程度上依赖于地方财政，这决定了地方政府的政策偏好对于警察的影响要强于中央对警察的影响，结果使得中央丧失了宏观调控的能力。另一方面，基层公安并不能从地方政府那里获得充分的支持，前者为了获得生存的机会往往会进行'权力的透支'，从而导致警察腐败问题"。③ 在这种背景下，具有中国特色的部门立法就成为一种临时选择。在刑事诉讼法颁布之后，公、检、法均颁布了各自的执法规则。1998 年《公安机关办理刑事案件程序规定》（以下简称《程序规定》）应运而生。以侦查机关的视角，《程序规定》一方面细化了刑事诉讼法未尽之细节，另一方面，还提出了比刑事诉讼法更为严苛的要求。通过《程序规定》，公安机关自上而下的执法考评有了可操作的规范文本。由此，1998 年

---

① 左卫民. 中国道路与全球价值：刑事诉讼制度三十年［J］. 法学，2009（4）：83.

② 我国公安机关在刑事诉讼中可以对检察机关的相关决定提请复印，从而形成程序上的对抗。而 1996 年《刑事诉讼法》则直接取消了审判环节的退回补充侦查，法院对侦查机关在程序上不发生直接联系。

③ 林辉煌. 法治的权力网络——林乡派出所的警务改革与社会控制［D］. 武汉：华中科技大学，2013，116.

《程序规定》拉开了侦查权内部控制的序幕。1999 年《公安机关人民警察执法过错责任追究规定》则直接规定了警察违法办案的纪律后果，该规定从违法情形、责任主体、纪律后果、追究程序四个方面对警察执法过错的处理进行了规范，其中侦查阶段的执法亦涵盖在内。该规定与非法证据排除规则的整体框架具有一定程度的形似。

除了设定可以进行执法评判的标准，一整套自上而下的执法监督机制也随之建立和发展起来，2000 年国务院办公厅下发《关于印发〈中共中央纪律检查委员会、监察部派驻纪监察机构职能配置、机构调整和编制配备方案〉的通知》，公安机关自上而下成立了各级纪检机构，公安纪检机构与 1997 年成立的督察机构在权力影响力、监督强度上不可同日而语，但是又各有分工，纪检机构主要侧重于对执法违法行为的事后调查，而督查机构则侧重于事前和事中检查。自此，稳定性的常态内部监督体制开始形成。如果说纪检机构仍然要受到同级纪检委员会的领导，那么 2001 年《公安机关执法质量考核评议规定》则完全贯彻了自上而下的内部控制原则，该规定不仅提出了高于刑事诉讼法的执法标准，[①] 还明确了"各级公安机关应对下级公安机关和所属执法部门的执法情况按本规定的内容和标准每年进行一次全面考核评议，将考核评议结果报上一级公安机关并在本级公安机关予以通报。公安机关的其他考

---

① 该规定将执法标准分为基本标准和类别标准，基本要求为：（一）依法受理案件，如实立案；（二）执法主体合法，符合管辖范围规定，无越权办案的情形；（三）案件事实清楚，证据确实充分；（四）调查取证合法、及时、客观、全面，无篡改、伪造、隐瞒、毁灭证据以及因故意或者严重过失导致案件证据无法取得等情形；（五）定性及适用法律、法规、规章准确，量处适当，无违法撤销案件、升格或降格处理，以及应当处罚而不予处罚、不应当处罚而予以处罚等情形；（六）适用强制措施、侦查措施、调查措施法律手续完备，程序合法；（七）法律文书规范、完备，案卷装订规范。

办理刑事案件应当达到以下标准：（一）依法保护当事人的合法权益，无刑讯逼供、暴力逼取证人证言、滥用警械武器等情形；（二）依法保障律师正常的执业活动，无违反规定拒绝、阻碍律师依法为当事人提供法律咨询、代为申诉、控告、申请取保候审和会见在押当事人的情形；（三）依法适用、变更和执行刑事强制措施和侦查措施，无滥用强制措施、超期羁押以及非法冻结、扣押等情形；（四）依法收取、保管、退还、没收取保候审保证金，无乱收及非法处理保证金的情形；（五）依法提请逮捕，本应当报捕而未报捕，导致检察机关在审查批捕时要求增捕重大犯罪嫌疑人的情形；（六）依法审查批准暂予监外执行，无放纵罪犯的情形；（七）在办理经济犯罪、财产犯罪案件中，无非法插手经济纠纷或对经济犯罪、财产犯罪故意降格处理以及乱罚款、乱收办案费等情形。有些标准在当时的条件下显得过于理想化，但是严苛的标准却让下级公安机关深深受制于上级公安机关。

核评议活动应当与执法质量考核评议结合进行"。而一旦执法考评连续两年不及格，单位行政首长就应当辞职，或者由上级公安机关商请有关部门对其予以免职。执法质量考评制度将对侦查权的监督纳入内部控制体系之中，而 2009 年开始的执法规范化建设则将这种内部控制理念推到了无以复加的地步，在《全国公安机关执法规范化建设总体安排》（公法〔2009〕175 号）中，明确了公安执法规范化的目标："以大力解决人民群众最关心、反映最强烈的执法突出问题为突破口，通过深化社会主义法治理念教育、规范执法主体、完善执法制度、规范执法行为、强化执法监督、加强教育培训、开展执法信息化建设等措施，全面推进执法规范化建设，力争通过三年的努力，使公安机关执法突出问题得到有效解决，公安机关的执法公信力大幅提高。"有学者认为"公安执法规范化建设就是把执法观念所蕴含的内容通过技术性的操作，进行执法程序设计、执法活动设计，尤其要在职权、义务、程序、责任等方面进行制度上的设计，在法定的框架内，根据现代法治理念的内涵和法律思维方式的要求予以明确和具体，并随着执法实践不断强化和完善，确保公安机关和人民警察在执法过程中做到严格、公正、文明执法，切实维护、促进和实现社会正义"。① 由此可见，执法规范化建设是对过往侦查内部控制机制的一次总结，试图在刑事诉讼法项下，对侦查裁量权进行一次细致的规范，并通过严格的考核促使侦查机关杜绝失范行为。执法规范化建设还与同期的执法信息化建设相结合，从而在年度执法考评的基础上融入了更为及时的网上执法监督平台。例如，巴州公安局 2013 年网上巡查接处警 8000 余起，巡查涉黄、赌、毒对象行政拘留执行情况 300 余人。对网上巡查研判发现的苗头性、倾向性、普遍性执法问题，及时汇总梳理，发出预警通报，提出整改要求和指导意见，按照公安厅执法质量考评办法及其实施细则予以扣分。② 信息化平台成为上级公安机关、同级法制部门即时监督的利器，而信息化平台的保密性和专业性使得侦查权的监督深深嵌于上下级之间。科层式的侦查组织机

---

① 姚占军，程华. 法律视角下的公安执法规范化建设 ［J］. 中国人民公安大学学报（社会科学版），2009（1）：94.

② 朱明详. 关于对公安执法规范化建设的认识与思考［EB/OL］. http://special. cpd. com. cn/n12466885/n12466887/c12470030/content_1. html,2014 - 08 - 20.

构在一定程度上确实能够对基层一线侦查人员产生绩效上的压力。将刑事诉讼法的贯彻转化为一种行政绩效，是侦查权内部控制产生效果的原因。

但是也应当看到执法规范化建设还融合了其他功能，如通过执法规范化建设，邀请社会公众进行监督，可以有效弥合紧张的警民关系，夯实警察执法权威的基础。通过执法规范化建设还可以切实加强上级警政机关对下级警政机关的监督，减少权力失控现象，从而减少因枉法执法而带来的社会冲突。同时，通过执法规范化建设，还可以倒逼基层侦查机关放弃传统的由供到证的侦查模式，转而进行信息化侦查模式的流程改造。于是执法规范化建设、信息化建设与和谐警民关系建设被称为公安部的"三项建设"。

（三）2012 年《刑事诉讼法》：以刑事错案防治为重心

侦查权在刑事诉讼中最重要的功能就是要发现事件真相，或者说公正地构建起纠纷事实以备法庭审判之甄别。然而层出不穷的刑事错案不仅严重伤害了司法公信力，更使得侦查权发现真相的这一基本功能一再被实践质疑。由于纠纷事实首先是由侦查权所构建和提交的，再加上1996 年《刑事诉讼法》并未在实质上形成"审判中心主义"，因而，无论是司法机关还是学界都将发生刑事错案的原因大部分归咎于侦查阶段的失误。"就司法实践而言，起诉和审判都在很大程度上依赖侦查的结果，99%以上的有罪判决率，事实上是靠强有力的侦查来维系的。如果单从国家追究犯罪的效果这个角度来观察中国的刑事程序，侦查毫无疑问是整个程序的中心，在一定意义上也可以说，真正决定中国犯罪嫌疑人和被告人命运的程序不是审判，而是侦查。"① 一时间，侦查程序的改革被推上了风口浪尖。

对侦查程序的改革焦点集中在了非法侦查取证行为上，陈永生教授在对 20 起震惊全国的刑事错案进行实证分析后发现"95%的案件在侦查阶段存在刑讯逼供"。② 而类似佘祥林错案这种被害人最终"复活"的案件直接暴露了侦查权运行中所存在的制度性偏差。而以绩效管理为

---

① 孙长永. 侦查程序与人权——比较法考察 [M]. 北京：中国方正出版社，2000，2.
② 陈永生. 我国刑事误判问题透视——以 20 起震惊全国的刑事冤案为样本的分析 [J]. 中国法学，2007（3）.

最终目的的内部控制方式显然已经不能阻挡违法取证行为的发生，这是因为"刑事司法并不是一项完全以'产出'为最终导向的活动，而是一项包含了广泛政策目标与更多价值实现的工作。它们很难用数据指标予以量化"。① 而侦查权运行的制度性偏差则是因为价值理念上出现了偏差："重实体轻程序，过分追求实体真实；重视控制犯罪，轻人权保障；口供本位。"② 为了抑制价值错位而引发的事实风险，在西方正当程序的影响下，对 1996 年《刑事诉讼法》修改的呼声也越来越高。而在 2010 年最高人民法院、最高人民检察院、公安部联合下发的《关于办理刑事案件排除非法证据若干问题的规定》和《办理死刑案件审查判断证据若干问题的规定》（以下简称《两个证据规定》）则为刑事诉讼法的修正打下了坚实的基础。《两个证据规定》首次明确了非法取证的类型及其程序制裁后果，非法言词证据一律排除，非法实物证据酌定排除，此外，还完善了相关的审查机制。这对于侦查权的规制乃至刑事诉讼的法治具有里程碑式的意义。有学者认为"《两个证据规定》重申了非法言词证据一般应予排除的原则，修正了非法言词证据的含义及取证规范，确立了瑕疵证据一般不予排除的操作程式，是我国刑事证据制度改革的突破进展"。③ 除此之外，口供补强原则、最佳证据原则等一系列与证据能力和证明力有关的法治规则也都得到初步确认。证据规则的确立就意味着侦查取证的过程及其结果都要接受法院审查方可形成证据，侦查所获证据法院不再照单全收，这种改革正是针对刑事错案形成的原因而发力的。

2012 年《刑事诉讼法》的出台基本上吸收了《两个证据规定》的核心内容，除此之外，在侦查阶段还增加了不得强迫任何人证实自己有罪的原则、逮捕后羁押审查程序、辩护人侦查阶段介入的权利、特殊案件中侦查讯问同步录音录像制度等。值得注意的是，这些修正的条款均在一定程度上增加了犯罪嫌疑人的辩护能力，也为律师充分发挥辩护效果提供了有力的抓手。可以说 2012 年《刑事诉讼法》在某种程度上对

① 郭松. 组织理性、程序理性与刑事司法绩效考评制度 [J]. 政法论坛, 2013 (4)：74.
② 胡志凤. 刑事错案与侦查程序研究 [D]. 北京：中国政法大学, 2011, 139 - 141.
③ 林喜芬. 论《两个证据规定》的三大突破与五个局限——以非法言词证据的证据能力为重心 [J]. 现代法学, 2011 (2)：170 - 175.

以权利制约权力进行了试水，在人权保障上也有了长足的进步。但是也应当看到，受制于我国现有的司法体制，这些新修正的条款的目标仍在于防止刑事错案，即通过程序改革来保证实体真实。而我国学者论证成熟并且期盼已久的侦查令状制度仍然未见踪影，辩护律师仍然需要经过单位和证人同意才能收集证据。尤其值得注意的是，在一定程度上限制侦查权的同时，侦查权的扩张也在同步进行。两法衔接制度的确认，使得侦查机关可以不用证据转化而直接在行政执法中获得证据；技术侦查措施的法定化，使得技术侦查措施只要经过一定的内部审批程序就可以直接上马；指定监视居住制度的创立，使得羁押与非羁押措施之间存在着一定的灰色地带。而对这些新增的侦查权能立法在行使程序上均没有详细地予以规制，因而遭到学术界的诟病，也成为学术研究的热点。可见，2012年《刑事诉讼法》的修改重点仍然在于对侦查阶段可能引发刑事错案因素的消解，目的在于侦查权更出色和稳妥地发挥事实调查的功能。而在被害人的利益保护、正当程序方面仍然力有不逮。

值得注意的是，在新刑事诉讼法实行后不久，中央政法委就出台了《关于切实防止冤假错案的指导意见》，该意见又对刑事错案的防治进行了深化：（1）意见中要求犯罪嫌疑人送交看守所羁押后，应当进行全程同步录音录像。这比2012年《刑事诉讼法》提出了更高的政策要求。（2）明确指出不能因舆论炒作、当事人及其亲属闹访和"限时破案"等压力，作出违反法律规定的裁判和决定。这意味着侦查法治过程中的微观"潜规则"进入了高层的视野。（3）切实保障律师会见、阅卷、调查取证和庭审中发问、质证、辩论等辩护权利。对于被告人及其辩护人提出的辩护意见和提交的证据材料，人民法院应当认真审查，并在裁判文书中说明采纳与否的理由。在裁判文书中说明证据采纳与否的理由，这也是在2012年《刑事诉讼法》既定规则之外的要求，这意味着侦查机关不能再重复"案送事了"的程序终结方式，侦查机关的取证方式将直接影响到公诉机关的公诉质量。（4）建立健全合议庭、独任法官、检察官、人民警察权责一致的办案责任制，法官、检察官、人民警察在职责范围内对办案质量终身负责。建立健全科学合理、符合司法规律的办案绩效考评制度，不能片面追求破案率、批捕率、起诉率、定罪率等指标。该意见是在刑事司法管理上的革新，意识到了组织管理对刑事诉讼程序的影响后，提出了改善的方向，但并不具体。

在中央政法委《关于切实防止冤假错案的指导意见》出台后，最高人民检察院又出台了《关于切实履行检察职能防止和纠正冤假错案的若干意见》的通知，就刑事诉讼中的侦查监督、检警关系进行了证据与机制上的指导。可见，2012 年《刑事诉讼法》的制定，只是防治刑事错案的一个集中性成果，其后的刑事司法政策均围绕着这一核心来运转，因而 2012 年《刑事诉讼法》并不是完全依照程序正义的理念去设计的，而仍然是刑法实施目的观的延续。

五、侦查权实现诉讼功能的基本特点

侦查权诉讼功能伴随着中国法治化的进程而演变，而法治化的过程也是一种制度文明的塑造过程，因此，在中国侦查权实现诉讼保障功能既包含自上而下政策设计的因素，也是自下而上推动的结果。

（一）侦查权法治化首先是一种对权力的规制过程，蕴含着警务集权化的改革逻辑

在计划经济体制向市场经济形态的转型过程中，简政放权是政府体制改革的重要目标，这当然包括增强地方政府的自主性，再加上财税体制改革和"政法传统"的保留，地方政府在政治、经济和司法领域内的介入能力越来越大，这使得包括侦查组织在内的公安机关属地化色彩越来越重。正如上文所述，如果将刑事诉讼理解为一种刑事纠纷的解决过程，那么在"块块管理"的原则下，地方政府会有意无意地动用资源优势去介入刑事纠纷的解决，以求迅速了结纠纷。这种行政式的解决纠纷方式，极易造成不公正的解决结果，或者侵犯公民权利，或者造成权力腐败，甚至累积新的社会矛盾。更为重要的是，作为单一制国家，这种"块块管理"严重影响了政令的畅通和司法政策的执行。于是在化解社会冲突和加强地方管控的双重目的下，侦查权的法治化从一开始就表现出浓厚的权力规训意蕴，[①] 因为法治本身强调的权力规则化运行与权力监督和中央对地方的权力规训具有形式上的一致性。而在中国现有的政治架构下，法治规则的实施，特别是在刑事诉讼等充满国家意志

---

① 这种权力规训有时不仅表现在组织运行上，甚至连公安民警个体的日常生活领域都加以规训。例如，2003 年公安部的"五条禁令"，河南省公安厅 2013 年颁布的《河南省公安机关节日期间十不准》。

的司法领域，如果没有自上而下的推动，规则是很难得到完全遵守的。

福柯认为"法律体系并非是规制权力的最佳体系，因为，权力的运行并非依靠某一种决定性力量的作用，而是一种综合力量的结果。而以法律或规范形式来衡量权力的范围与运行方式是很难实现对综合力量的全面考虑的。如果不能（当然也不可能）确定权衡这些综合力量，就不可能实现对权力的有效规制，法律的苍白与空缺在此就彰显出来"。① 虽然1996年《刑事诉讼法》对侦查权进行了充分的立法规制，但是徒法不足以自行，在我国特殊的法治国情下，侦查权的微观运行机理单靠纯粹的刑事诉讼立法是无法进行全面反映的，而侦查权又与法院的审判权、检察机关的公诉权不同。通过审级制度和再审制度，上级法院完全可以指导甚至规范下级法院的业务流程，而检察系统的上下级领导关系则更不必再言。唯独侦查权所属警政机关由于财政、人事方面对地方政府有很强的依赖性，因而上级对下级的控制难度较大，只有以规范化建设、错案防治机制乃至刑事诉讼法的修改为契机，将侦查权的诉讼保障功能转化为一种绩效考核标准，才能实现侦查权从完全的"块块管理"融入"条条管理"的因素。从这个角度来说，权力规训也需要趁着法治化的浪潮才能减少阻力。②

（二）侦查权向诉讼保障功能的转变，是内外压力不断推动的结果

社会转型是国家—社会关系全面调整的过程，也是国家权力网络进行自我修复和规范的过程。由于侦查权与犯罪控制乃至社会稳定息息相关，在经济体制改革优先于政治体制改革的现实国情下，对侦查权功能的认识转变并不是一种自发的和取得共识的，相反，在"本土资源"和"西方移植"的争论中，中国国情始终无法对其予以完全界定清晰。从思想共识度来看，侦查权的法治化改革是缺乏自发动力的。然而缺少自发动力，并不意味着就会停滞不前，一系列内外压力也在催生着侦查权的法治化倾向。

① 栗峥. 现代社会中的权力规训：福柯法律思想的关键词展开［J］. 社会科学战线，2011（3）：191.
② 队伍正规化建设总是与侦查权法治化休戚相关，学界一致认为刑事错案的产生与侦查装备的落后、侦查人员能力不足有关，而自2003年《中共中央关于进一步加强和改进公安工作的决定》开始，公安经费保障一律纳入地方财政预算，此外，公安专项编制等人事制度改革，也在进一步降低地方政府对警政机关的影响。

首先是国际条约的推动。对外开放就意味着要与世界文明接轨，而联合国的一系列公约无疑是法治文明的世界共识。自 1988 年开始，我国就不断签署和加入各种世界以及地区级的法治公约。例如，我国于 1986 年 12 月 12 日签署《禁止酷刑和其他残忍、不人道或有辱人格的待遇或处罚公约》，并于 1988 年 11 月 3 日经全国人大常委会批准加入该公约；1997 年 10 月 27 日签署《经济、社会和文化权利国际公约》，2001 年 3 月 28 日经全国人大常委会批准加入该公约等。而 2001 年中国在签约加入世界贸易组织后，只有在司法制度方面与世界接轨，才能赢得良好的国际声誉，并顺利地开展国际警务合作。这些国际条约都与人权保障相关，而人权保障又是侦查权法治化、实现向诉讼保障功能转化的题中应有之义。

其次是对刑事错案反思的结果。如上文所述，刑事错案的发生不仅不能实现侦查权犯罪控制的功能，反而积累了新的社会矛盾，严重影响了司法公信力。而侦查权作为最具代表性的国家强制力自然受到诸多诟病，在"司法为民"的总体理念下，刑事错案无疑挑战着政治正确的底线。侦查权的内部控制虽然在一定程度上实现了权力规训，但对刑事案件在具体的办理过程中却无法实现即时的监控，更主要的是一些类似被害人"复活"的错案，不仅表明了侦查程序存在着制度性缺陷，更意味着刑事诉讼系统存在着运转上的障碍。有学者形象地将我国刑事诉讼称为"压力后置型司法"，"在注重打击的司法理念下，出于预防司法腐败的考虑，公安、检察机关对于撤案、不起诉等有利于犯罪嫌疑人、被告人的决定一般要进行严格的审查。因此，公安、检察机关往往在明知一些案件存在问题的情况下仍将案件移送起诉或交付审判。而公安、检察系统的内部考核对于不起诉、无罪判决又有着严格的限制，结果导致大量有问题的案件涌入法院，但法院却无法完全依照疑罪从无的原则作出裁判"。① 也就是说，在侦查权内部控制失灵的同时，侦查权本身还存在着推卸责任和压力的倾向，这意味着解决刑事错案要跳到侦查权之外，而以证据规则为代表的侦查权制约之术自然指向刑事诉讼法的修改。因此，2012 年《刑事诉讼法》基本上吸收了 2010 年的《两个证据规定》，迈出了侦查程序诉讼化的艰难一步。

---

① 孙长永，王彪. 刑事诉讼中的"审辩交易"现象研究 [J]. 现代法学，2013（1）.

（三）侦查权的诉讼保障功能仍以犯罪控制中的"实体真实"为重心

正如上文所述，侦查权法治化夹杂着权力规训的动因，而刑事错案又是侦查权法治化的重要压力。因此，侦查权向诉讼功能的转变仍然是在犯罪控制的项下展开的，其变革目标仍指向"实体真实"。无论是侦查规范化建设，还是刑事诉讼法的修改，对于"实体真实"的重视都超过了正当程序，尤其是忽视了一些具有合意性质的程序，如恢复性司法、控辩交易等都无从涉猎。因而在被害人保护、警察权内部配置上并未进行深入改革。对证据规则的重视也都集中在证据的审查判断上，而对证据收集的具体程序言之不详，①刑事诉讼中的工具理性思想仍然特别突出。当然在社会转型期，法治建设具有渐进性，需要根据现有的权力分配格局去调整国家—社会—公民之间的权利义务关系，特别是在我国传统的威权主义文化下，组织化调控具有深刻的群众基础和政治土壤，对"实体真实"的特别追求，正是反映了组织化调控中的组织效能与组织权威，因而受到了格外的重视。而对于"正当程序"和"比例原则"等对组织权威表现出疏离倾向的法律原则，如果与"实体真实"并无太大干系，则并没有进入立法者的议程之中。②另外，民众对实质正义的追求也远远多过对程序正义的追求。有学者也认为我国传统文化中的"贱诉讼、漠视权利、有罪推定、家长制、重情轻法以及保守文化"③造成了我国程序正义价值无法达成共识，程序意识与程序自觉还没有成为我国法律文化的主流。

---

① 如德国法区分证据提出的禁止和证据使用的禁止，两者在范围和理念上各不相同。美国法中有毒树之果原则，还有毒树之果的例外原则等结合警察执法实践形成的判例规则。

② "实体真实"理念与警察效能息息相关，而警察效能又牵涉到政府合法性或权威性基础等政治学基础命题，政治权威的不同来源决定了法律秩序在国家中的不同地位。在第六章将有详细分析。

③ 刘丽梅. 程序正义的法文化考察［J］. 社会科学战线，2008（6）：280.

第六章　社会效果与侦查权：侦查权的政治社会化功能

　　虽然学界公认警察具有一定的政治属性，但是具体到警察权是如何在实践中展现政治功能的，却鲜有人问及。王智军认为，警察的政治属性具有三个层次的内容："警察内生于国家的政治性质、警察外在于人类政治生活的政治特征和警察在当下政治生活中的政治表现。"[①] 赵炜、张光认为，"警察政治学是研究警察权力的制度化配置、控制和运行以维护社会政治秩序和公民政治权利的科学"。[②] 张兆端认为，"警政关系是警察政治学研究的核心概念和核心主题，并作为一条灵魂主线贯穿于警察政治学研究内容的始终"。[③] 虽然警察与政治是一个历久弥新的话题，但是在具体研究上却始终未能深入开展。在社会转型期，警察的政治实践也经常能在政治话语中寻觅到相关线索，而侦查权作为一种最具强制力和惩罚性的权力，其功能往往与政治效果密不可分。侦查权在政治生活中的政治表现就是要探求侦查权实现政治效果的方式。

一、功能背景：社会转型与政治合法性的危机

（一）政治合法性的概念

　　政治合法性又称为政治权威、政治正当性，是政治学研究的逻辑起点，也是国家作为一种集体行动的逻辑所必须要展示的根本性基础，任何一种人类社会的国家形态都要面临一个合法性的问题。卢梭指出："即使最强的权力也不会强得永远做主人，除非他把自己的强力转化为

[①]　王智军. 警察的政治性研究论纲 [J]. 江苏警官学院学报，2005（5）：134.

[②]　赵炜，张光. 警察政治学基本问题研究 [J]. 中国人民公安大学学报（社会科学版），2013（6）：33.

[③]　张兆端. 警察政治学研究论要 [J]. 江苏警官学院学报，2012（1）：153.

权利，把服从转化为义务……强力并不构成权利，而人们只对合法的权力才有服从的义务。"① 政治合法性首先由韦伯提出，在韦伯的设想中，政治权威可以分为传统型、魅力型和法理型。任何国家的政治合法性均由这三种混合而成。伊斯顿在韦伯的基础之上进一步提出了经验主义的命题，即政治合法性是由意识形态、政治结构和领导人的品质所决定的。"意识形态为政治系统的合法性提供道义上的诠释，有助于培养系统成员对于政治权威和体制的合法性情感；结构则意味着通过一定的政治制度和规范，政治系统的掌权者即可获得统治的合法性，也就是合法的政治结构能赋予其执政者合法的地位；而合法性的个人基础，是指执政者个人能赢得系统成员的信任和赞同。"② 这种经验型的研究很好地解释了资本主义国家的政治变迁结构：建立在个人权利基础上的自由主义；自由竞争的市场经济；资产阶级革命的卓越领导人。

然而韦伯和伊斯顿的经验型观察并不能涵盖政治合法性的全部领域，"政治的合法性问题，其实就是一个政治权力得以自我辩护并可以获得认同的问题"。③ 随着现代化和全球化的发展，多元基础的合法性概念开始流行，仅仅从政治系统内寻求合法性的支持已经不能解释世界政治的急剧变化。哈贝马斯认为，"政治合法性的源泉不能从政治系统本身去寻找，而需要从独立于政治系统之外的社会文化系统去寻找……不从社会文化视野出发，是不能找到政治合法性基础的。相反，政治系统过分注重有效性的结果，将会使社会价值边缘化，最终将失去来自社会文化系统的忠诚与支持"。④ 于是，政治系统之外和包含各种价值诉求的合法性概念便跃然纸上，"就现代社会的一般观念而言，合法性的框架主要有三种基础：规则、法律和民意。规则基础包括由风俗习惯、宗教传统以及共同体观念等构成的价值系统，提供的是统治的神圣性；法律基础主要指服务于民主原则的法理精神，提供的是统治的权威性；民意基础是指拥有最高国家权力的民众对政治权力的认同感，提供的是

---

① [法] 让·雅克·卢梭. 社会契约论 [M]. 何兆武译. 北京：商务印书馆，1980，76.
② 贾小明. 共产党执政合法性研究 [D]. 北京：中共中央党校，2003，9.
③ 甘剑斌. 政治合法性危机及其解决路径 [J]. 苏州大学学报（社会科学版），2009 (1)：6.
④ 袁峰. 价值认同与当代政治合法性的基础 [J]. 华东政法大学学报，2008 (6)：136.

统治的有效性"。① 相对于韦伯、伊斯顿的合法性概念，现代合法性仅仅保留了政治系统内的政府绩效观念，将自上而下的意识形态输出转化为民主原则下的价值共识，而在政府实现绩效的过程中，制度和程序成了一个不可回避的话题。于是价值共识、制度规则和政府绩效就成了现代国家政治合法性的基础。

（二）社会转型中政治合法性的危机

当中国从以计划经济为基础的总体性社会结构转向以市场经济为基础的分化结构时，就注定了政治合法性的来源将面临一个重建的过程。在总体性社会结构中，"马克思主义所持的无产阶级专政理论和建立共产主义社会的蓝图，是一种迎合底层无产者和贫苦大众的理论系统，是一种'预支性的合法性'论证。马克思主义对资本主义社会的深刻揭露，对'每个人的自由发展是一切人自由发展的前提'的美好社会的诠释，对民众不仅是一种启蒙，更是一种情感调动。它利用当时人们急于摆脱混乱、贫穷、落后，实现民主、自由、平等的急切盼望，使得这种政治主张深入民心，内化为他们的'真实动机和出发点'"。于是总体性社会结构中的意识形态和领袖魅力就成为政治合法性的基础：马克思主义世界化的传播与本土化的结合，为新中国政权提供了意识形态的辩护；广泛的革命统一战线和民主制度的探索提供了更具弹性和群众基础的政治结构；社会主义革命所取得的巨大成就和中国国际地位的提高，筑成了领导层的集体智慧和不可撼动的领导地位。新中国成立后，总体性社会结构所提倡的群众运动和计划经济带来了巨大的政治热情和理想化的社会分配体系，这促使总体性社会政治合法性进一步夯实。总而言之，总体性社会的政治合法性依赖于政治系统内的能动作用和产生的有效性结构。

在逐步奠定市场经济体制的过程中，市场经济所特有的平等竞争原则和理性经济人角色使得总体性社会结构中自上而下的意识形态灌输遭到了不同程度的抵制。同时，效率优先的总体原则和以先富为导向的经济政策也使得社会财富分配出现层次性和差异性。与总体性社会结构政治分层不同的是，这种社会阶层的分化是一种利益上的分化，也即经济分层。社会转型的过程也是一个各阶层利益博弈的过程，过于激烈的利

---

① 王海洲. 合法性的争夺［M］. 南京：江苏人民出版社，2008，7.

益冲突可能会产生价值共识凝聚上的困难。"不能及时反映具有时代特征的普遍性的社会价值观念的意识形态通常不能给予已经变化了的事实以科学、合理的解释，也使人们时常处于现实的矛盾和对未来的困惑之中，由此导致意识形态上的分歧将会使不同利益取向的社会主体产生纷争，波及社会的稳定。"① 马斯洛的需求层次说与马克思的经济基础决定上层建筑论有着异曲同工之妙，当经济发展到一定程度时，人们便萌生了对社会公正和自由的需求。"社会及经济现代化对政治及政治体制所起的破坏性影响有许多形式。社会和经济的变化必然使传统社会与政治集团瓦解，并削弱对传统权威的忠诚。"② 亨廷顿的"绩效困局论"深刻地揭示了绩效之外公正社会与制度规则的重要性，"制度包括为社会生活提供稳定性和意义的规制性、规范性和文化——认知性要素以及相关的活动与资源"。③ 制度可以维系一个社会精神与物质的双重再生产，而公正的制度规则能够对社会成员的行动提供指引与资源储备，在一遍遍图示化的社会交往活动中，制度的观念形态深入人心，并内化为社会成员的认知图式：制度实践得越持久、稳固，可接受性越强，产生的权威感和规范性就越强。中国的社会转型期伴随着明显的组织化调控色彩，为了实现社会秩序的平稳过渡，动员型治理模式并没有被放弃，这使得传统的权威体制得以继续生存，"在中国政体中，我们时常看到相反的情形：政府的一个强有力的动员机制正是把有关的行政管理问题转化为政治问题……政府要保持动员的高效率和应急能力，就必须突破按部就班的科层理性，以政治逻辑代替科层（行政）逻辑"。④ 科层理性的缺乏使得政府的行政管理活动缺乏规则意识，制度主义难以扎根，更重要的是诸如司法的专业领域内，专门制度和规则所代表的专业精神往往与权威体制产生矛盾，很难为权威体制所吸收，于是公正、专业的

---

① 袁峰. 价值认同与当代政治合法性的基础 [J]. 华东政法大学学报，2008（6）：139.

② [美] 塞缪尔·P. 亨廷顿. 变化社会中的政治秩序 [M]. 王冠华，等，译. 北京：生活·读书·新知三联书店，1989，40.

③ [美] W. 理查德·斯科特. 制度与组织——思想观念与物质利益 [M]. 姚伟，王黎芳译. 北京：中国人民大学出版社，2010，56.

④ 周雪光. 权威体制与有效治理：当代中国国家治理的制度逻辑 [J]. 开放时代，2011（5）：80.

制度精神与追求效率的威权体制成为中国社会转型期国家治理的一对基本矛盾。而这种矛盾往往会造成社会交往活动的无序，并引发社会成员对政治共同体的信任危机。

在社会转型的过程中，政府绩效被看成转型成功与否的重要特征，绩效也是政府体制的重要目标，但是这种绩效不能仅仅理解为一种经济绩效，它还包含了政府的社会管理绩效，国家治理应当是一种经济与社会的双赢，而不能只是经济绩效的单刀突进。中国改革开放三十多年的历程，实现了 GDP 的快速增长，国家经济实力也有了大幅度提升。然而一直以来唯 GDP 的经济绩效观，导致了一系列的社会问题。就社会管理而言，经济领域的违法犯罪活动未能得到及时遏制，基层政权中黑恶势力死灰复燃，公权力贪腐及其失范现象等都削弱了民众的政治认同感。"失去了公共价值基础的政府绩效犹如无源之水，无本之木，不但不能达到政府创造公共价值的终极目的，反而在一定程度上会造成公共资源的浪费和对政府原有运行机制的不合理干扰。"① 于是在经济不断增长的情势下，维稳局面却不断紧张化。绩效观的偏差导致在社会转型过程中，政府协调不同群体利益的能力不足、社会治理程度不高、价值共识凝聚困难，在一定程度上出现了政治合法性的危机。

二、社会效果：一种复合的政治社会化过程

（一）政治社会化：为政治合法性辩护

政治合法性危机是一种认同危机，而认同本质上是一种内隐的心理过程，因此，政治合法性危机又表现为一种消极的政治心理过程。"政治心理是'政治人'对社会政治关系以及由此而形成的政治体系、政治活动等政治现象的一种自发的、直接的、不系统的心理反应，表现为一定的政治认知、政治态度、政治情感、政治信念等心理倾向。"② 个体消极政治心理的弥散容易造成对"融入社会既定结构"的抵制，进而引申出对社会价值规范的争论，并进一步将分歧扩大化，从而出现社会整合的困难。而社会整合的困难又会造成政治系统支持性输入力量的

---

① 包国宪，王学军. 以公共价值为基础的政府绩效治理源架构与研究问题［J］. 公共管理学报，2012（2）：90.

② 李云. 中国"政治人"政治心理的作用及其优化［J］. 求实，2007（4）：56.

持续衰减。"如果支持的输入衰减到起码的水准之下，就会使政府、政治体制和政治共同体一个一个地与系统成员相脱离，这就给系统造成了压力。"① 由此可见，政治合法性危机虽然是一种结构性危机，但却从个体的逻辑出发，显示出了一种可重复的微观机制。公民的"政治人"角色塑造是这一微观机制的核心要素，通过"政治人"的角色塑造，可以培养公民建立出一种融入现存社会价值规范的政治态度、政治信仰和政治感情，而这就是政治社会化的任务。

政治社会化是"获得为胜任扮演政治角色所必需的价值、规范、知识和技术。价值包括爱国心、信仰现存政府的合法性、民主的意识形态、信仰政府人员的合法权威、容忍少数人的看法、参与等。政治社会化的目标是创造'政治人'"。② 政治社会的功能有两个方面：一是培养合格的政治公民，也即培养一个公民融入现在的政治秩序与结构中，并按照现实的法律框架行使自己的公民权利，表达政治观点、履行公民义务。"合格的公民是内化了政治社会化的人，政治社会化实现了公民对政治价值的认同，使公民的政治行为更好地遵循政治规范的要求。因此，政治社会化就是社会尤其是执政者教化个体逐渐学会用已确立和普遍认同的政治标准来衡量自己的政治行为、政治态度和政治理想信念的一种行为范式。"③ 二是实现公民对政治价值与文化的认同。政治认同是政治主体"在政治实践的基础上，形成一定的政治认识，伴随着积极的政治情感体验，经过一定的政治意志努力而形成的对一定的政治体系的认可、赞同和确信，并自觉地按政治体系的要求规范自己的政治行为，积极地维护、参与和促进政治体系的稳定、运行和发展的一种政治心理过程"。④ 政治社会化正式通过各种载体影响着公民对既定政治价值的认同，在本质上政治认同是一种文化的共振，潜移默化地影响着公民的政治信仰与人格。政治社会化从微观机制上构成了政治合法性的合

---

① ［美］戴维·伊斯顿. 政治生活的系统分析 ［M］. 王浦劬译. 北京：华夏出版社，1999.

② 周平. 政治社会化：含义类型、实现方式和作用 ［J］. 云南行政学院学报，1999（4）：12.

③ 李冰. 当代中国政治社会化中的公民认同研究 ［D］. 石家庄：河北师范大学，2010，25.

④ 薛中国. 当代中国政治认同的心理机制研究 ［D］. 长春：吉林大学，2007，16－17.

法化手段，是一种国家——公民之间的政治纽带和情感维系。虽然社会转型期面临着政治合法性的种种挑战，但是成功的政治社会化可以提高社会公众对政治系统变动不确定性的容忍度，通过公共精神的培育可以增强国家与民族的凝聚力，从而为政治合法性的重新刻写提供智力支持。另外，政治合法性并不是以全有或全无的方式存在的，即使是现代发达国家，同样也存在着政治合法性的危机，只是程度不同，而政治社会化则可以维持公众对合法性三基础——政治价值、制度规则和绩效的信心，这种信心则可以为现实政治秩序进行正当性辩护，从而缓解危机所带来的阵痛感，并阻止危机产生更为严重的后果。"从某种意义上说，政治社会化就是要引导政治体系的成员去做那些政治体系正常运转所必须做的事情，一个政治体系的稳定和巩固程度，甚至它的存在与否，都取决于其社会成员的政治社会化的水平。"①

（二）社会效果的应然逻辑：一种政治社会化的复合路径

在转型之前的总体型社会中，中国的政治社会化的方式主要是直接的政治教育，其主要依据为列宁的灌输理论，社会主义政党的任务是"把社会主义思想和政治自觉性灌输到无产阶级群众中去，组织一个和自发工人运动有紧密联系的革命政党"。② 列宁灌输理论是马克思主义意识形态的重要组成部分，是唤醒近代公民意识、建设新型政党的重要方法路线，在本质上运用的是组织理论与学习理论。"在列宁看来，他所谓的灌输并不是生搬硬套、无目的地灌输知识，而是旨在提高工人的认识水平，站在历史的高度去认识阶级问题和政治问题，从而能够站在本阶级的立场去构建本阶级的政治意识。"③ 在灌输理论的影响下，国家形成了自上而下的专门文宣体制，并将政治教育同政治运动相结合，政治教育所包含的政治价值和政治态度在政治运动的实践中得到了淋漓尽致的展现。因而政治运动本身就成了政治教育的载体。

然而在社会转型期，政治运动已经逐渐被执政者抛弃，因而直接的、正面的政治教育逐渐失去了载体，造成了政治教育的内容无法解释政治实践的局面。"如果没有科学的态度和方法，人们在新的实践中就

---

① 梁庆，宁健. 论政治社会化及其方式优化［J］. 经济与社会发展，2003（5）：107.

② ［苏］列宁. 列宁选集（第一卷）［M］. 北京：人民出版社，1995，285.

③ 徐飞. 列宁灌输理论及其当代启示［D］. 南宁：广西大学，2014，28.

容易犯教条化或理论虚无主义的错误，要么囿实践于理论之围，要么借口新实践而否定现存理论。"① 这种单一的、灌输式的政治教化已经不足以培养转型时期公民的政治人格，更无法清晰地解释中国特色的社会主义在政治价值、制度规则和政府绩效上的现实表现。于是社会转型期的中国就需要更为多样化的政治社会化途径。

高峰教授在考察美国的政治社会化时，认为政治社会化可以分为"强力控制型、明示诱导型和暗示艺术型"。② 而从政治文化传播的路径上看，政治社会化的媒介可以分为"家庭、学校、社会交往、大众传播媒介、宗教组织、职业群体、政权系统、政党组织"。③ 西方国家的政治社会化手段以暗示艺术型为主，主要依靠宗教组织、大众传播媒介以及发达的社会组织在日常生活场域进行潜移默化的价值共识凝聚与政策昭示。而在中国社会转型的过程中，由于我国社会自治组织发育不成熟，不能缓解社会冲突，导致政府直接面对大量的社会矛盾，这些社会矛盾最终以涉法事项表现出来，尤其是关涉人民群众切身利益、安全和争议解决的问题，执法机关不得不直接面对社会冲突，并试图将其圆满解决。而在中国传统文化认知中，执法部门代表了整个政治权力系统，对执法部门的不满很容易转嫁到对权力系统的不满上，因此，执法部门往往处在政治合法性证明的第一线，在这样的背景下，执法部门的相关行动本身就能传播一定的政治文化，成为政治社会化的一种路径。因此，中国的执法部门、司法部门承担了西方社会所没有的社会压力。

早在 2000 年 8 月，最高人民法院就颁布了《关于加强人民法院基层建设的若干意见》，该意见指出，人民法院在司法活动中要坚持两个效果的统一。这可以看作最早提出社会效果的官方文件，随后，政治效果、社会效果与法律效果之三个统一迅速在整个政法系统内延展，并在 2009 年前后成为社会主义法治理念的组成部分。在官方的表述中，④ 社

---

① 赵海立. 巩固与开拓：中国政治社会化的途径选择［J］. 河南师范大学学报（哲学社会科学版），2002（4）：44.

② 彭淑媛. 中美政治社会化方式之比较分析［J］. 学理论，2009（5）：58 – 59.

③ 周平. 政治社会化：含义类型、实现方式和作用［J］. 云南行政学院学报，1999（4）：13.

④ 关于社会主义法治理念并没有出台专门的规范性文件，而是以干部教育为目的，由中央政法委在 2009 年编写了《社会主义法治理念读本》一书。

会主义法治理念分为依法治国、执法为民、公平正义、服务大局、党的领导五个方面，并且体现了党的领导、人民当家作主和依法治国的有机统一。于是政治效果主要体现为党的中心任务服务，增强大局意识，社会效果主要体现为维护人民利益、让人民群众满意、执法公信度高，而法律效果则体现为执法能否切实维护法律秩序，维护宪法和法律的尊严。三个效果统一论在作为一种基本的执法政策进行推广时，也遭遇了诸多非议，有学者认为，"在法律被执行以前，人们无法确切地知道法律实施的效果，建立在推测和评价基础上的社会效果、法律效果和政治效果之间的统一论是虚幻的，没有以实证研究作为基础；是人为地把法律和社会分开以后，所故意制造的法律与社会之间的对立，结果只能是消解法律的影响"。① 还有学者认为，"在严格的科层体制下，出于规避风险的动机，法律效果与社会效果的统一可能很难实现"。② 虽然学者对"三个统一"论抱有质疑，但从政治社会化的角度来看，由于执法行为本身就构成了一种政治社会化的路径，因而执法策略的选择、执法对象的判别以及执法中相关利益人的保护就构成了一种潜移默化的力量，这种力量会促使公众对执法行为作出特定的主观评价，而在社会矛盾最为突出的执法领域，这种评价会关联到对整个政治系统的评价，进而培育出公民更为积极的政治心理。而从法律本身的局限性来看，法律的滞后性、法律规则的模糊性以及法律对社会关系调整的不周全性都导致了执法的过程并非是一个机械操作的过程，因而执法中的裁量权才获得了理论和实践的双重辩护，在裁量权的运用过程中，政治社会化的权力动机会逐渐渗透其中，因而执法的过程必然在背后体现了该国的政治权力运行逻辑。实际上，各国的执法行为均包含了一定的政治社会考量，只是这种考量反映在执法的运行形态上存在差异。例如，古代纠问式诉讼模式表征了中世纪以宗教法庭为代表的宗教政治实体对个体日常生活的控制与对个体权利的剥夺。而当事人主义诉讼模式则代表了建立在市场经济基础上的自由主义的兴起。

而对于警务工作来说，"美国有五分之一的警察部门的首要功能都是负责搜救工作，约 60% 的警察承担控制动物的工作，近六分之一的

---

① 陈金钊. 被社会效果所异化的法律效果及其克服 [J]. 东方法学，2012（6）：46.
② 宁杰. 制度结构视野中的法律效果与社会效果 [J]. 福建法学，2009（2）：4 – 6.

警察部门负责紧急救助和民防工作"。① 这表明警察执法存在着较强的社会属性。除了直接的社会服务，警察执法系统还会通过各种隐性的策略与手段去实现政治社会化的效果，从而增强社会公众对权力系统的认同感。而刑事政策所倡导的社会效果正是寄希望于执法系统能够通过执法过程发挥政治社会化功能，从而直接输出政治合法性资源，这就是我国提出社会效果的应然逻辑。

三、侦查权的政治社会化功能

应当说整个政权系统都可以履行政治社会化的功能，然而作为一种内化的教育方式，宏观政权体系的运行并不能全然为公民所感知。例如，经济体系努力所带来的经济进步大多以 GDP 的形式表现出来，而公民所感知的改革红利——个体生活水平的改善，则还牵涉到分配体系、财政体系等诸多要素，因而这种政治社会化方式是一种长期的过程，不易迅速、直接地为公民所接纳。而刑事司法系统则具有更为明显的政治社会化优势，由于刑事司法系统维护的是社会的基本秩序和公民基本的生命财产安全，与公民的切身利益息息相关，因而无论是社会整体还是公民个体都必然或围观或亲身体验刑事司法系统的运行效果。而在刑事司法系统中，侦查权具有复杂的身份，一方面，侦查权处于行政科层体系之中，侦查权的犯罪控制功能是在政策和行政指令下完成的，因而侦查权本身的运行过程，就体现了公共行政的价值和效能。另一方面，侦查权又是以解决刑事纠纷为最终目的的，在中国目前的司法体制下，侦查效果往往决定了整个刑事司法系统的运作效果。因而侦查效果总是与群众的认同感相联系，这种群众的认同感既包含对侦查权实现实体正义的期待，又包含着对侦查程序正义的体验。"警察权作为一种公共权力，它一开始就以国家和社会公共利益为目的，以服务群众为己任，以执行社会职能为基础，具有鲜明的公益性和服务性，公安机关依法行使的治安管理权、刑事处罚权，无不以服务性为突出特点。"②

（一）通过犯罪控制传递政府效能感

如上文所述，政府绩效是政治合法性的重要基础，而政治社会化的

---

① 王小海. 基层警察社会服务角色张力之实证研究［J］. 中国人民公安大学学报（社会科学版），2014（2）：92.

② 胡大成. 警察政治学［M］. 南京：南京大学出版社，2004，147.

重要任务之一就是要培养公众对政府效能感的认同。"我们所有人的福利、幸福以及我们实实在在的生活，在很大程度上取决于影响和维持我们生活的行政机构的表现。"① 侦查权在犯罪控制领域的作为极大地影响了公众对侦查机构效能的认知，从而或直接或间接地传递了政府的效能感。

1. 被害人的认同感

在有被害人的案件中，对侦查组织最有期待的应当属被害人，一方面，被害人希望侦查组织能最终查明加害人的身份，从而为相应的维权行动做好程序准备；另一方面，被害人也寄希望于侦查组织及时限制、剥夺加害人的犯罪能力，从而保护自己免受二次伤害。因而被害人虽不是刑事诉讼或者侦查程序中的主角，但却对侦查程序有着难以割舍的心理期待和利益瓜葛。并且在犯罪发生后，被害人极易成为媒体报道的话题中心，被害人对侦查组织的情感、态度也会折射到社会场域，从而引发日常生活中相关话题的"共振"。在政治学家看来，日常生活场域并不仅仅是一种衣、食、住、行的具体形态，而是政治情感、态度甚至意识形态的根基。"人们在个体化的日常生活中传承和呈现的文化传统和生活意识，是日常生活领域的价值观结构，是在社会的权力结构和权力关系作用下的人们的言说和信仰方式，亦即情感、评价、思维和信仰方式。"② 著名哲学家列斐伏尔则直接指出："在日常生活中，直接的东西也就是意识形态的东西，它一方面把经济现实、现存的政治上层建筑的作用和革命的政治意识等包容起来；另一方面又将它们掩藏和隐匿起来。这种面纱总是从日常生活中产生着，不断地再生产着，并且把日常生活中的更深刻、更高级的本质隐蔽起来。"③ 侦查权通过对被害人利益的保护，从而获得被害人的认可，这使得日常生活场域中增加了公众对国家权力体系维护人民利益能力的信心，这种信心来源于每一次犯罪侦查中，即来源于侦查权对被害人利益的及时识别与反应以及被害人的亲身言说和观念支持。侦查权的每一次启动和运行，都是对被害人以及

---

① 王伟，唐兵，杨建成. 构建与嬗变：中国政府改革发展 30 年 [M]. 郑州大学出版社，2008，1.

② 刘荣清. 批判与建构：日常生活领域的意识形态研究 [D]. 合肥：安徽大学，2011，12.

③ Henri Lefebvre. Critique of Everyday Life[M]. London：Versopress. 1991，67.

潜在被害人利益保护的宣誓，而侦查权如果能够出色地完成对被害人利益的保护，那么被害人的期待将会与实践绩效耦合，从而强化国家权力体系在公众日常生活场域中的观念存在，以被害人认同为主线的社会效果也就应运而生。

2. 侦查技术理性精神的展现

如果说以被害人为主线的社会效果体现的是一种公众的感性认识，那么在侦查权运行过程中技术路线的展现就包含了更多的理性因素，从而维持了公众对国家权力体系在技术方法上与时俱进的信心。如前文所述，侦查权在犯罪控制的历史脉络中总是伴随着技术方法的不断升级换代，而这种技术理性首先代表了国家治理的硬实力，"技术理性，是指围绕着技术实践所形成的一种把握世界的思维方式和行为准则，强调以科学和技术作为实现眼前利益的手段的实用性，追求操作过程的客观性、精确性和最大功效性"。① 侦查工作同样也是由程式、方法、规则等要素构成的复合社会工程。"当我们谈论（从设计者的观点）怎样看待制度时，我们看起来似乎是社会工程师，这种工程师在决定制度的形式时，采用的方式如同其他工程师在设计桥梁和船舶时或者建筑师在设计建筑物时所采用的方式一样，关注于选择达到某种既定目标的最佳手段。"② 绩效作为一种国家治理结果的外在表现形式，是具有可视和可感知特性的，犯罪控制作为国家治理绩效的组成部分自然与技术理性相联系，如果一个信息化时代的侦查组织仍然使用经验型的办案方式，那么公众不可避免地就会对其绩效能力产生极大的怀疑。而犯罪控制又是国家治理中系统性、专业性最强的领域之一，因此，侦查组织能否实现技术理性，关涉公众对国家权力体系运行专业性和有效性的评价。这是因为在科技革命的刺激下，技术理性已经深入到公众的日常生活中，"如果把现代文明的演进看作一个不断趋向合理化的过程，那么概括起来，抽象还原、定量计算、准确预测和有效控制便构成了它所依据的基本逻辑"。③ 科学技术在提高社会生产力的同时，也在塑造现代社会的

---

① 林学俊. 技术理性扩张的社会根源及其控制 [J]. 科学技术哲学研究, 2007（2）: 83.

② [美] 埃尔金, 索乌坦. 新宪政论 [M]. 周叶谦译. 北京: 生活·读书·新知三联书店, 1997, 17 – 18.

③ 张凤阳. 现代性的谱系 [M]. 南京大学出版社, 2004, 264.

形态，工具理性和功利主义成为人类对待世界的一种重要态度，而商业化浪潮和规则主义则更是将有效性推到了无以复加的地步，最大效率与技术可能性成为公众评价政府有效性的重要窗口。而事实上每一次科学技术的更新换代总是能在侦查技术、侦查方法上寻觅到踪影。从最初贝隆的人体测量法到指纹的同一认定再到测谎仪的心理识别，侦查权逐渐实现了在技术方法路线上对外部犯罪环境与犯罪行为的规则化处理。侦查方法技术上的进阶表明了国家治理能力的逐步提高，也迎合了警察是一种犯罪控制工具的社会心理，从而获得了国家权力体系绩效正当性的辩护。

（二）侦查权的政策昭示功能

法律与政策是国家治理的一对孪生工具，既有区别又互相交融。博登海默认为"公共政策不同于法定政策或法律政策，公共政策是指尚未被整合进法律之中的政府政策和惯例"。[①] 一些重大事项的立法背后往往夹杂着沉重的政策议题，从某种程度上说政策的产出过程和立法的过程如出一辙，政策本身就是法律的渊源，法律旨在为社会共同体成员树立一个可以普遍得到遵守的交往规范，而政策则在具体情境下成了一种特殊的法律推理依据。虽然在形式法治的意义上要对政策与法律进行严格区分，[②] 然而实质上，在法治层面上，法律的执行过程也是公共政策一种潜移默化的作用过程。[③] 侦查权需要在刑事诉讼法的框架内不触碰程序规则的红线，而在红线以内，也就是侦查权运行中裁量权的实践过程则蕴含着对政策的昭示。

1. 侦查过程的剧场化效应

自从默顿提出了社会角色的概念后，人类的诸多社会行为都可以进行剧场化的理解，剧场背景的布置、角色的分工与扮演、观众的位置与审美情趣都体现了一种社会价值的结构性存在。"具体说来，社会角色

---

① ［美］E. 博登海默. 法理学——法律哲学与法律方法［M］. 邓正来译. 北京：中国政法大学出版社，1999，413 – 415.

② 一般认为法律与政策在产生的渠道、适用的范围、表现形式与保证实施的力量等方面有所不同。法律是一种更为普遍与稳定的社会规范。

③ 政策对法律的适用具有补充作用，如法律具有滞后性，因而存在着僵化的可能，而政策则可以依据现实情形作出适当调整。同时，政策可以在法律的裁量空间内追求社会效果，从而实现多方的利益平衡。

包括四方面的含义：（1）角色是社会地位的外在表现；（2）角色是人们的一整套权利、义务的规范和行为模式；（3）角色是人们对于处在特定地位上的人们行为的期待；（4）角色是社会群体或社会组织的基础。"① 而在刑事诉讼活动中，社会角色被具体化为一个个诉讼角色，而刑事诉讼法律则提供了宏观的剧场背景。"法律，作为正义的化身，其结构、程序和语言以及按照程式所进行的活动等具有特殊的审美性。"② 法律的剧场化效应是与公众的认知结构相适应的，当传统的价值、观念上的灌输无法适应现代社会的公众认知发展时，一种内化的具有剧场化效应的法律执行过程就成了政策昭示，也即政治社会化的新方式。

侦查权的剧场化效应具有多重的符号意义：首先，侦查个体的身体实践突出地象征了以侦查权为代表的国家权力体系对社会正义的价值追求。侦查思维与严格意义上的司法审判不同，它是一种探索性思维，通过现有的犯罪现场或犯罪结果来回溯犯罪主体和犯罪动机等，因而这种探索也代表着侦查个体的不断试错过程。而每一次试错又是建立在既定历史阶段的资料、情报信息整合的基础之上的，因而侦查权的运行过程充分体现了侦查个体的能动性。于是在公众的视野中，侦查人员个体的细致调查、缜密思维、高强度劳作以及破案后的喜悦等丰富的身体实践给予了公众极大的认知空间，也在培育着公众积极的社会心理。侦查人员个体的能动性充分象征了以侦查权为代表的国家权力体系对社会正义的价值追求，"人体表现为一个场所或空间，不同社会阶层的文化实践刻写在上面……于是，身体就成为个体文化资本的一部分，在这个意义上来说，身体是权力的记号"。③ 侦查人员个体的身体实践成功地融合了政治合法性与公众的认知习惯，从而提供了一种政治社会化的可能途径。

其次，侦查仪式展现了以执法权威为代表的国家统治权威的注释意义。仪式具备一定的象征意义，作为早期宗教政权的重要合法性基础，

---

① 路瑾. 基于社会角色理论的医患关系研究 [D]. 兰州：西北师范大学，2013，14.

② 舒国滢. 从司法的广场化到司法的剧场化——一个符号学的视角 [J]. 政法论坛，1999（3）：14.

③ 汪民安，陈永国. 后身体：文化、权力与生命政治 [M]. 长春：吉林大学出版社，2003，27 – 28.

仪式是"人们在不运用技术程序,而求助于神秘物质或神秘力量的信仰场合时的规定性正式行为"。① 而在进入现代社会之后,仪式便分化成"神圣—世俗"两大领域,而在世俗领域,仪式已经成为一种社会行为,"仪式可以是特殊场合情景下庄严神圣的典礼,也可以是世俗功利性的礼仪、做法,亦或者可将其理解为被传统所规范的一套约定俗成的生存技术或国家意识形态所运用的一套权力技术"。② 仪式以其特有的规定性布置和标准的动作方式逐渐将意义指向了仪式倡导者的政治意图。在现代社会,仪式尤其是法律仪式已经成为政治社会化、塑造政治权威的一种在日常生活领域内可见的方式。

对于侦查权而言,执法人员的制式服装、警械装备的使用、侦查文书的制作是侦查仪式的基本要素。侦查人员的制式服装包括警察通用制服和刑事警察特有服装,前者体现了国家警察体系的统一性和执法的标准性,后者则体现了刑事警察的职业特点,两者相结合共同阐释了侦查执法在权威路径上的普遍性和特殊性。因而各国在侦查人员的制服设计上都颇为用心。侦查中的警械装备包括警察武力装备和技术设备,前者体现了侦查执法人员的武装性质和执法权益的不可侵犯性,而后者则展现了侦查组织进行犯罪控制的技术优势,两者的结合恰巧构成了侦查执法权威的象征。因而现代法治国家均对警械装备的使用设定了严格的程序,对警械装备的开发也在不断升级换代中。

能力扩展与权力限制共同扩展成为现代国家执法权威塑造的基本特点。侦查文书则是集中记录了侦查主体与被害人、犯罪嫌疑人以及社会公众交流沟通的信息。侦查过程中所有经历的法律程序都将在侦查程序中得到反映,"白纸黑字"更能体现法律的庄严、维护正式国家权力体系的权威。在法律程序中的对话也是侦查仪式的重要部分,对话类型可以分为侦查人员—证人、侦查人员—被害人、侦查人员—犯罪嫌疑人三种关系。在侦查人员的主导下,三种类型的对话关系均设置了一定的法律仪式,如美国在讯问程序开始时侦查人员总要先陈述米兰达警告,并

---

① [英] 维克多·特纳. 象征之林——恩登布人仪式散论 [M]. 赵玉燕,欧阳敏,徐洪峰译. 北京:商务印书馆,2006,19.

② [英] 维克多·特纳. 仪式过程——结构与反结构 [M]. 黄剑波,刘博赟译. 北京:中国人民大学出版社,2006,95.

且米兰达警告的陈述必须要能在讯问笔录中有所体现。侦查文书的记录也在一定程度上维系了侦查人员与公众的信任程度，而在询问环节，侦查人员与证人之间的沟通则更像是一种情感的共鸣，在侦查价值的引领下，侦查人员与证人之间形成了对犯罪问题的固定看法，从而引出证人对案件事实之全部作供。"刑事案件侦破中的询问环节，本质上是一种侦查人员与被询问者的'共赢'谈判。共识的确立是询问成功进行的前提，侦查人员'共识者'的扮演是促成共识确立的重要因素。"①

2. 通过侦查裁量权展现政策倾向

侦查权的运行虽然要受制于刑事诉讼的规则，但这并不表示侦查权就没有灵活运用的一面，"警察刑事自由裁量权的根据在于法律规范的局限性、解释方法的多样性以及事实本身的不确定性"。② 侦查裁量权虽然掌握在侦查人员的个体之中，但如果进行集中的指导和整合，那么侦查裁量权就会显示出一种集体的倾向，这种集体的倾向就构成了对某个特定政策的宣示。而这种集体倾向的方位与趋势又与一国警政模式息息相关。例如，在第二次警务革命中，专业警政模式的出现要求警察行为必须是法律所授权之行为，因而警察任务被限定在"法律执行"上，除非法律有明确的规定，否则警察不再承担其他任务。在专业警政模式下，侦查裁量权只能有犯罪控制之目的，且严格遵守警察程序法和警察职权法，通过大规模立法（包括判例法）减少侦查裁量权的使用频度和强度本身就成了专业警政模式所欲达到的目标。因而所有犯罪侦查均需平均用力，所有罪犯处遇都应当一视同仁，成为专业警政模式下侦查裁量权的运行策略。而这样的策略背后是对警察政治/行政分立的政策昭示，反映了执政者对建立法治国家、遏制权力腐败的政策取向。美国警学家塞缪尔·沃克曾经一针见血地指出专业警政模式转型的政治原因："19 世纪美国警察的服务质量差得不能再差了，警察完全是非专业化的，警务工作被腐化和低效率所控制，而问题的根源在于党派关系。党派关系影响到警察工作的各个方面：人员标准、执法工作重点、警政

---

① 薛琴. 侦查人员在询问中的"共识者"扮演——一种角色论的解读 [J]. 湖北警官学院学报，2014（11）：26 - 28.

② 李明. 论警察的刑事裁量权 [J]. 政治与法律，2009（8）：147 - 149.

改革，等等。"① 而当时间迈入以社区警务为代表的第三次警务革命时期，警察裁量权被视为一种"积极行政"政策下的产物。"现代行政是一种积极的行政，也是服务的行政，其功能已不再仅仅限于传统行政的秩序维持，它把目标更多地转向福利给付。"② 积极行政意味着政府角色从"必要的恶"转向了"必要的善"。为了适应多样化的行政任务，积极警务应运而生，"积极警务是相对于传统的警务理念、制度、体制和机制而言的一种新的警务模式……确立以人为本的理念，在工作环节上主动前移，工作方式上主动出击，对社会治安实行全时空、多方位的动态控制，注重违法犯罪的主动预防，注重警力与民力治安资源的动员整合，是一种积极为社会服务、以保障和促进民众利益为工作宗旨的警务模式"。③ 在积极警务模式的影响下，侦查权不再仅仅是一种刑事诉讼程序内的追诉性权力，在犯罪侦查的过程中，一方面，侦查效果不再仅仅取决于破案率等数据成果，"类似被害人、证人等侦查中其他主体会对侦查工作有一个心理上的认知过程。这种认知过程并不总是与侦查组织的侦查管理在认识工具、背景、方法程式上保持一致"。④ 这意味着侦查权不仅要达到犯罪控制的目标，还需要注意实现目的的手段与方法，要综合考虑侦查手段与方法的社会可接受性，在侦查过程中整合多样的社会关系，促成公众对以侦查权威为代表的国家权力的认可。另一方面，在进入风险社会后，犯罪形势的变化以及社会秩序维护的迫切性使得侦查资源的调配不可能平均用力，而如何调配侦查资源、如何确定优先的战略目标等事项需要侦查组织和侦查个体依据具体情境判断。这意味着侦查裁量权的使用将极其频繁，而裁量权的集中使用将显示出某种侦查管理者和侦查个体的倾向，这种倾向正是向社会公众宣示了中央/地方的某种政策。例如，美国"9·11"事件以后，联邦调查局对阿拉伯裔美国公民展开了一系列监听行动，而市、县等地方警察机关也将工作重点转移到了基础信息采集和涉恐嫌疑人的排查上。这种侦查对象

① ［美］塞缪尔·沃克. 美国警察 ［M］. 公共安全研究所译. 北京：群众出版社，1989，8.
② 刘晓. 现代积极行政的控权研究 ［D］. 北京：中国政法大学，2007，2.
③ 曹英. 积极警务：内涵、价值与限度 ［J］. 中国人民公安大学学报（社会科学版），2011（5）：2.
④ 陈刚，蒋勇. 论侦查效果：结构、范畴与规律 ［J］. 福建警察学院学报，2012（5）：21.

的选择和侦查重心的安排昭示了美国政府极度推崇国家安全利益的政策取向。而美国的执法策略也在"9·11"事件之后迈入了反恐警务时代。

（三）侦查中主体制度的确立：作为一种政治社会化的动力机制

无论是绩效感的传递还是政策的昭示功能，都是政治社会化的静态结构，而从动态结构来看，政治社会化的持续运行离不开一种可复制的动力机制。所谓政治社会化的动力机制，是指"推动公民政治社会化运行以及公民政治社会化机制要素协调运转的综合力。这种综合力是诸多相容、相异与相斥的合力、阻力与斥力充分作用和有机整合所形成的一种大于个体或群体动力之和的新的整体的动力与力量"。① 动力机制可以理解为一种政治社会化的物理"力场"，在这样的"力场"中，不同公民之间的性格、态度、情感得以交流，公民与国家权力网络、非政府组织之间进行着信息的交换和不同角度的归因。这种交流的结果就是诞生了集体行动，当集体行动具有足够强度且集体内各群体作用方向一致时，就极易凝聚社会共识，为社会变革奠定群众基础。政治社会化的动力机制弥散于社会各个领域，群体成分的异质程度越高，这种动力产生的"动能"就越强。而在刑事司法领域，侦查程序无疑是牵涉主体最多的"力场"，"现代法治侦查程序中所赋予的被害人、犯罪嫌疑人、证人以及其他参与主体的程序权利与诉讼利益则无疑使得这些主体不再是侦查的客体，在侦查过程中，他们也具备一种主体的能动性，并影响侦查法律关系的确立与变更以及侦查情势的变化发展。这就是杨宗辉教授所倡导的侦查中主体概念。"案件侦查的最终结果要由侦查主体来固定，但在侦查过程中作案人、证人、鉴定人对案件施加的影响同样不容忽视。树立不是'我'在侦查，而是'我'在侦查中的观念有助于侦查主体时刻以第三者的身份冷静地全方位地观察被侦案件的发展"。② 这种侦查中主体制度符合集体行动的逻辑，因而其构成了一种政治社会化的动力机制。

1. 公民意识的培养

社会转型的一个重要标志就是公民身份的确立以及公民意识的觉

---

① 娄淑华. 公民政治社会化机制研究 [D]. 长春：吉林大学，2008，68.

② 杨宗辉，王均平. 侦查学 [M]. 北京：群众出版社，2002，635.

醒。"公民意识是近代宪政的产物，当民众直接面对政府权力运作时，它是民众对于这一权力公共性质的认可及监督；当民众侧身面对公共领域时，它是对公共利益的自觉维护与积极参与。"① 公民意识的自我觉醒伴随着市民社会与政治国家的分离，这种分离不仅不会削弱国家的权威，反而法律的普遍性、权威性和稳定性会使得公共利益与个人利益的博弈被限制在一个可接受的范围内，"法治就成了对强制权力至关重要的限制，成了个人自由的条件"②。在法治的框架内，公民有序地参与公共事务，维护自己的权益。"人们通过公共社会交往中的相互沟通和理解以及不同观念和价值自由的碰撞与融合而形成了一个理性的文化批判领域（公共领域），这个文化批判领域通过对政治合法性进行理性的质疑与批判、建构与整合而为现代政治国家提供源源不断的合法性资源。"③ 公民意识的形成既是法治社会的必要储备要素，也是法治实践所欲达到的目标之一。正是在以市民社会为基础的法治国家的法律实践中，公民意识得到一次又一次的强化，并最终在理性的公共话语中形成了国家和民族的共识。

在刑事司法实践中，侦查中主体涉及的社会层面十分广泛。从社会分层的角度来看，侦查权将直接面对社会阶层冲突并作出适当反应。首先，犯罪是一种社会冲突的形式。社会转型的过程就是社会分化的过程，而原有体制还会在一段时间内持续发力，这导致了社会分化并不能与决策者的设想保持一致的步调，于是类似非法传销、集资诈骗等涉众型经济犯罪屡禁不绝，甚至引发群体性事件。而对于经济体制的失调所引发的犯罪，侦查组织必须给予及时的回应和介入。这种介入将使得侦查组织迈入一个公共事务的范畴，其任务不再仅仅局限于查明事情真相，更预示着侦查组织将以追究刑事责任的方式对社会阶层的利益进行直接的调整，从而维护特定的社会秩序。"社会秩序、经济利益、国家安全，虽然只是一种制度性利益，但是这些制度的正常运转，乃个人在社会中，使其人格、自由、利益的实现与展开所不可或缺之条件。因为

---

① 朱学勤. 书斋里的革命 [M]. 长春出版社，1999.

② [美] 戴维·赫尔德. 民主的模式 [M]. 燕继荣，等，译. 北京：中央编译出版社，1998，326.

③ 曲丽涛. 当代公民意识发育问题研究 [D]. 济南：山东大学，2011，79.

作为主体的个人并非一种抽象、原子式的个人，或是与社会制度隔绝的个人，而是需要与他人互动、沟通具有社会连带性的个人。因此，一个社会必须拥有某些社会的、经济的、政治的、文化的制度与秩序，以作为个人与他人互动、沟通以及实现个人利益的平台、界面。因而将社会各种秩序与制度正常运转的利益，提升为刑法所要保护的对象，本身有其正当性的基础。"① 社会秩序从来都是社会分层后的动态过程，侦查权要维护特定社会秩序，就必须要在既定社会分层的基础上，根据实体法与程序法进行利益的认定与调整。其次，侦查方法中也包含着社会分层的方法论。由于犯罪能力与社会阶层的"资源配置"、"等级划分"和"结构流动"有关，② 侦查方法中常见的高危人群侦查假设方法、犯罪热点分析技术等就与社会分层理论有密切关系。此外，在案件侦查过程中，围绕着线索的生成、查证与拓展，侦查主体会与不同的阶层公众进行互动，相应地，侦查主体采取的策略、技艺也是不同的。因此，侦查权的运行是深嵌在社会分层之中的。这种嵌入性会使得侦查程序直接面对社会阶层冲突，而出于查明事实的需要，社会各阶层都有可能卷入侦查程序中，社会阶层所代表的不同利益诉求也以或合作或对抗的形式展现在侦查程序中，而无论是合作还是对抗都是一次对公民意识的启发和强化。

（1）侦查中的合作。从政治沟通的角度来看，合作代表了一种平等主体间共识的达成，侦查中的合作既有可能是因为公众对国家权力的认同感而主动参与侦查程序，也有可能是因为利益的现实需求而进行博弈的结果。对于前者而言，证人、鉴定人、被害人的合作主要是尽可能提供侦查所需之信息，并按照侦查人员之指示进行相关动作。在与侦查组织的合作过程中，侦查中的主体获得了"书本中的法律"向"行动中的法律"转换的实践体验，从而内化了法律的生命在于经验而非逻辑的经典命题。在内化的过程中，法治所彰显的形式理性、程序正义以及明确的权利义务关系为公民个体所吸收，这种对法治的深切感悟将直

---

① 王皇玉. 刑罚与社会规训 [M]. 台北：元照出版公司，2009，181.
② 资源配置论认为社会分层是以阶层拥有的社会资源为标准；等级划分论认为社会阶层是一种主观的自我划分等级的过程；结构流动论认为社会阶层是具有人类学意义上的人口流动而形成的最终结果。不同的划分标准其实也是社会分层的不同侧面。

接推动公众认知的图式发生变化，这种深刻的体验"不断地卷入非常不同的观念系统当中，所以记忆已经失去了曾经拥有的形式和外表"。①这种建构式的认知过程，会自动将这种经验与当前的社会实践过程进行视域上的重合，"行为要受到行为体思考事件方式的影响，在这个双向的连续建构过程中，规则起着核心的作用"。②弥散于侦查实践中的多层次、多主体的重复合作会将合作本身作为一种规则而固化为公众的集体行动逻辑，并将过往的合作经验作为一种政治记忆加以保存，并在日后的各种国家与公民的互动中加以唤起和刻写。"政治权力只要通过操纵政治记忆的生产与再生产，就不仅能够重构社会，也能够重构每一个个体。"③证人、被害人与侦查组织的合作将提升公民的社会责任感，并形成"人人为我，我为人人"的道德风尚。而公民在侦查程序中的积极参与，也为其掌握必要的法律常识和法律技能提供了一种机会，这使得公民在其他的政治参与场合中，能够秉持更为理性的参与态度。而对于后者，侦查中的博弈仍然是一种有规则的妥协。无论是侦查主体还是侦查中的主体，博弈的策略都是以各方主体所拥有的权利/权力以及相对应的权能作为自己博弈的筹码的，一个良性、合作式的博弈会不断强化规则的策略运用，当侦查主体使用裁量权示利或示害时，侦查中的主体往往会依据自己在侦查程序中的权利和占有的关于涉案事实的信息资源来进行利益上的协商。例如，对证人实施保护、对犯罪嫌疑人从轻处罚等。然而侦查主体与侦查中的主体在利益上的对合不能越过权利和义务的边界，"当我们将侦查过程置于博弈论的视野中进行分析时，相关的法律规则也就成了博弈参与人所必须遵守的博弈规则之一"。④通过博弈所达到的纳什均衡就是各方在法律框架内实现权利/权力效能的最大化，而相对的各方也达成了义务履行程度的承诺。这种承诺的达成与规则的运用不断强化公民的权利意识、形式理性和规则意识。这不仅为社会转型提供了智力支持，而且还赢得了社会共识，避免了利益诉求多样化带来的社会秩序混乱，也为侦查程序的正当性输送了大量的合法

---

① ［法］莫里斯·哈布瓦赫. 论集体记忆［M］. 毕然，郭金华译. 上海人民出版社，2002，82.

② 范菊华. 对建构主义的解析［J］. 世界经济与政治，2003（4）：29.

③ 王海州. 合法性的争夺：政治记忆的多重刻写［M］. 南京：江苏人民出版社，2008，25.

④ 李双其. 论侦查博弈［J］. 中国人民公安大学学报（社会科学版），2012（3）：105.

性资源。

（2）侦查中的对抗。对抗意味着无法达成一定的共识，从而使双方的博弈趋向于一方压制另一方的局面，同合作式博弈不同，对抗式博弈由于在利益上的冲突无法调和，导致侦查组织必须要以制裁或者限制权利的方式对另一方实施最大限度的示害。由于在社会转型的过程中，法治首先是以法律制度即法制的面目出现，虽然社会转型中不缺乏规则，然而遵守规则的形式理性和法治精神尚未充分贯彻，这意味着随着社会分化，阶层之间的冲突容易超出司法解决的范畴，驶向私力救济或者"政治抗争"的道路，这在侦查程序中会有所反映。在实践中，证人可能因为利益牵连而拒绝作证，犯罪嫌疑人因为逃避刑罚或者反社会人格而拒绝侦讯，甚至意图毁灭和转移证据，被害人也可能因为物质和精神的损失而采取极端的方式进行求偿。当这些侦查中的主体在特定情境下有意识地不配合时，侦查中的对抗就无法避免。此时对抗表现为侦查组织依靠法定授权来反制侦查中主体消极履行义务、逃避法律责任的行为。这种反制仍然是在法律的框架内完成的，这意味着侦查中主体的对抗行为只有在触及相关法律责任时，作为侦查策略的侦查裁量权才有发挥的空间。此外，侦查主体的反制行为还要遵守程序正义的原则，这意味着侦查主体的反制行为如果进一步开展，就可能会遇到来自外部的司法审查和来自内部的证据规则约束，如英美法中的沉默权制度、禁止重复评价原则以及诉因制度等。侦查中的对抗并不是一种纯粹的权力对权利的挤压，相反，它是一种在规则指引下的，通过具体侦查行为对侦查中主体权利与义务的宣示，而当侦查中主体的权利得到充分行使时，侦查对抗所代表的理性较量才能得到更为彻底的展示。"法律理性可以分为三个层次：法律的理性、法律人的理性和法律教育的理性。法律的理性是法律自身的理性，主要表现为法律规则的理性，包括价值理性、形式理性和程序理性；法律人的理性主要指的是法律从业者在具体法律实践中展现出来的智慧和能力，包括实践理性、职业理性和人为理性；法律教育理性即法律教育的理性化，它担负着法律的理性和法律人的理性的培养和沿袭。"① 侦查程序中的对抗一方面是在既定法律规范之下的理性框架内进行的，另一方面侦查人员的具体对抗策略也是在侦查人

---

① 王茂庆. 法律理性与法律教育 [J]. 华东政法大学学报，2005（2）：23.

员的职业理性的指导下制定的，侦查人员的职业理性与实践理性共同构成了侦查对抗的正当程序与主观能动性。例如，沉默权虽然是西方国家普遍确立的程序法则，但是实践中警察却能一次一次地打破犯罪嫌疑人的缄默。作为一种法律规则，犯罪嫌疑人虽然享有缄默的权利，然而警察却也拥有搜证和侦讯的权力。在平等武装下，警察讯问策略的应用，正是一种法律理性的展现过程：犯罪嫌疑人具有一种程序法上的主体身份，而非侦查的客体。犯罪嫌疑人行使沉默权也意味着对其公民身份的认同。而侦讯人员成功地突破犯罪嫌疑人的口供也意味着作为公民身份的犯罪嫌疑人在侦查权所调查出的"法律真实"面前，需要承担相应的公民责任。这样的逻辑过程不仅是个案的表现，更是国家刑事司法系统重复运行的累积效果，侦查中的对抗更有利于向社会展示侦查主体与侦查中主体各自权力/权利、义务的边界。

2. 责任政府的塑造过程

市民社会与政治国家是社会转型的一对基本矛盾，公民意识的强化必然要求责任政府的承担，这是因为公民意识的背后是不断增长的权利意识和不断明确的义务边界，而道德和法律在政治实践的分离也将政府从主观的政治动机带向了客观的行政结果。"从实质意义上讲，一个政府只有其在能够保障社会利益、促进实现社会意志所提出的目的，即真正履行其责任时才是合乎理性的、道理的，才是合法的。正是从这个意义上讲，民主政府必然是责任的政府。"① 因而公民意识的强化与责任政府的塑造必然是同步的，只有公民意识得到充分发挥，公民才知道如何遵循规则来查看政府是否尽责。"责任政府是与民主制度、法治理念和公民自由相联系的，并作为政府与人民之间权责关系进行制度性安排的组织形式。"② 责任政府虽然来源于宪政理念中的有限政府，然而责任政府不仅仅限于法治的范畴，限制权力并不是最终目的，政府应当对公众和社会的要求进行积极回应，消极守法与积极行政是责任政府的一体两面。

责任政府的塑造也是一个公民参与权、监督权不断增长的过程，公民意识的强化也会助推责任政府在内涵、责任实现机制上的变化，而一

① 张成福. 责任政府论 [J]. 中国人民大学学报，2000（2）：75.
② 杨维荣. 责任政府及其实现途径 [D]. 南京：河海大学，2006，96.

个能够积极回应公民和社会需求的政府必然也能促进公民诉求的理性化和公民维权的规范性。从这个角度来说，责任政府与公民意识正是市民社会与政治国家关系的一种缩影。责任政府的塑造过程并不是一个"整体性印象"，它需要以政府职能部门的作为来评价其实现程度，这也是赢得社会效果的必要路径，而侦查权的运行则是展现责任政府的一个窗口。

首先，侦查程序作为一种法律程序，其严格的规定性暗示了侦查组织可能承担的法律责任。从刑事诉讼的构造来看，格里费斯按照利益调整的可能性及爱的理念将刑事诉讼构造分为家庭模式和斗争模式。"家庭模式像理想的家庭那样，是以利害调整的可能性和爱的理念为前提的：在家庭内部也会对孩子的行为进行惩罚，但这种惩罚不是对孩子的敌视，而是对孩子的爱护。"① 家庭模式强调国家利益与被告利益的一致性，因而对警察和检察官持过分信任的态度，主张将侦查组织的法律责任，无论是有利的还是不利的，都试图通过协商一致加以解决，从而减少对犯罪嫌疑人的敌意。家庭模式由于刻意淡化了刑事诉讼中的国家权力与公民权利的界限，因而无法塑造责任政府。而现代法治国家虽然也有类似辩诉交易等协商型司法特色，但犯罪嫌疑人依然可以拒绝认罪，并在法庭上遵循程序主张自己的利益，甚至追究侦查组织的法律责任。这本身就展现了责任政府的形成逻辑，现代法治国家大都规定了非法证据排除规则中侦控方的程序制裁要件，并且设置了司法审查制度，通过诉讼程序来解决证据能力的有无，而非法证据的认定正是基于侦查组织是否遵循了既定的程序规则与判例传统。与此同时，鉴于侦查组织属于警政机关的组成部分，为了更好地适应灵活的警政任务，现代法治国家都建立了统一的警察法体系，将所有的警察职权行为与可能的法律责任进行了嫁接。同时，在出现冤假错案时，侦查组织还需要承担可能的国家赔偿责任，侦查个体还需要受到一定的纪律惩戒与法律追究。这意味着无论是基于行政系统还是基于司法系统运行的侦查权都有着一种法律责任上的担当。因而这种倾向于"斗争模式"的侦查中主体制度恰恰是一种责任政府的塑造过程。

其次，侦查权还需在绩效责任和伦理责任方面有所作为，因而侦查

---

① 梁欣. 刑事诉讼模式的再评价 [J]. 国家检察官学院学报，2005（6）：25.

中主体的参与绝不仅仅限于法律层面。一个消极遵守侦查程序的侦查权并不能诠释侦查权作为一种国家权力应有的担当。虽然在西方的法治史上警察长期被认为是一种守夜人的角色，甚至是一种必要的恶，但随着进入现代社会，尤其是在风险社会被日趋认同的情形下，守夜人的角色并不能完全回应公众对安全感的新期待。因而仅仅立足于守法目标的警察不能够再被视为一种负责任的警察。于是在进入 20 世纪 80 年代后，以英国首相撒切尔夫人为代表的新公共管理学派实践者开始逐步增强对包括警察在内的政府绩效的关注。除此之外，侦查中主体的参与不仅关涉证据规则这种硬性条款，还涉及侦查主体能在多大程度上维护侦查中主体利益的主观评价，如侦查人员对待证人的态度是否表现出了尊重；侦查人员是否积极地为被害人的求偿权利进行了基础性工作；侦查人员是否采用了有违伦理的侦查措施或方法等。这些法律所要求的职业伦理并不必然与证据规则挂钩，却也是侦查中主体参与侦查权运行的重要意义所在，只有侦查中主体参与了侦查权的运行，才能够切实感受到侦查主体的道德水准，进而实现"侦查行为的制定者以及执行者所体现和达到的善的状态以及由此产生的教化和感召效果",① 而这也是侦查权展现社会效果的重要路径，是政治社会化的重要动力源泉。侦查中主体的参与主要是以警察问责制度和警察审计制度为渠道的，侦查中主体在侦查权运行中不仅只产生诉讼法律关系，还会产生行政管理关系，虽然证据规则本身具备监督侦查权的作用，然而证据规则维护的是司法的廉洁性以及遏制重大侦查违法行为，其并没有直接维护侦查中主体的利益，对于侦查主体的绩效责任和伦理责任而言，基于管理学的伦理向度上的参与更能让社会参与责任政府的塑造过程。

例如，英国在 1976 年《警察法》中设立了警察投诉组，但其运行效果却不尽如人意。在撒切尔夫人的新公共管理运动以及斯卡曼的警察改革报告的推动下，1984 年《警察与刑事证据法》在警察投诉组的基础上设立了更为独立的警察投诉局，并将警察投诉程序设置为准司法程序，遵循一定的证明标准。而在 2004 年，英格兰和威尔士专门成立了独立的警察投诉委员会，"证人和受害人都可以投诉，所有投诉都先由警察记录在案，如果警察拒绝记录投诉，当事人可以就此向独立警察投

---

① 杨正鸣. 论侦查行为的伦理效益 [J]. 中国人民公安大学学报 (社会科学版)，2006 (5).

诉委员会投诉。此外，还有一个独立于独立警察投诉委员会的'通道'性质的机关，它也可以受理投诉案件，在警察与投诉者之间进行调解"。① 伴随问责制度的还有逐渐严苛的审计制度，审计制度旨在明确警察在犯罪控制方面的投入和产出比，进而提出改进措施。在审计程序中，审计机关将作为一种"全新"的侦查中主体，其参与侦查工作的目的不在于实现自身权益，而在于审核侦查效益的有无。例如，澳大利亚警方的绩效标准包括"发案率、破案率、响应速度、投诉率、公众安全感、交通事故率、青少年犯罪率等几十项量化标准"，"首都堪培拉警方的绩效审计标准中除包含人员经费、业务经费和资产管理等传统指标外，在警车的数量、油料、水电、纸张的管理以及警队中女警察数量、少数民族警察数量和警员离职率等方面都有明确的量化指标"。② 在问责程序和审计程序中，多重社会主体都会介入，无论最终得出怎样的结论，问责和审计结果都会向社会公布，对于侦查权及其侦查组织而言，都是一个责任认识和负担的过程，而这也是社会效果的一个侧面。

四、侦查权实现政治社会化功能的中国实践

(一) 多重面孔的专项行动：政治教化与政策昭示

专项行动，又称为破案战役，主要是指"公安机关为解决某类或者某个社会治安问题，在一定时间、一定区域内集中开展的专项斗争或专项整治行动"。③ 专项行动属于运动式执法在警务领域内的表现，一般认为专项行动是在"严打"之后，公安机关为应付全局性治安问题而提出的替代性措施，因而在逻辑上，专项行动是与犯罪控制的目的相联系的。然而专项行动的功能并不仅仅止于犯罪控制，在中国特色的政治社会化实践中，专项行动还具备政治教化和政策昭示的功能。

首先，专项行动暗含了决策者对犯罪类型及其风险的观念评价。专项行动的发起总是有着明确的目标指向，虽然专项行动总是能够起到一

① ［英］丹尼尔·德纳里. 英国的警察投诉机制［J］. 李温译. 北京人民警察学院学报，2005（4）：66.
② 公安警务绩效审计考察团. 澳大利亚警方绩效审计工作考察［J］. 公安研究，2013（1）：74.
③ 李卫华. 公安专项行动管理无序的特点及对策［J］. 铁道警官高等专科学校学报，2008（6）：58.

定的犯罪控制作用，然而目标选择本身就蕴含了决策者对社会风险的主观评价。社会转型期社会阶层的分化以及以计划经济为基础的社会控制结构的松动造成犯罪现象弥散于社会各领域之中，犯罪与社会风险的结合使犯罪本身具有了社会变动的文化和社会心理特征。对于特定目标和问题采取专项行动，足以表明这种类型的犯罪背后所蕴藏的文化和社会心理异动已经进入了决策者的视野，而文化和心理图式是政治社会化的着手点，也是政治合法性的主要传播路径。因此，专项行动所针对的犯罪类型，其背后往往也具备强烈的亚文化色彩。例如，公安部每年都会开展"扫黄打非"专项行动，北京市公安局亦在 2011 年和 2014 年轰轰烈烈地开展了打击卖淫嫖娼的专项行动。对于此类犯罪而言，虽然其并没有产生多大的人身危险性以及对秩序的紊乱副作用，但其代表的消费主义意识形态①正在逐渐渗透到主流社会文化中，并形成了一切都可消费的泛化倾向，"到了消费社会以后，一切都可以按照交换原则进行消费，一切都可以购买，一切都可以出卖，所有的物品、服务、身体、性、文化和知识等都是可以被生产和交换的"。② 这种消费的泛化观念不仅与中国传统道德相悖，更与执政者所倡导的社会主义核心价值观存在着严重的冲突，甚至会带来社会价值观的断裂与冲突。因而在实践中这些犯罪会受到公安机关的"特殊照顾"，而这些"特殊照顾"自然也在公共领域内昭示了决策者的观念评价。"个体正是在这样的日常情境中将一种隐蔽的政治秩序内化为自身实践的法则，而这一秩序也正是日常行动者集体实践的产物。"③

其次，专项行动本身的仪式性也体现了一种政治教化。如上文所述，仪式集中体现了一种政治审美观，并在仪式过程中对受众进行了潜移默化的观念熏陶。因而仪式本身也属于权力技术的范畴。从过程来看，专项行动本身所采用的暴风骤雨式的打击方式在工作强度、工作指向和工作韧性上都远远超过了普通的个案侦查，因而侦查个体表现出了极强的职业精神和政治热情，如每次专项行动前，相关领导都会举行

---

① 卖淫嫖娼与性解放观念有关，持合法化论者更认为性交易本质上是性权利的让渡，是妇女性自主的表现。

② 杨柳. 卖淫嫖娼现象在消费社会的新呈现及其治理 [J]. 华东理工大学学报（社会科学版），2013（1）：24.

③ 郑震. 论日常生活 [J]. 社会学研究，2013（1）：76.

"动员大会"或"誓师大会"。从结果来看，专项行动的效率和效度都会超出常态执法的结果。效率和效度的提升意味着专项行动所代表的实质正义得到了充分宣扬，而专项行动的发起者——国家权力的合法性也站在道德的制高点上，成为无法反驳的正确价值。这意味着无论是哪种犯罪类型，都无法挑战国家权力系统所倡导的社会秩序——尽管在专项行动之前，某些犯罪比较猖獗。这种颇具仪式性的侦查活动，带来的不仅是犯罪控制的短期成效，更蕴含了对社会公众的教化。

（二）涉警信访与评议

信访是中国特有的一种政治表达形式，主要指公民、法人或者其他组织采用书信、电子邮件、传真、电话、走访等形式，向各级人民政府、县级以上人民政府工作部门反映情况，提出建议、意见或者投诉请求，依法由有关行政机关处理的活动。信访制度的设计初衷有三：其一是为了有效动员社会公众参与国家治理，并避免科层制所带来的信息自下而上的流通不畅。虽然社会转型期不再将社会动员作为主要的治理方式，但是关于社会信息的沟通与传递仍然是国家治理必需的环节。科层制政府体制可能产生的信息传播失真和噪音问题成为社会信息沟通与传递的重大障碍，而信访制度则可以鼓励社会公众绕过繁杂的科层体制，直接向治理者传递某种具有参考价值的信息。其二是信访制度还是公民在穷尽司法救济之后的一种申诉和救济渠道。在我国，现行司法体制并不能完全公平、公正、解决社会纠纷的现实情形下，信访制度开辟了一个独立的纠纷解决渠道。相对于法院司法程序，信访制度更直接地将个体命运与权力决断相联系，从而更直观地展现出国家权力的民本价值。在受理纠纷的同时，信访制度也能够促使上级机关查看并监督下级机关的权力活动，从而"成为监督地方官僚、打破权力地方化的重要制度。没有人民群众的积极参与，不可能有效地克服官僚主义；人民来信来访是克服官僚主义必不可少的武器"。①

对于侦查权而言，信访制度是悬在侦查主体头上的另一把利剑。一方面，查明事实是侦查权的基本任务，任何可能的错案或者冤案都会引发侦查中主体的信访，这类信访也在一定程度上畅通了公民同国家权力网络沟通和互动的渠道，当司法程序遇到阻碍时，公民仍然可以在国家

---

① 习杰成. 人民信访史略 [M]. 北京经济学院出版社，1996，48.

权力网络的引导下寻找另一种达成实质正义的方式，这对于加强政治国家与市民社会的亲和性是大有裨益的，也是涉警信访所能达成的一种社会效果。另一方面，信访还赋予了社会公众监督侦查过程的意义。不仅侦查结果会引起信访，甚至在案件的侦查过程中，都有可能产生信访，在社会转型的过程中，"整个社会秩序形态则呈现出一种极为复杂的法治秩序与礼治秩序、德治秩序与人治秩序以及宗法秩序等组合而成的多元混合秩序"。① 侦查办案的过程也是一个侦查权力秩序的显现过程，在礼法之治仍有作用空间的情形下，任何侦查程序中不符合传统道德标准的行为都可能被提起信访，如侦查人员的执法态度不好、办理案件速度拖沓等。因而信访的过程也是一个法治、道德与礼法互相缠绕的过程，而信访的结果则无疑昭示了一种可能的价值取向，因而具有极强的社会效果。2005 年公安机关的"开门大接访"活动则将信访功能推到了无以复加的地步，按照公安部的部署动员，全国公安机关自 5 月 18 日起开展了历时 4 个多月的公安局长"大接访"活动，集中解决一大批公安信访问题，切实维护了人民群众的合法权益。而在"大接访"畅通申诉渠道的刺激下，一些长期未能侦破的案件也在信访的压力下，获得了侦破的契机。"在'大接访'中，全国公安机关根据群众信访反映的线索，共侦破各类刑事犯罪案件 1.7 万起，抓获各类违法犯罪嫌疑人 2.4 万名，解救受害人 500 多名，为群众挽回经济损失 1.26 亿元，有力地维护了人民群众的合法权益。"② 除了满足群众对破案的结果性需求，"大接访"活动还回溯性地解决了以往侦查过程中所形成的各种争议与纠纷，从这个角度来说，"大接访"活动也是一种专项的治理侦查矛盾的过程，是对累积多年的侦查权失范问题所带来的对个体权利损害的一次集中性弥补。因而"大接访"采取"首长挂帅"的方式，充分动员社会公众参与，在"一对一"的解决过程中，其具备身体亲历性特征，并融合了警民关系，从而促成社会公众对侦查权乃至整体国家

---

① 刘作翔. 转型时期的中国社会秩序结构及其模式选择［J］. 法学评论，1998（5）：2.
② 宫岩. 公安局长"大接访"［J］. 人权，2006（2）：19.

权力的认同。①

(三) 民意导向警务的兴起

正如上文所述，警务模式是侦查权发挥功能的载体，由于涉警信访与评议并不是一种常态化的展现效果的方式，从警务模式着手便成为新近的改革思路，而民意导向警务则是以追求社会效果为逻辑起点的一种警务模式，"民意导向警务模式的主体是各地公安机关，对象是社会大众对治安秩序的需求以及与自身利益相关的争议性问题的共同意见。其目的是尊重民意、倾听民意、维护民意，把实现好、维护好人民群众最现实、最关心、最直接的利益作为警务工作的目标"。② 这种将民意作为警务发展方向的逻辑起点，直接目的是缓和警民关系，融合民意民智。而更深层次的目的则是试图将警务活动过程中政治社会化的潜在效果发挥到极致。"我国公安机关人民警察通过对打击犯罪、执法、服务、维稳等职能的履行，对当前我国政治社会化作出了杰出的贡献。在这一重要的政治现象和政治事实中，公安机关绝非简单的旁观者、保卫者，而是置身其间并发挥了自身独特的功效。"③ 民意导向警务最先由湖州市公安局以"警务广场"战略发起，而俞可平教授对此评价为"警务广场把治安管理放在社会管理广阔的领域中，广泛动员公众参与、创造性地体现了党委领导、政府负责、社会协同、公众参与的社会管理创新总原则"。④

对于侦查权而言，民意导向警务并不是一个全新的命题，早在信访开展时期，侦查组织在破案的速度和执法公正方面就已经成为涉警信访

---

① 2001 年 11 月 15 日，黑龙江省牡丹江市公安机关在抓捕一名网上通缉逃犯时，从其身上搜出人民币 2700 元。因当时办案经费不够，加上车辆出了事故，办案民警便把这笔钱暂时用掉了。在"大接访"中，犯罪嫌疑人家属到当地公安机关上访，公安机关认真接待了当事人，向当事人讲清了事情真相，并当场退还了 2700 元钱。当事人激动地说："我真没想到，你公安机关还承认这件事，虽然我儿子受到了法律的制裁，但我对你们办案民警无怨无恨。"新闻资料参见：中国网. 公安局长"开门大接访"：新时期公安工作一大创举 [EB/OL]. http://www.china.com.cn/chinese/law/963271.htm. 2014 – 09 – 30. 此外，还有类似信访的公开评议活动，如 2009 年"公安民警大走访"，2011 年"大走访开门评警活动"等。

② 陈晓蕾. 民意导向警务刍议 [J]. 上海公安高等专科学校学报，2011 (5)：32.

③ 刘彬. 政治社会化视角下的公安机关履职创新——对民意导向警务模式的思考 [J]. 公安学刊，2012 (2)：50.

④ 俞可平. 造福于民是警务工作的根本——兼谈警务工作与社会管理创新 [J]. 公安学刊，2011 (4)：16.

比较集中的领域，然而也不能认为民意导向警务是信访功能的升级版。信访是一种以问题为导向的后发的、被动的对民意的回应，而民意导向警务则更加强调群众在刑事警务中的参与性，形成一种"侦查共同体"。湖州市公安局在刑侦工作中贯彻民意导向警务理念时就认为："刑事侦查作为公安警务工作的一个重要组成部分，必须不断提高社会合作能力，拓展社会合作领域，并且努力把这种合作关系转化为侦查工作的运行模式。这是警务广场战略背景下的必然选择，也是公安机关贯彻新时期群众观点、群众路线的题中要义。"① 民意导向理念在侦查权的运用上已经远远超出了侦查结果实质正义的范畴，民意导向理念还倡导实现侦查方法系统中的互助路线，社会公众通过积极参与侦查程序，为侦查主体提供侦查线索，而侦查权引导社会公众有序地参与公共事务，并在一定程度上形成自我管理，这也是公民社会成熟发展的一种标志。而从政治社会化的角度来看，在侦查权中贯彻民意导向警务就是一个"问警于民：民意主导警务的宏观体现——刑侦体制机制的顶层设计；问需于民：微观层面把握群众对安全感的需求——高发类案件的重点打击；问计于民：从群众中找线索、找证据、找思路——个案的侦查"② 的多层次展现社会效果的侦查模式。而这三个层次又淋漓尽致地展现了责任政府所应当具备的法律责任、绩效责任和伦理责任。因而民意导向警务模式本身就是一种典型、暗示型的政治社会化方式。不过目前民意导向警务仅在江浙地区有了初步的探索，尚未在全国推行，而从属于警政系统的侦查工作如何在民意导向警务与技术路线的信息化侦查之间取得平衡，也尚未得到充分论证。

五、中国侦查权实现政治社会化功能的特点

执法的社会效果这一命题是在社会转型进入体制攻坚阶段提出的，这一时期社会管理创新被提到国家治理的层面，社会管理，是指"政府及社会组织对各类社会公共事务所实施的管理活动，管理的主体不仅包括政府，也包括具有一定公共管理职能的社会组织；管理的方式不仅

---

① 李泽福. 论"警务广场"战略下侦查共同体建设 [J]. 公安学刊, 2012 (2): 58 – 61.

② 陈涛, 蒋南飞. "民意主导"理念在刑侦工作中的运用 [J]. 犯罪研究, 2013 (4): 15 – 16.

包括传统的行政管理手段，也包括行政给付、行政合同、行政指导等新型管理方式"。① 社会管理的创新也意味着政治社会化的创新，传统被动的政治意识灌输已经不能跟上当前社会管理创新的实践发展，而依靠国家政权系统的复合型政治社会化正在成为一种新的潮流，侦查权的政治社会化功能只是其中的缩影，但也具备自己的特点。

（一）依附于组织网络中实现政治社会化

在国家政权系统中，行政机关的政治社会化最易达成社会效果的内涵与目标，这是因为司法权本身有着权力制约与公共政策确立之功能，因而司法权往往是以程序正义之践行来追求实质正义的，造成的结果就是法院的判决并不一定能够合政治社会化之目的。例如，20 世纪 80 年代"严打"时期，法院往往以广场式的公审公判来传递"以暴制暴"的政治审美，从而确立国家权威的不可违背性。而在逐渐迈入法治社会之后，基于人权和犯罪控制哲学的变化，法院逐渐取消了这种具有革命浪漫主义情怀的广场式司法，而采用了更为内敛和严肃的剧场化司法。当司法在国家权力网络中不再主要承担政治社会化任务时，更具能动性的侦查权无疑继承了这一"重任"。在法治社会中，侦查权自然也不能肆意展现"暴力之美"，融入更宏大组织网络从而在话语权、社会道德上抢占制高点无疑是一种现实的策略选择。因而侦查权在政治社会化的过程中，采用了多种方式与各级组织主体进行了互动。其一是文宣部门，媒体的时代也是公众知情权极大解放的时代，侦查程序中采取有限度的侦查公开，特别是向体制内媒体的信息"定向放送"，可以在话语权上形成压倒性优势，从而验证本次侦查行动的合理与合法之处。而侦查终结后，对侦查成果的宣传，又可以形成侦查组织集体理性的一次展示，从而增强公众对侦查权的认同感。其二是基层群众自治组织。基层群众自治组织本身就是市民社会自我管理的一种组织形态，社会治安问题作为一种社会公共事务，不同的社区对其的反应自然不同，因而借助基层群众自治组织，侦查权可以更好地收集犯罪控制和执法过程中的民意，而基层群众自治组织与警政机关的天然亲和力，自然也会将犯罪打击中的障碍与难点向所在社区的居民传达，从而引导社区居民对犯罪现象有一个理性的认识，促使公众对侦查组织达成治理绩效上的共识。例

① 应松年. 社会管理创新引论 [J]. 法学论坛，2010（6）：6.

如，最先试水民意导向警务的湖州市公安局就以社区居委会为依托，开拓民意传达和反馈的渠道。基层群众组织作为沟通中介的政治社会化可以避免僵硬的政治意识灌输，从而在尽量满足公众参与感的情形下，获得公众对国家权力的好评。

（二）问题解决途径向日常执法途径转变

如上文所述，涉警信访和侦查专项行动均是以一种问题解决为导向的侦查实践，其初衷并不是为了直接进行政治社会化，而是为了消除侦查活动中某些容易引发社会问题的因素，政治社会化只是侦查活动中为了解决问题而衍生的一种功能。而在社会管理日趋复杂的当代，民意的不可忽视性决定了这种衍生、附加的政治社会化手段不能维持较高水平的公众信任度，为了更有效地输入政治合法性资源，需要一种制度化的方式可持续地形成对民意的反馈，因而常态化的警务模式是一种比较可行的办法。在刑事警务贯彻民意导向的理念下，真正落实侦查中主体制度往往会比治安警务更容易获得公众信赖，这是因为治安警务本身的目的是让社会整体处于有秩序、安全的状态，而非以个体利益作为出发点，而刑事警务则包含着现实的直接的被害人、证人的个体利益，在刑事警务中贯彻民意导向警务可以让社会公众以个体的形式更多地影响侦查目标的选择，可以使侦查办案的方式、方法更具人本价值，这使得群众路线能够很好地解释刑事警务的实践过程。再加上信息化侦查和合成警务所带来的稳定的犯罪控制绩效以及法治规则下的侦查中主体制度，这种可持续的亲历感和对应的反馈效果分别论证了侦查权作为一种国家暴力在民意、规则和绩效上的合法性，更有利于社会公众对以侦查权为代表的国家权力的认同，而这是问题解决途径的政治社会化效果所不具备的优点。

第七章　社会转型与侦查权的功能障碍

　　社会转型是一个过渡的社会状态，其目标是转向一种常态社会。"常态社会表征为制度规范、社会理性、政局稳定，常态社会的国家治理要求维护型公共政策及常规性的、程序化的公共管理。"① 因而我国改革开放前后的侦查专政功能、社会秩序的整饬功能只是一种历史的过渡性功能。而侦查权的犯罪控制功能、诉讼保障功能以及政治社会化功能则是当下侦查权改革的现实依据，也就是说，在未来常态社会的设计中，上述三种功能都有具体的侦查政策、刑事政策甚至公共政策作为文本背景。这表明这三种侦查功能是决策者所乐于见到的，也体现着侦查权功能的一种设计理念。因而本章所研究的侦查权的功能障碍，是指侦查权在犯罪控制、诉讼保障和政治社会化功能上所遇到的障碍。

　　功能障碍，是指"特定形式的行为、观念或组织所产生的一系列特定的结果，它阻碍了特定社会系统中的特定的功能需要的实现"。② 中国处在一个社会转型的特定社会系统中，虽然设计者寄希望于侦查权能够充分发挥犯罪控制、诉讼保障以及政治社会化功能，但是社会实践又是一个主观见之于客观的过程，康德将人类的理性分为两种，一种是理论理性，一种是实践理性，分别对应着人类的认识功能和意志功能。对侦查权功能的设计体现着人类的理论理性，而侦查权在具体社会形势下的实际运作则反映了侦查主体乃至社会系统的实践理性。功能障碍正

---

　　① 陈潭. 社会转型与公共政策创新——以人事档案制度为例的分析 [J]. 湖南师范大学社会科学学报，2004（5）：48.
　　② [美] 罗伯特·金·默顿. 社会研究与社会政策 [M]. 林聚任，等，译. 北京：生活·读书·新知三联书店，2001，98.

是对侦查权的实际功能与设计功能之间反差在体制、机制上的反思。①

一、犯罪风险控制中的风险：侦查政策偏颇与协同障碍

（一）侦查政策偏颇：侦查系统内的风险

当侦查权迈入侦查科学化时代，主动型侦查被逐渐提倡时，侦查权的运行已经在各种侦查政策的影响之下逐渐走向精确打击、先发制人。然而侦查权的能动性并不等同于侦查权的高效能，侦查权的效能发挥离不开侦查政策的指导。"侦查政策是侦查系统权威性的输出，是为了指导侦查权的运行而对侦查价值作有权威的分配。"② 在这样的权威性输出过程中，以犯罪规律为基本研究对象的犯罪学无疑成为犯罪控制各主体达成共识的知识来源。严励教授在《犯罪学何以贫困化》一文中认为"犯罪学基础理论薄弱以及犯罪学理论研究与现实相隔离"③ 造成犯罪学失去了显性地位，正走向贫困化。也许严励教授的观点过于苛刻，但是犯罪学理论研究与现实相隔离、犯罪学研究成果与侦查管理层的隔阂确实对侦查政策的制定过程产生了一些消极影响。这些后果体现在侦查政策的议程设置、政策工具的选择空间以及侦查政策的效果评价上。

1. 对犯罪规律的认识不足导致侦查政策④议程设置的盲目

犯罪控制是一项系统工程，且早已不是一种经验性工作，作为犯罪控制子系统的侦查机关在制定侦查政策时更应该以犯罪控制中的犯罪规律为依据，然而现实中对犯罪规律的认识不足首先体现在了侦查政策议程设置的盲目上。

从政策的制定过程来看，议程设置是政策制定的首要阶段，在这个阶段要明确"哪些事情能被提上议事日程"，而侦查政策制定过程中的议程设置则决定了哪些犯罪问题需要纳入侦查权的视野。按照王绍光教

---

① 当然，个体战术样式的行动也会对侦查权功能的实现产生一定影响，但是只有对具有规律性的体制、机制上的问题进行探讨，才能更好地理解侦查权的实践理性，因此，对于个体行动等具有偶发性的因素不再考虑。

② 蒋勇，徐猛. 社会转型期侦查政策的本体性研究 [J]. 中国人民公安大学学报（社会科学版），2014（5）：54.

③ 严励. 犯罪学何以贫困化 [J]. 河南警察学院学报，2012（5）：44.

④ 侦查政策从广义上可以分为专业指导类和组织管理类；从狭义上仅指专业指导类。本章在犯罪控制下讨论，因而采用狭义说。

授的理解，政策的议程设置可以分为"关门模式、内参模式、上书模式、动员模式、借力模式、外压模式"。① 从犯罪控制的角度来看，侦查政策的制定会出现"关门模式"、"内参模式"、"动员模式"和"外压模式"。关门模式，是指议程的提出者与决策者自身同一，议程的设置不需要决策者以外的人参与。由于侦查的"秘密性"，关门模式通常为侦查政策议程设置的主要方式。在"关门模式"中，对犯罪问题的界定与议程排序完全取决于决策者自身对犯罪规律的认识，而决策者的知识结构显然不同于专业的犯罪学知识研究者，再加上决策者还要处理大量的行政事务，因此，决策者不具备专业的犯罪学研究范式，当然也缺乏特定的方法论训练，这使得具备专业化色彩的政策议程问题变成了一种决策者主观内省的过程。"内参模式"，是指议程由决策者的智囊团通过向决策者提出专业化建设，最终确定议程。同"关门模式"相比，"内参模式"实际上更加注重议程问题的专业性，注重专家学者的参与，从而保证议程设置本身的客观最优。然而正如严励教授所指出的，"犯罪学研究者与实务部门缺乏有效的合作机制，不能取得第一手资料，因而其研究成果很难进入决策层，以指导实践"。② 从学术研究的角度看，犯罪学的知识更注重创造而非传播，而侦查决策者对知识的获取却并不是从学术杂志处获得，当决策者觉得某项问题超出了他们的知识范围时，咨询相关专家，甚至查看网络上的相关信息便成为他们的第一选择。知识传播的混乱和非效率使得犯罪学知识的生产者和使用者形成不了知识共同体，这导致了决策者与专家互相不信任，而在犯罪问题的界定和排序上自然也无法达成一致，最终又回归到"关门模式"。"动员模式"旨在强调议程设置需要得到大众的支持，因而决策者将议程事项先于设置决定而公布于外。侦查政策最典型的"动员模式"莫过于"严打"，通过充分发动群众认识犯罪所带来的危害，提高群众对犯罪的忌惮程度，从而最终使"严打"获得群众的支持。对于侦查政策来说，"动员模式"是把双刃剑，它既能使接下来的政策执行获得更多的资源支持，也会因为过于狂热而引起对法律秩序的冲击。并且"动员模式"中议程的设置并不是根据议程本身的科学性，而是议程究

---

① 王绍光. 中国公共政策议程设置的模式 [J]. 中国社会科学，2006（4）：88.
② 严励. 犯罪学何以贫困化 [J]. 河南警察学院学报，2012（5）：44.

竟能汲取到多大的资源，也就是说它是从政策执行便利的角度来设置议程的，未必能反映犯罪规律。"外压模式"旨在关注先于议程启动的舆论氛围。与"动员模式"自上而下的议程号召相反，"外压模式"是一种自下而上的压力推动。侦查政策的出台也必须要考虑到公众安全感的需求，而科学的犯罪控制必然也会产生令公众满意的安全感。因此，"外压模式"下的侦查政策议程具有一定的正当性，但是问题也随之产生，压力的产生需要经过一段时间的酝酿，并且社会转型期对于不同的犯罪威胁，不同群体的接受度、反应程度也不同，因而在呈交决策者之前，压力的制造者之间也会存在某种程度的竞争，这也是犯罪控制利益之间的博弈。只是这种竞争的结果反映了安全利益诉求的不同，并非是对犯罪规律的科学认识。而决策者也只能被动地按照压力大小定义犯罪问题及其解决顺序。①

2. 对运动式执法的路径依赖制约了政策工具的选择空间

政策工具，是指用何种手段实现既定的政策目标。政策工具是政策议程确定后的下一阶段，也是政策执行中凭借的手段。上文已述，社会治安综合治理是实现犯罪控制的总体方略，虽然主动性侦查需要侦查权发挥一定的能动性，但是侦查权的运行应当配合社会治安综合整理的整体策略。在我国法律体系逐渐健全，国家权力网络日益完善，整体迈入常态社会②的背景下，对于侦查政策工具的选择更应当高屋建瓴，具备前瞻思维。源自"严打"时期的运动式执法应当逐渐远离常态社会，而现实是侦查权仍然以专项行动或者破案战役的面貌保留了运动式执法的特征。虽然学者对此给出了诸多解释，如唐贤兴认为政府之所以选择运动式执法这种政策工具，是受到"决策议程、资源短缺和政府间合

---

① 如广东广州地区 2004—2005 年"两抢"犯罪十分猖獗，甚至出现了所谓的"砍手党"，广州市人大代表陈彦文在 2005 年市"两会"时叹道："我一个客户的妻子到广州来，竟然声称是'冒着生命危险来广州'……我们都希望广州好，但是广州的形象已经受到很大影响了。"这样的压力迫使广州公安机关开展了"剑兰行动"。新闻资料来自 http://news.sohu.com/20050825/n226783111.html, 2014 – 07 – 30.

② 常态社会，是指社会变迁按照一定的既有规则进行的社会，即便是社会的变革和转型，也是长期变化积累的结果。参见：李培林. 努力回答社会发展中提出的新问题 [N]. 人民日报，2003 – 06 – 11 (8).

作状态三个因素制约的，因而具有必然性"。① 郑春燕则反对"将政策考量下的'运动式执法'完全塑造为法治对立面的做法，承认行政与政策的交织互融，这是因为一般而言，行政官员和政客都是从政策而非法律中寻求授权，换句话说，他们是政策导向的"。②

但是，犯罪控制各主体之间缺乏共识是一个不争的事实。就侦查主体本身而言，运动式执法体现了对犯罪对策认识的路径依赖。虽然几次"严打"已经证明犯罪控制效力的不可持续性，但是"严打"所展现出的短期效应却让侦查机关青睐有加。从"严打"产生的背景来看，运动式执法是对犯罪现象产生波动后的被动式反应，而被动式反应的背后，很可能是一种外压下的应急处理过程——在之前经历了"外压"式的政策议程设置。于是运动式执法这种政策工具实际上是压力下的应急产物，而应急式侦查打击通常能够取得一定成效的短期效应。"集体学习，即从历史中存活下来的，表现在社会文化中的知识技能和行为规范，使得制度变迁绝对是渐进的并且是路径依赖的。"③ 运动式执法的政策工具符合侦查组织的工具实用理性，逐渐渗透到决策者的心智结构中。"转轨时期的个体官员或单个部门在新知识的学习上面临更多挑战，旧有知识的顽固性和新知识的欠缺降低了他们的专业化程度，因而他们更拒绝在个体组织之间流动以及组织部门之间的整合。"④ 对运动式执法的路径依赖加深了侦查组织在政策工具选择上的排他性，特别是降低了通过"治理社会、治理犯罪以及微观的社会建设"⑤ 策略的重要性，也使得侦查权在融入整体犯罪控制权力网络时显得格格不入，变得各说各话。侦查权的犯罪控制也逐渐偏向威慑功能，在对犯罪风险的察觉、治理以及对犯罪黑数的挖掘等需要与其他犯罪控制主体配合的事项上显得力不从心。从目前来看，"打防管控"的一体化警务模式虽然力

---

① 唐贤兴. 中国治理困境下政策工具的选择——对"运动式执法"的一种解释 [J]. 探索与争鸣，2009（1）：31.

② 郑春燕. 行政裁量中的政策考量——以"运动式"执法为例 [J]. 法商研究，2008（1）：64.

③ 范志海. 论中国制度创新中的"内卷化"问题 [J]. 社会，2004（4）：7.

④ 张功臣，贾海彦. 个体过程、组织过程和集体选择 [J]. 时代金融，2006（6）：78.

⑤ 陈屹立. 犯罪治理中的策略配合：基于实证文献的分析 [J]. 中国刑事法杂志，2011（4）：99.

图在侦查政策的政策工具上有所突破，形成常态化合成警务，但是无论是实践还是理论均没有一个清晰的规划，而且对于"打防管控"要素是否涉及其他犯罪控制主体也言之不详。由此可以初步判断，侦查政策的政策工具仍然会对运动式执法展现出偏好。

在文化观念上，运动式执法所代表的警务风格契合了侦查机关的组织文化。警务风格，即警察部门处理犯罪和治安问题的整体策略，它决定了警察管理人员的态度和政策及执行标准。如上文所述，以信息化侦查为代表的侦查专业化已经代表了侦查工作的发展方向，专业化的警务风格要求对社会治安问题迅速作出反应，并在一定社会范围内赢得显性绩效并获得社会赞誉。而运动式执法所采取的自上而下的组织动员方式、"连轴转"的执法强度以及刑事科技手段的运用，在展现出侦查机关工作作风的同时，也向公众宣示着侦查机关对社会治安局势的驾驭能力——尽管这种能力并不具有可持续性。侦查过程和结果的积极效应强化了决策者的层级权威，而作为武装性质的刑事司法力量，侦查机关的组织文化中天生就含有长官意志以及服从意识的成分。层级权威的强化当然与侦查组织文化有一定的契合性。而其他政策工具，如协作式警务、对犯罪风险源的深刻分析和治理，并不一定产生这种即时性的效应，更为重要的是，合理化和科学化的犯罪对策是建立在对政策议程范围内犯罪问题的精确表述和特征分析之基础上，代表了一种专业权威。而专业权威与层级权威在一定条件下会产生冲突，"专业化劳动分工的需要促使了政府组织的产生，而组织规模的过大和个体获取知识信息多少及能力的高低要求必须通过层级化原则建立起上级向下属委托责任的理念。由于专业化信息往往由较低层级的组织所控制，因而政府组织中就经常存在着建立在专业化基础上的权威和建立在层级化原则基础上的权威之间的冲突"。① 专业权威与跨部门的共识很难得到层级权威的认可，并且专业权威与层级权威的冲突还有可能会影响到侦查机关的组织文化，并进一步影响到组织管理。这种消极结果并不是所有的决策者都能接受的。正是在这个角度上，英国警学家莱特克里菲教授认为，专业情报如何影响决策者也是情报主导警务的重要一环。

---

① 张功臣，贾海彦. 个体过程、组织过程和集体选择 [J]. 时代金融，2006（6）：79.

3. 侦查政策效果评估的方法存在缺陷

政策效果的评估是对政策过程的结果性反馈，它既反映了政策目标的完成程度，也检验着政策议程设置的合理与否，更为重要的是，政策效果的评估进一步丰富了政策工具体系，是一种政策知识与观念累进的过程。然而在实践中，对于侦查政策执行后的效果评估却略显肤浅和简单。

首先，效果评估大多以指标为载体，而指标大多又通过可量化的数据显现出来。在实践中，对侦查政策的效果评估总是与破案率、破案数、逮捕数相联系。这样的指标设计与政策目标的设置以及政策工具的选择有密切联系。当侦查政策目标设置因受到外在压力而引起，或者是在"关门模式"中产生时，各种量化的数据能够揭示出目标犯罪存在的数量与分布。虽然选择的打击目标是否科学还未能定论，但基于对犯罪普遍存在的社会防卫心理，侦查政策的议程设置总能获得正当性辩护。而在对运动式执法青睐有加的情形下，量化的数据又无疑是检验各级侦查机关是否充分动员、是否达到执法力度，甚至是否达到预想的"剧场效应"的重要手段，从这个意义上来说，量化的指标设计也伴随着强烈的管理控制动机——在运动式执法中表现不佳的侦查组织，可能意味着对上级命令的不服从。尽管量化的指标体系存在着观念上自我辩护的正当性，但是它的缺陷是十分明显的：一方面，"考评指标的设计应在囊括所有绩效维度的基础上，做到考评指标的有效性，这包括具体指标是有效度和信度的、有意义和容易理解的、全面和综合的、有明确行为导向的、有时限和可操作的"① 量化的指标体系忽略了其他可能存在的价值，如对人权的保障和对程序的遵守；虽然未能出色地完成指标，但却对刑侦基础工作有益的事项；对侦查裁量权适当运用所造就的良好效果等。很显然这样的量化指标体系是一种结果导向的约束——只看结果，不看过程。另一方面，对指标的过分强调使侦查工作变成了一种"按时计件"工作，为了赢得更多的"计件产出"或是为了达标，被考核对象有可能进行数据作假或者以牺牲办案质量来追求办案数量。"在计件考核下，件数够多才能赢得认可，办案人主动加班不在话下，

---

① ［美］西奥多·H. 波伊斯特. 公共与非营利组织绩效考评：方法与运用［M］. 肖鸣政，等，译. 北京：中国人民大学出版社，2005.

但也导致办案质量受损，对程序可能无暇顾及。"① 而长此以往，就会严重侵蚀侦查机关的组织理性，从而制造出种种应付考核的潜规则。

其次，评价主体的单一性。建立在量化指标体系基础上的评价方式是一种自上而下的检查过程，而这种检查的过程自然也具有极强的封闭性。实际上，侦查政策的实施过程也会被其他犯罪控制主体所知晓，甚至会影响到其职权范围内的犯罪控制工作。此外，社会公众还会受到侦查政策的直接影响，甚至产生日常生活方式的改变，② 可以说，由于侦查权的强制属性以及可能带来的刑罚后果，侦查政策的实施必然会对侦查系统外的社会和公众产生不同程度的影响。而这种影响力决定了社会和公众拥有对侦查政策效果评估的发言权，这也反映了侦查政策作为一种公共政策的公共属性。"基于公共政策的公民服务型导向，其政策的质量必须由社会公民来评判，宪政国家中发达的民调机构和技术层面的民调手段在很大程度上正是在此基础上发展起来的。由此可以看出，扩大公民参与范围、强化政策的民主制定机制，在政策过程中真正实现公共部门与公民的对话，对于实现宪政及宪政精神更具有突出意义。"③ 然而评价主体的单一性使得侦查政策的效果反馈很难获得社会公众的广泛参与，④ 某些绩效考核甚至仅仅具备形式上的意义，而不能真实地反映基层侦查权的受控状态与犯罪打击效率。虽然各地开展了一些有组织的开门评警活动，但是这种评警的对象仅限于民警个体职务行为，而非对侦查组织的侦查政策进行评价。最终能否得到客观全面的评估结果也值得怀疑。

（二）侦查权的协同障碍：侦查系统外的风险

效能一般被解释为系统达到系统任务目标的程度。更进一步可以将

① 朱桐辉. 刑事诉讼中的计件考核［J］. 法律与社会科学，2009（1）：278－281.

② 法律的引导功能只有经过侦查权的执行以后，才能以现实的、生动的图景展现在日常生活之中，从而隐蔽地树立起一种秩序意义上的行为模式。

③ 吴涛. 公共政策的宪政解析——基于公共政策发展趋势研究［A］. 上海市社会科学界联合会. 中国的前沿文化复兴与秩序重构——上海市社会科学界第四届学术年会青年文集（2006 年度）［C］. 上海人民出版社，190.

④ 如对群众安全感的调查可以看作一种侦查政策效果的评价方法，但是这种泛泛的安全感指数并不能反映所有群体对侦查政策的态度，因为犯罪的威胁对于不同群体来说，可接受性和容忍度是不同的——黑社会性质犯罪对于普通群众来说危害最大，而金融犯罪对于企业来说危害最大。

效能解释为效度、效率和效益。而从实践来说，效能就是某个系统能在多大程度上实现功能设计者的设计需要。正如上文所述，中国的犯罪控制是与社会治安综合治理紧密联系的，在这样的宏大社会系统中，侦查权并不是单打独斗的，它需要与其他主体形成协同式的犯罪控制局面，"协同状态和协同效应的实现离不开协同的意愿、协同的资本和协同的保障三个因素。协同意愿从根本上来自主体间的利益共识和价值共识；协同资本主要包括资源和要素的匹配性以及合作主体的协同能力；协同保障来自制度的约束和伦理的约束两个方面"。① 就现状而言，侦查权在犯罪控制中的协同效应主要遇到了共识②和机制上的障碍。

第一，侦查组织缺乏与其他犯罪控制主体的利益共识。共识是组织协同的观念形态，其首先表现为组织成员进行合作的动机。而动机又取决于各组织单独完成任务的可能性。"虽然协同治理自身所具有的应用价值可以吸引来自政府、社会的行动者尝试开展协同治理，但不同参与者的预期目标和直接动机却各不相同，而这些直接动机却常常是促成协同治理得以实现的决定因素。"③ 对于侦查组织而言，长期以来，侦查政策中的指标化考核方式使得侦查权逐渐走向破案率等"数据路线"，只管打击数而不在乎打击效果，再加上社会治安综合治理本身只规定了各机构的职责，并未对具体业务进行指导，使得综治各单位貌合神离，缺乏犯罪控制利益的共识。并且，即使综合的犯罪控制系统能够提供额外的侦查线索和诉讼证据，这种合作和协同的边际效益也往往低于侦查权的单打独斗。这种合作收益的不确定性和风险性使得侦查组织缺乏合作的动机。另外，社会治安综合治理强调以犯罪减少为最终目的，囿于传统的"国家全能主义"认识，公安机关仍然被认为对社会治安形势负有关键责任，即使"严打"模式已经被部分否定和修正，这也是一种方法手段上的失误而非综治主体责任的修正与分散。在这样的思路下，对"严打"的超越更像是公安机关整体警务手段和方法的革命，

① 李辉. 论协同型政府 [D]. 长春：吉林大学，2010，79.

② 这里的共识，一方面是指侦查主体对犯罪规律认识的尊重和认同，主要是指对公认的犯罪学研究成果的接纳；另一方面是指侦查主体和其他犯罪控制主体对具体犯罪控制策略达成的共识，主要是指侦查主体积极配合其他犯罪控制主体的主观意愿。前者是后者的基础，而后者则是前者观念的升级。

③ 田培杰. 协同治理：理论研究框架与分析模型 [D]. 上海交通大学，2013，107.

而社区警务与社会治安综合治理在形式和目标上的重合，使得社区警务模式迅速取代"严打"模式成为公安机关实现社会治安综合治理最科学的方法。"目前，我国在推行社会治安综合治理和社区改革的过程中，普遍出现了这样的认识误区：认为社区警务改革是手段，社会治安综合治理是目的，公安机关通过社区警务的实行达到社会治安综合治理的最终目标。这个观念把社区警务作为一个途径和工具，把社会治安综合治理作为最终要达到的目标，这实际上分裂了两者之间并列存在、互相融合的关系。"① 而社区警务的主体一般都是基层派出所和治安部门，于是社会治安综合治理被进一步等同于社区警务的方法和成效。侦查主体在社会治安综合治理中的角色不清、功能不明，在路径依赖的影响下，侦查权很难突破犯罪威慑的藩篱，当然缺乏与其他主体甚至是其他警种的利益共识。除此之外，侦查政策对犯罪规律的忽视，也造成了指导侦查权运行的盲目性，并且在自上而下的系统内互动中，侦查主体更关心系统内的纵向利益，而缺乏对系统外横向利益的关切，对犯罪风险的解构和传达的动机不足。

第二，缺乏协同机制，协同效应不明显。"协同状态本质上在于组织间政策和管理的协同性，协同结果涉及组织间交往和互动所实现的资源协同和服务协同的效应。"② 侦查组织要实现协同式犯罪控制，就必须要在资源、制度方面与其他犯罪控制主体形成协调有序、优势互补的协同链。然而这样的协同链在实践中却遇到了诸多障碍。

首先，在资源和能力上不匹配。不同的犯罪控制主体，在资源的占有量、占有类型上是不同的，这种不同如果能够形成某种程度的耦合，就会产生倍增效应，而如果无法实现整合或者不具有互补的特点就无法形成实质的协同。侦查组织的资源优势主要体现在刑事秘密力量、阵地控制方面所占有的微观动态情报信息以及刑事诉讼法所赋予的侦查权能。虽然公安部已经在全国建立了大情报平台，但是在标准化情报信息储存的同时，部门化的专业情报信息仍然为各自警种所独自掌握，而侦查工作中的秘密级情报信息更为普遍。由于这些情报信息是侦查组织多

---

① 余红梅，宋奇飞. 社会治安综合治理与社区警务的比较研究 [J]. 江西公安专科学校学报，2006（4）：51.

② 李辉. 论协同型政府 [D]. 长春：吉林大学，2010，73.

年经营的结果，因此不要说分享这些情报信息，即使是让其他主体知晓这些情报信息的存在也是一件极难的事情。而其他犯罪控制主体所掌握的情报信息在密级和搜集难度上逊色于侦查组织。其他犯罪控制主体所拥有的信息大多是一种静态的管理信息，在电子政务逐渐推行的情形下，这种信息的获取不需要通过资源交换的方式进行，甚至侦查权本身所蕴含的调查取证能力就可以单方面获取这样的信息。此外，其他犯罪控制主体所掌握的情报信息对于侦查组织的效用系数也是一个值得商榷的问题。在压力型体制下，对于破案有用的情报信息才是侦查组织所需要的，而其他犯罪控制主体所拥有的信息并不是一种线索类信息，并且其他犯罪控制主体也很难主导侦查过程，因此，其提供的信息效度在很多场合是不匹配侦查组织需求的。就协同能力而言，侦查权所蕴含的强制性和侦查权的路径依赖，决定了侦查权在社会治安综合治理网络中的强势性。如上文所述，对运动式执法的路径依赖，决定了侦查组织在处理治安问题时缺乏协商和谈判的习惯，而其他犯罪控制主体也由于缺乏犯罪治理的具体技术，甚至在很多情形下仍然转向求助于侦查权的打击和威慑功能，"可见其推动工作的办法主要就是通过协调、检查、表彰和批评，而不是运用追究法律责任，也不是通过拨付款项、制定具体实施办法的方式推进工作，过多地依靠抓组织、抓领导来推动，没有形成有力、有效的执行机制"。① 因而在整体刑事政策和侦查政策有偏颇的前提下，其他犯罪控制主体在能力上与侦查组织也是不匹配的。

其次，协同形式单一，且缺乏制度保障。就社会治安综合治理网络的机构而言，当地政法委书记为综治负责人，统筹和协调综治整体活动，这就决定了综治的协调活动沿用了党的工作形式——以会议为主。会议的形式固然有利于民主意见的发表，但对于犯罪治理这种专业性较强的活动而言，这种单一的形式很难促成专业意见的表达——专业权威往往并不是层级权威。而缺乏制度性的约束，导致了这种形式也具有偶然性和随机性。"事实上，党委常委会和党委全委会每年开会的次数有限，其他常委都有各自的分管领域，并不会'越权'监督，关键是看'一把手'对政法委书记的领导监督是否到位，但是党委'一把手'的

---

① 康均心，周亮. 从"综治"到"法治"：犯罪控制的科学之路——写在社会治安综合治理两个《决定》颁布 20 周年之际 [J]. 法治研究，2011（4）：69.

时间和精力是有限的，其难以做到对辖区社会治安综合治理的监督，尤其是日常性的监督难以做到。"① 即使是公安机关内部，协商性活动也很少在决策者之间展开，在一些情报信息主导警务较发达的地区，虽然有每周例会制度，但是这种例会更像是布置任务，而非进行犯罪治理的商谈和协同。从本质上说，协同是一种通过商谈而达成的常态契约，开会的形式无法形成常态的契约，落实不了各主体的责任，因而增加了犯罪控制协同的不确定性。值得注意的是，在一些重大案件发生后（如恐怖主义犯罪），在党委的统一领导和要求下，各个犯罪控制主体往往能形成动态的协同机制，联合执法、执法协作，整体责任机制等形式均突破了开会的传统形式，取得了一定的协同效应。这表明缺乏制度的约束，侦查权的协同容易流于形式，成为象征性协同。

最后，执法竞争的存在进一步降低了合作的信任度。信任是实现组织协同的必要条件，"信任是复杂社会现实的简化机制、高社会风险的降压器、强社会变动的安全阀，是促进人际联系、利益协调、分工协作、团队塑造、责任共担、目标整合与文化变革的惯性逻辑要素"。② 信任的建立除了组织本身拥有资源和能力上的匹配，更需要在组织运行过程中形成合作而非冲突的局面。如上文所述，犯罪现象已经不仅是一种违法现象，还是一个社会公共问题，而公共领域的问题从来都不是由一个机构进行处置的。就侦查权而言，虽然公共秩序的失范会引起侦查权的即时反应，但公共秩序并不完全由侦查组织或者警政组织来主导，大量的行政执法部门可能都会涉及同一公共领域。例如，禁毒机构、治安管理机构③、文化行政机构、食品药品管理机构都对娱乐场所拥有一定的执法权，只是对娱乐场所运营的不同环节展开监管，"多头监管"也成为我国行政执法的一大特色。在这样的格局中，虽然存在着合作执法的可能，但也蕴藏着执法冲突的风险。侦查权对于犯罪的追究，必然会深度挖掘该公共领域内的信息，犯罪重建的过程就是一个事件要素完整的拼凑过程，而这些信息、要素往往又是其他行政执法部门的自利所

---

① 康均心，周亮. 从"综治"到"法治"：犯罪控制的科学之路——写在社会治安综合治理两个《决定》颁布 20 周年之际［J］. 法治研究，2011（4）：69.

② 谭学良. 政府协同三维要素：问题与改革路径——基于整体性治理视角的分析［J］. 国家行政学院学报，2013（6）：102.

③ 禁毒机构、治安管理机构同样存在着相应的侦查权。

在，出于对部门利益的维护，其他行政执法部门自然会对侦查权的过度介入表示出反感，甚至出现抵触情绪。同样，其他行政执法部门的过度执法也会在一定程度上隐藏公共领域内可能存在的犯罪现象，多年以来行政执法与刑事执法的衔接问题一直未能得到妥善解决就是最好的例证。可以说，执法机构之间既竞争又合作的局面，是公共组织进行整合的常态，也是公共组织整合的难题。"新公共管理模式中，公共行政的总体利益和目标、公共组织的总体效能与效率，则通过组织个体之间的相互竞争来实现，此时，公共组织整合主要通过组织间的竞争机制来实现。"① 社会治安综合治理网络中的组织同样逃不开这样的难题，尤其是在中国特殊的行政执法权配置下，侦查组织与其他行政执法组织在部门利益上可能存在的竞争性，导致双方在常态条件下，难以互信共赢。

（三）风险后果：犯罪控制中的"有组织不负责任"

无论是纵向的侦查政策还是横向的侦查协同，对于犯罪的威慑始终是侦查权一以贯之的发展方向，然而对犯罪的威慑只是一种犯罪治理的反向策略，更多的需要各种综治主体和权力在业务过程中的交叉和连接，从而在实质上实现"打防管控"一体化。即使是威慑功能也是有作用机理和周期规律的，如果只是一味地追求威慑结果所带来的主体存在感，那么最多也只能产生犯罪挤压的效果，而并不能遏制犯罪增长和变化的势头。在侦查权的犯罪控制困局中，黑社会性质组织犯罪的产生是个典型的例子。

黑社会性质组织犯罪本质上属于有组织犯罪，以攫取经济利益为目的、以组织化暴力威胁为手段、以行业非法控制为结果是该项犯罪的基本特征。② 黑社会性质组织犯罪是一种渐进性的犯罪主体集聚和犯罪行为结构化的过程。这种犯罪各要素的量变必然会遭到侦查权的介入——

---

① 齐明山，陈虎. 论公共组织整合的三种方式 [J]. 浙江社会科学，2007（3）：58.

② 2002 年 4 月 24 日召开的第九届全国人大常委会第二十七次会议，对"黑社会性质组织"的含义又作出了四个特征的法律界定标准：《刑法》第二百九十四条第一款规定的"黑社会性质的组织"应当同时具备以下特征：（一）形成较稳定的犯罪组织，人数较多，有明确的组织者、领导者，骨干成员基本固定；（二）有组织地通过违法犯罪活动或者其他手段获取经济利益，具有一定的经济实力，以支持该组织的活动；（三）以暴力、威胁或者其他手段，有组织地多次进行违法犯罪活动，为非作恶，欺压、残害群众；（四）通过实施违法犯罪活动，或者利用国家工作人员的包庇或者纵容，称霸一方，在一定区域或者行业内，形成非法控制或者重大影响，严重破坏经济、社会生活秩序。

实际上黑社会性质组织犯罪大多发轫于轻微刑事案件，在官方的话语中，大多为"欺行霸市"、"敲诈勒索"、"寻衅滋事"等行为，在这一阶段，犯罪的首要分子普遍都会因这些轻微刑事案件而被侦查机关立案调查，① 然而这样的打击或者威慑并没有遏制其对建立犯罪组织的尝试，在多次打击下，这些首要分子不仅积累了大量的反侦查经验，还在与政法机关的"猫鼠游戏"中，建立起属于自己的关系网。而这是黑社会性质组织犯罪演变的关键点，出现这种情形与侦查权的协同障碍不无关系。一方面，侦查权在早期的打击中，仅仅做到了"案结事了"。权力的线性化行使较为明显，指标完成即告结束，因而缺乏对这些案件进行风险研判的动机。另一方面，黑社会性质犯罪又与特定的市场行业相联系，而这些市场行业又有相对应的行政管理主体，侦查组织对风险的解构和传递未必能得到这些行政管理主体的积极响应，甚至被视为对部门管理权限和利益的侵犯。② 因此，在黑社会性质组织犯罪的演变过程中，侦查权总是被动回应的。

在不具备横向协同的条件时，纵向系统的侦查政策如果能进行宏观指导或者协调，也能够及时察觉黑社会性质犯罪演变的风险。然而在黑社会性质组织犯罪的后果产生足够"外压"③ 之前，风险很难进入侦查政策的政策议程之中，这也解释了为什么每次侦查机关对黑社会性质组织犯罪的指控总是包括了逐渐升级的犯罪手段和极为严重的犯罪后果。侦查政策在控制黑社会性质组织犯罪时，更乐于利于"外压"所形成的政策窗口，以期获得更好的社会效果。而对黑社会性质组织犯罪的风险源则"反应迟钝"，甚至是"嗅觉失灵"。

侦查组织在侦查政策和系统治理上的表现欠佳，进一步昭示了犯罪

---

① 如河北省邯郸市李发林黑社会性质组织犯罪案件领导者李发林早期曾三次被判处有期徒刑；河南省南阳市白玉岗黑社会性质组织犯罪案件领导者白玉岗 2004 年才刑满释放。

② 黑社会性质组织犯罪的领导者之所以普遍都编织适合自己的保护网，正是利用相关执法机构部门利益的存在，从而隔断了侦查权协同遏制犯罪的途径。同时，这种关系网的存在也加剧了侦查组织与其他执法主体之间的不信任感，无疑也增加了办案的难度。

③ 这些"外压"包括出现的重大的刑事案件、群众上访以及人大提案。

控制中的"有组织不负责任"困境。① 侦查系统内的侦查政策具有极强的能动性，然而能动性并不等于高效，由于在政策议程设置、政策工具选择和政策效果评估上存在着诸多缺陷，侦查政策并不完全基于犯罪规律而制定，对犯罪风险的遏制效果不明显。侦查系统外的侦查协同虽然在社会治安综合治理方针的指引下，有了合作和整合的初步尝试，但是仍然停留于一种象征性协同或者命令式协同，并未达到实质协同或有机协同。协同效应的发挥仍尚待时日。如此，侦查权在系统内外都无法及时控制相应的犯罪风险，黑社会性质组织犯罪的演变和增长就是最好的例证。② 而每次"打黑除恶"后，除了相关保护伞被以职务犯罪查办，并无相关的问责机制，恐怕也很难界定在黑社会性质组织演变的过程中，各个犯罪控制主体究竟有无责任及责任大小，最后也只能以进一步加强社会治安综合治理作为经验教训总结，不可不谓无奈。

二、法治困境：侦查权控制的内卷化趋势

（一）问题的由来：以公安机关"两权错位"为例

如上文所述，侦查权在诉讼保障功能上的转变要求侦查程序必须能体现对侦查权的控制，而侦查权本身也必须良好地遵守法律所划定的程序规则与证据要求。但无论是公共媒体的曝光还是公民自身的日常感

---

① 贝克在对风险社会的特征进行经典表述后，又在《解毒剂》一书中提出了应对风险中"有组织不负责任"的危险状态。在以环境风险为例时，贝克认为制度网络存在着缝隙，且并不是依照风险而建立的。"尽管现代社会的制度高度发达，关系紧密，几乎覆盖了人类活动的各个领域，但是它们在风险社会来临的时候却无法有效应对，难以承担起事前预防和事后解决的责任。"同时，制度本身对风险的掩盖作用也为风险的爆发埋下了隐患。"就人类环境来说，无法准确界定几个世纪以来环境破坏的责任主体。各种治理主体反而利用法律和科学作为辩护之利器而进行'有组织的不承担真正责任'的活动。"

② 山西省 2006—2009 年，全省共打掉黑恶势力犯罪团伙 206 个，其中黑社会性质组织 16 个、恶势力团伙 190 个，涉及团伙成员 2534 人，破获刑事案件 2479 起。新闻来源：新华网. 山西三年多打掉 206 个黑恶势力犯罪团伙 [EB/OL]. http://news. qq. com/ a/20090714/000976. htm,2015 - 01 - 19.

2006 年开展全国打黑除恶专项斗争以来，全国公安机关共侦办涉黑案件 1267 起，打掉恶势力 13000 多个，抓获犯罪嫌疑人 8.9 万多名，破获各类刑事案件 10.8 万余起，缴获各类枪支 2700 多支；检察机关提起公诉涉黑案件 1053 起共计 15135 人；法院一审以黑社会性质组织罪名审结 1171 件共计 12796 人；司法部门对 196 名黑社会性质组织头目实行跨省异地服刑。新闻来源：全国打黑办. 继续保持对黑势力"严打"高压态势 [EB/OL]. http://news. qq. com/ a/20090901/003298. htm,2015 - 01 - 19.

受，我国侦查权的控制显然不足以达到法治和守法的程度。而公安机关行政权与侦查权的错位现象可以暴露出这一问题的复杂性。

1. 行政权对侦查程序的渗透

侦查权的启动和运行的依据是刑事诉讼法，公安行政权启动和运行的依据是行政法，本来二者应当并行不悖，不存在交集，但是实践中却出现了以行政强制措施的形式完成侦查任务的情形。这主要表现在两个方面：一是在初查阶段使用行政强制措施。由于《公安机关办理刑事案件程序规定》中禁止在初查阶段使用强制措施，有些公安机关便在受案后暂缓刑事立案，先用行政手段调查，收集证据或查获犯罪嫌疑人，等有一定线索后再进行刑事立案。二是使用行政强制措施替代侦查强制措施，如左卫民、马静华教授的实证研究表明，"无论是有证搜查，还是无证搜查都很少被运用，公安机关更多的是根据相关行政法规的授权，通过人身检查、场所检查等方式来达到本应通过搜查措施的适用才能实现的目的——查获犯罪人或者发现犯罪证据"。[1] "拘留、逮捕、拘传等刑事诉讼法意义上的侦查到案措施在实践中在很大程度上让位于警察法上的留置、口头传唤等行政法意义上的措施。"[2]

公安行政权对侦查程序的渗透，至少在以下三个方面产生了巨大危害：一是滥用行政强制措施。过度依赖行政强制措施来完成权能，会导致公安机关动辄以人身强制的方式进行案件侦查，不符合侦查措施中的比例原则，也导致了警察权的过度膨胀。二是规避侦查监督，在我国现行司法体制下，检察机关并没有专门的机构和对应的权限去监督公安机关的行政执法活动，以行政强制措施去完成侦查权能，将严重削弱检察机关的侦查监督职能，使本来就具有强烈行政化色彩的侦查程序彻底变成一种封闭的内部程序，这与我国司法改革的大趋势是背道而驰的。三是为案件"不破不立"创造了现实条件。由于我国的立案程序与绩效考核挂钩，导致在实践中公安机关在侦查情势不明朗的情形下拖延立案甚至不予立案，而如果默许这种隐性程序的存在，侦查人员就会优先使

---

① 左卫民. 规避与替代——搜查运行机制的实证考察［J］. 中国法学，2007（3）：116－120.

② 马静华. 侦查到案制度：从理想到现实——一个实证角度的研究［J］. 现代法学，2007（2）：123－125.

用便利的行政强制措施，并以此来判断侦查情势的走向，而一旦发现在已经控制犯罪嫌疑人人身或者相关场所、物品都无法有效推进侦查的情况下，就会失去在刑事诉讼程序框架下进行案件侦查的动力和信心，从而加剧"不破不立"的风险。

2. 行政程序与侦查程序的随意转换

（1）侦查程序向公安行政程序的转换。公安行政权与侦查权的错位还表现为以"行"代"刑"，由于我国公安机关的职权配置，承担行政管理职能的机构大部分也拥有侦查权，"从目前的情况看，公安机关内部除了专司刑事侦查的几个部门，绝大部分的行政管理部门都被同时赋予了侦查权，因此，公安机关内部几乎全警皆侦……尽管公安部反复将派出所的侦查权限定在只负责办理轻微不需要侦查的刑事案件内，但是，由于社会治安秩序的快速动荡发展，在实际运行中，派出所已经成为刑事侦查的有生力量"。① 对于这部分机构来说，日常治安管理是"软性"管理，而侦查权则是对治安领域的"刚性"管理，是治理违法犯罪风险的恫吓手段。在我国现行司法体制下，检察机关并不能主导公安机关的侦查，而只能在公安机关已经查清基本事实的基础上——逮捕程序中才有能力审查案件情况，至于立案监督，既无明确的法律授权，也无能力去案案监督、全面监督。于是在一些无被害人的案件中，自由裁量权的行使便显得极为隐秘，甚至违法以"行"代"刑"。例如，2005年11月3日，河南省灵宝市公安局阳店派出所将涉嫌盗挖古墓葬的犯罪嫌疑人彭某、李某、王某、张某四人抓获。经审讯，四人均供述有盗挖古墓葬并分得赃款事实。按照法律规定，应当对其立案侦查，但阳店派出所所长肖某和副所长姜某二人却出于对派出所经济利益的考虑，私自决定以罚款为由中止对案件的侦查，放弃追究涉案人员的刑事责任。

（2）公安行政程序向侦查程序的转换。措施上的混同也为程序上的混同奠定了基础，行政案件与刑事案件均需以立案作为前置程序，因此，立案前的初查在性质上是模糊的。为了尽快查明事件性质及法律处置策略，公安机关的初查措施基本以行政程序为主，又因为行政强制措施的便利性，为了达到打击违法犯罪的效果，公安机关对同一涉案对象

---

① 周欣. 我国侦查权配置问题研究［D］. 北京：中国政法大学，2009，119.

可能采用行政程序和刑事程序的交互作用来灵活认定案件性质，甚至创造"案件事实"，而涉案对象因为程序不明很有可能被置于警察陷阱之中，最终摆脱不了行政处罚或是卷入刑事诉讼的结局。在 2002 年陕西延安宝塔区"夫妻看黄碟"一案中，公安机关以"查看黄碟"为由于夜晚闯入民宅，查扣影碟机等物品，涉案对象并不知晓其行为性质，因而进行了反抗。事后，该地公安机关后来却改换事由，以当事人"涉嫌妨碍公务"为由将治安行政案件转为刑事案件，从而将当事人张某予以刑事拘留。在此案中，公安机关闯入民宅是为了在初查中收集看黄碟的行政违法证据，但是进一步的结果可能不利于行政处罚的立案，为了打击淫秽物品的流通，又以"涉嫌妨害公务"转入刑事案件，即使当事人最后没有被检察院批准逮捕，但被刑事拘留了 15 天，在客观上等同于行政拘留的一般时限。这种程序的转换实际上是以行政行为诱发行政犯罪，再以刑事程序来达到行政处罚的同等功能。在程序来回转换之间，公民的权利难以得到救济，甚至分辨不出应属何种救济类型，当事人恐怕最后也只能通过上访这种非正式的救济渠道了。

（二）问题的实质：侦查权控制的内卷化趋势

1. 问题的分析工具：内卷化概念

庞德关于行动中的法律和书本中法律的区别，完美地阐释了深嵌于社会生活结构中的法律在实然和应然不同层面上的运作效果，而格兰诺维特的嵌入性研究则重申："行为和制度深受社会关系的限制，把它们视为相互独立的东西是极大的错误。行为和制度受到正在运行的社会关系的压抑和控制，因此将它们看作彼此分离的做法是一种令人痛心的误解。"[①] 作为书本中的法律形态，警察权运行应当分别接受行政法和刑事诉讼法的规制路径，但作为行动中的法律形态，警察权的运行却巧妙地完成了对公安行政权和侦查权的组合运用，正如某些学者所言，"由于权力主体识别的现实不能、侦查权对行政权在功能和事实层面上的依赖，行政权与侦查权系一体警察权的两面"。[②] 因此，仅仅囿于结构——制度的研究视角，并不能解释一些侦查权的微观机制，这也使得

---

① Grannovetter, M. . Economic Action and Social Structure: The Problem of Embedness [J]. American Journal of Sociology, 1985(3):481–510.

② 刘方权. 两面一体：公安行政权与侦查权关系研究 [J]. 法学论坛, 2008（4）：83.

侦查权的立法比较研究缺乏本土化的情境移植。解读侦查权控制的反常现象，需要立足于中国的特有国情，探究其背后的权力运行环境和运作策略。而这需要一种新的研究方法与框架。

内卷化概念最先由人类学家盖尔茨提出，意在描述"农业生产长期以来未曾发展，劳动生产率并未提高，只是不断地重复简单再生产的一种社会停滞状态"。① 后经杜赞奇教授和黄宗智教授的发展，内卷化的研究框架被转入社会政治和经济领域，意在表明在政府转型过程中，国家—社会关系模式的复制、延伸和精致化，国家—社会关系形态有量变但没有质变，在演进却没有分化……称之为高度组织国家内的低度整合。② 内卷化的核心要义是指一种社会或政治、经济、文化模式发展到某个阶段形成一定的形式后就停滞不前，只是在内部变得越来越复杂而无法向新的、更高级的形式变迁的状态。

侦查权的控制作为一国侦查权运行的法治化形态，经历了原始民主、宗教控制和三权分立的历史锤炼，进而萌生了正当程序与人权保障的价值评判标准，侦查权法治化的制度演进与分化反映的是国家治理方式的转型，而我国侦查权变迁中的内卷化趋势阻挡了侦查权控制模式的变革脚步，使得侦查权的控制力在某种层面上不断重复，以致丧失了向现代化迈进的动力，从而逐渐背离了法治化的道路。

2. 侦查权控制内卷化的实质：侦查权旧有控制模式的复制和深化

从世界主要发达国家的法治实践来看，既有侧重警察权外部控制的如以法、德为代表的大陆法系国家实行的检察指挥（引导）侦查体制，也有侧重警察权内部控制的如以英、美为代表的英美法系国家实行的检警分立体制。但无论哪种控制模式，对于涉及人身和财产的警察强制处分权都有着严格的司法令状审查，同时，发达的权利救济程序和申诉体制也是保证侦查权不会异化的重要条件。而我国警察权的控制模式在强调中国特色的语境中存在着诸多结构性缺陷——属于以结果（数据）导向型内部控制为主的控制模式。

---

① Clifford Geertz. Agricultural Involution：The Process of Ecological Change in Indonesia[M]. Berkeley CA：University of California Press,1963,80.

② 唐皇凤. 社会转型与组织化调控——中国社会治安综合治理组织网络研究 [D]. 上海：复旦大学，2006，28.

从外部控制看，我国侦查权的运行缺少基本的司法审查。在侦查程序中，除了立案环节检察机关有限介入以及逮捕的检察审批，其余侦查措施均由公安机关自行掌握。"拥有各项职能的法律监督制度没有形成整体强势格局，反而各种权能像'多米诺'效应一样被空置，逐渐趋于弱化，形成了大侦查、大审判、小监督的诉讼格局。"①

从内部控制看，我国警察权属于结果导向型控制。内部控制的逻辑起点在于对员工绩效的认识，绩效最初被定义为员工的产出和工作结果，"绩效应该定义为工作的结果……是对在特定的时间内、由特定的工作职能或活动所创造出来的产出的记录"。② 随着管理实践的发展，"绩效产出说"的种种弊端已经开始浮现，"许多工作结果并不一定是个体行为所致；员工在工作中的表现不一定都与工作任务有关；过分关注结果会导致忽视重要的过程，不适当的强调结果可能会在工作要求上误导员工"。③ 在此基础上，管理实践中逐渐认可了"绩效综合说"，即绩效是产出与行为过程的综合。而我国公安机关对于绩效的理解还仅仅停留在传统的"绩效产出说"上——重在对警察执法行为的结果进行评价，并且以警察个体绩效作为衡量侦查权是否有效运行的标准。因此，我国警察权的内部控制属于结果导向型控制模式，这一内部控制模式并不重视对警察执法行为过程的监督，而只是以业务部门反馈的各种静态数据——数据的生成缺乏第三方的参与，作为评价的依据同样很难提升警察权运行的"可见度"。从组织行为学的视角来看，结果导向型控制只关注组织内的个体行为，而对组织行为视而不见，通过对组织成员施压来回避组织运转过程中的机制障碍与功能衰退。因此，在本质上结果导向型控制模式无法解决一直以来纠缠不清的警察政治行政分离问题，当然也就不能有效抑制侦查运行中的种种失范现象。不仅如此，结果导向型控制模式还在依法治国、依法行政的治理转型中不断深化，呈现出黄宗智教授所描述的"过密化"。④

---

① 王戬. 不同权力结构模式下的检察权研究［M］. 北京：法律出版社，2010，169.

② Berbardin, H. J.. The Analytical Framework for Customer – Based Performance Content Development and Appraisal［J］. Human Resource Management Review,1992(2):82.

③ 林新奇. 绩效考核与绩效管理［M］. 北京：对外经济贸易大学出版社，2011，5.

④ 过密化是黄宗智教授对内卷化概念的进一步发展，是指经济在以单位工作日边际报酬递减为代价的条件下扩展，即所谓的"没有发展的增长"的景象。

自 1996 年第十九次全国公安工作会议提出了"从严治警、依法治警"的指导方针以来，各种警察执法规范性文件不断涌现，从中央一级制定的涉及侦查权的法律、法规来看，主要有《刑事诉讼法》、《人民警察法》、《公安机关办理刑事案件程序规定》、《公安机关适用继续盘问规定》、《公安机关执法公开规定》、《公安机关人民警察盘查规范》等（在公安部主页法律、法规项下，能检索到的全部涉警法律、法规、部门规章及其他执法规范性文件多达上百项，在此不一一列举）。与大量规范性文本并存的是自上而下的精细化的考评机制，在公安部颁布的《公安机关执法质量考核评议规定》的整体框架下，以省为单位，各级公安机关不断细化具体的执法考评指标体系。① 公安部 2009 年开展的执法规范化建设则是将执法规范性文件同考评机制更加紧密地进行了连接，公安系统自上而下的考评愈加复杂，基层公安机关不得不为了应付各种考评而疲于奔命。

　　于是，侦查权法治化似乎呈现出一片欣欣向荣的景象，侦查权的正当性表征也是不言而喻的。在这样的逻辑下，侦查权运行中出现的问题似乎只能归咎于警务人员的个体责任心不强或是具体法律规则不健全，侦查权的法治之路只是对法律规则不断地修修补补而已。然而大量的规范性文本和复杂的执法考量机制只能成为公安机关对外宣传或是报告工作的话语材料，这一话语材料掩饰了侦查权法治化的内在困境，即对侦查权旧有控制模式的不断复制和深化。一方面，刑事诉讼法的修改，并没有带来整个刑事司法体制的变革，警察强制措施的司法审查仍然没有建立。另一方面，大量的执法规范性文本带来的只是反映绩效产出的更为全面的指标体系，再配以复杂的执法质量考评机制，结果导向型控制模式不仅没有改变，反而越来越深入，越来越精细化。这与黄宗智教授

---

　　① 如马鞍山市公安局根据有关法律、法规及安徽省公安厅《安徽省县级公安机关执法质量考评办法》和市公安局《马鞍山市公安局执法单位季度执法评析通报工作实施办法》等文件要求，2007 年 3 月 5 日至 12 日，市公安局从各有关部门抽调人员组成市局执法质量考评组对当涂县局、各分局 2007 年一季度的执法质量进行了考评。考评采取先派专人到各分（县）局随机抽取已办结的行政案件 20 卷和刑事案件 10 卷，后在市局法制科集中评阅案件，并将考评中发现的问题在公安网上进行公示，允许被考评单位以申辩的方法进行。资料来源：马鞍山市政府法制办 . 市公安局组织开展一季度执法质量考评工作 [EB/OL] . http://www. mas-fzb. gov. cn/Article/ShowArticle. asp? ArticleID = 995，2013 – 07 – 20.

所描述的"过密化"不谋而合。这种侦查权法治化的表面繁荣，实际上使侦查权逐渐陷入了内卷化的机制中：实践中所暴露的问题越多，话语材料的充分应对就越重要——对执法结果进行更为严格的考评能够直接满足话语材料的正当性——大量的规范性文本和复杂的执法考量机制出现——侦查权旧有控制模式的不断复制和深化。

（三）侦查权控制内卷化的原因

首先，压力型体制的过分彰显。随着我国改革开放的深入推进，潜在的矛盾逐渐暴露并升级，犯罪率也因此一路飙升。同时伴随着全球反恐形势的发展，国内政治安全和社会稳定问题也成了一个颇为棘手的议题。为了维护执政党对整个社会的有效控制，压力型体制便逐渐生成。"压力型体制，是指在中国政治体系中，地方国家（体现为当地党委、政府）为了加快本地社会经济发展、完成上级下达的各项命令任务而构建的一套把行政命令与物质利益刺激结合起来的机制组合。"[①] 压力型体制沿袭了计划经济时代国家刚性管理社会的组织化调控特征，在压力型体制中，单位是承受压力的基本单元，单位功能的充分发挥来自其上级主管部门的命令性压力。压力最终解构为"某一主管部门为了实现有效的社会调控和促进社会资源总量的增生，实现对其主管领域的有序化管理和领导，完成整个国家的统一部署和整体计划而采用的指标体系和评价体系"。[②] 而对于公安机关来说，这种压力型体制彰显得更为强烈。在社会治安领域中，公安机关是最基本也是最重要的功能单位，即使在综合治理的背景下，公安机关仍然需要对当地治安局势负主要责任。压力型体制使得基层公安机关在组织目标设定上并没有太多的自主选择权，破案率、命案必破仍然是衡量侦查工作的硬性指标。同时，在综合治理中，强调通过专项行动、破案战役等运动式执法来打击犯罪和稳定社会秩序仍然是上级主管部门的惯用评价体系。而隐藏在这些指标和评价体系背后的是严苛的综合治理———一票否决制以及可能伴随的人事任免调整。于是在"唯上级指标是从"的格局下，最大限度地动员

---

① 杨雪冬. 市场发育、社会成长和公共权力构建——以县为微观分析单位［M］. 郑州：河南人民出版社，2002，107.

② 唐皇凤. 社会转型与组织化调控——中国社会治安综合治理组织网络研究［D］. 上海：复旦大学，2006，160.

警务资源——这其中适时对公安行政权与侦查权的组合运用，便成为基层公安机关的"理性"选择。

其次，维稳需求的不断增大。在中国的语境中，维稳所指涉的对象是泛指一切与社会、政治、经济有关的秩序稳定状态。当前无论在政治实践还是政治话语中，维稳都是社会转型时期执政党和政府治理目标的核心目标，而一国警察权之运行深受该国政治生态之影响，警察的任务、目标与职权也是由国家政治秩序的制度安排和治理目标所决定的。"当代警察复杂而又自相矛盾的功能包含追求一般意义上的秩序和特定阶层需要的秩序——'开具违章停车的罚单'和'阶级镇压'——从警察诞生的那一刻起就打上了深深的烙印。"① 当维稳超越一般行政管理概念而上升到国家治理政策层面时，维稳需求便向公安机关渗透。例如，《关于进一步加强和改进公安工作的意见》（中发〔2004〕13 号文）和全国第二十次公安工作会议都指出，"在当前和今后一个时期，维护社会稳定是党和人民赋予公安机关的神圣使命，全力做好维护社会稳定工作是摆在公安机关面前的首要任务"。而侦查权是警察权中最具威慑力和强制力的部分，侦查权不仅能通过追究刑事责任而使公民、组织产生法律关系上的变化，还能产生额外的社会控制效果。② 除此之外，侦查权还能够作为一种备用力量以推进国家行政管理活动的深入开展，实践中过多的非警务活动就是典型证明。在一些联合执法的事项中，一旦行政执法活动受阻，侦查机关就会以妨碍公务、寻衅滋事等名义开展刑事调查，从而对被执法对象形成强大的心理压力。对于公安机关内部两权共享机构而言，这种以侦查权的威慑功能换取行政执法的便利性更是不言而喻。"长此以往，政府机关效能低下，工作互相推诿不说，还会养成强权意识，利用警察强制力进行一般行政管理，漠视公民的人身权利，阻碍社会的法治进程。"③

最后，警务集权化的发展趋势。正如上文所述，社会转型期侦查法治的发展过程也是一个警务集权化的过程，各种类型的评比和检查就是

---

① ［英］罗伯特·雷纳. 警察与政治 ［M］. 易继苍，朱俊瑞译. 北京：知识产权出版社，2008，6.

② 在中国特色的人事档案制度中，是否受到过刑事调查经常作为公民职业生涯中的重要评价维度。此外，经济生活中的信用系统也都与警方的调查活动息息相关。

③ 龚海燕. 非警务活动现状梳理与探究 ［J］. 上海公安高等专科学校学报，2004（3）：29.

警务集权化的手段。而警务集权化之所以形成一种趋势，乃是因为中国特殊的司法体制。虽然刑事诉讼法明确了公安机关、检察机关与法院是相互配合、相互制约的关系。然而在地方政法委的强力领导下，侦查权、检察权与司法权配合有余、制约不足。而在维稳思潮的冲击下，公安机关的负责人往往在政法委系统中占据着更重要的职位（一般都为政法委副书记或者书记），这导致司法地方化、行政化色彩极其浓厚，而西方国家的侦查监督体制是一种横向的、常态化的、互不隶属的诉讼化格局。因此，在目前的司法体制下，即使检察机关拥有对案件的批捕权和退侦权，也无法突破司法地方化的藩篱。从这个角度来说，警务集权化正是通过自上而下的监督来破除司法地方化的趋势，形成"块块人事管理、条条业务监督"的复合型侦查监督体制。只是这种侦查监督体制完全采用行政化的、内部的方式进行。因而侦查权的控制也必然会陷入一种精致的、不断深化的行政监督模式，最终显示出内卷化的趋势。

（四）侦查权控制内卷化的后果：诱发侦查程序失灵

很早就有学者注意到了中国刑事诉讼中存在着"程序失灵"现象，刑事程序的失灵，是指"立法者所确立的法定程序在刑事司法活动中受到了规避和搁置，以致使刑事诉讼法的书面规定在不同程度上形同虚设"。① 刑事程序的失灵有诸多因素可以解释，"造成刑事程序失灵的原因，主要是法律没有确立有效的程序性制裁和程序性裁判机制，某些法律程序的设计所带来的诉讼成本的投入超出了司法制度的最高承受力，办案人员为避免不利的考核结果而不得不主动规避某些法律程序，一些程序设计因为受到相互冲突的法律传统的影响而出现了自相矛盾的情形"。② 如果说这些因素构成了侦查程序失灵的土壤，那么侦查权控制的内卷化趋势则无疑强化了程序失灵的潜在动机。首先，侦查权控制内卷化试图将侦查权的运行置于内部规训之下，排斥了以司法审查为内容、以程序制裁为后果的外部监督，侦查权能否发挥诉讼保障的功能完全取决于侦查管理的效果。并且，囿于侦查机关与媒体之间的特殊关系，侦查机关总是能够实现将侦查实践中的权力失范问题界定在侦查组

---

① 陈瑞华. 刑事程序失灵问题的初步研究 [J]. 中国法学，2007（6）：141.
② 陈瑞华. 刑事程序失灵问题的初步研究 [J]. 中国法学，2007（6）：141.

织的管理技巧和力度上。"媒体更愿意大篇幅地解读部门领导的批示和意见，法学学者只为这些批示或意见提供论证的脚注。从这个意义来讲，知识分子呈布迪厄意义上的'自主性缺失'，主题是强加的，交流的环境是限制的，论调是固定的，真正意义上的表达几乎不可能有。"①因而整个中国社会缺乏对程序失灵进行司法体制整饬的社会共识。相反，侦查权的内部控制和对侦查人员个体的施压却成为媒体中政治正确的表现形式。其次，侦查权控制内卷化将警察权的配置视为一种侦查组织的行政管理行为，从而避开了将该议题提交立法进行公开讨论的可能性。而中国警察法体系的缺失导致了警察行政执法与刑事执法在法律程序与后果上的不同。通过警察权的内部配置既可以实现警务资源的整合也可以实现警察权的隐性扩张，规避刑事诉讼更加便利。最后，侦查权控制内卷化还使得"疑罪从无"的思想很难在侦查程序中被确立。虽然在内卷化的过程中，对于侦查权的权力规训文本逐渐增多，但是这些文本并没有树立正当程序的精神，也缺乏对其他诉讼价值的追求。相反，这些文本大多以程式化的操作手册为基本形式，再辅以计件式的指标考核，最终导致了侦查程序一旦启动，就难以中止，甚至冒着违规、舞弊的风险也要产出侦查成品。这种产业工人样态的组织文化很难塑造"疑罪从无"的思想，反而会产生侦查程序中的潜规则、隐性程序，以此来规避刑事诉讼中的显性规则甚至是上级公安机关的检查。公安行政权与侦查权的错位只是程序规避的冰山一角。

"程序失灵"现象的蔓延导致侦查权的诉讼保障功能无法得到充分实现，不仅正当程序会被遮蔽，还会直接威胁到实体真实。同时，侦查权控制的内卷化也使得侦查权有再次落入行政治罪的危险——在犯罪控制的压力下，规避程序成为一种警务策略。

三、侦查权的"合法性"危机：侦查组织执法权威的困境

通过侦查权发挥政治社会化功能，从而实现公众对国家整体政治合法性的认同，是侦查权追求社会效果的内在逻辑。在社会转型期，为了保持秩序与自由的相对平衡，我国在治理方式上仍然保留了威权主义体

---

① 施鹏鹏. 论侦查程序中的媒体自由——一种政治社会的解读 [J]. 东南学术，2013（1）：155.

制的部分特征，"以生产资料的公有制为经济基础，以官方的意识形态为统领，以实现经济社会稳定快速发展为目标，在国家政治制度设计、权力配置、政治运行以及经济、社会、文化等各项事务的管理过程中采取一种中央集权、宏观统筹、以党统政、等级服从、层层管控和统制规束式的政治统治和政治运行模式"。① 伴随威权主义的是国家主导的法律实现模式，法律的执行过程是体现国家意志的过程，因而法律是国家治理的工具，是维护政治秩序稳定和经济发展的常态工具。"这种以国家权力为核心、以权力至上为价值基础的国家主义，以中国传统法律文化为基础，汲取了计划经济时代'总体性社会'的内在精神，潜藏于现行的制度性和观念性法律文化之中。"② 在国家主导的法律实现模式中，侦查权的运行沿着两条路径行进：一是为党和国家的中心工作服务；二是切实落实国家刑罚权。而后者往往又蕴藏于为党和国家的中心工作服务之中。由于缺乏公民有序参与的治理方式，国家与社会的互动机制薄弱，法律的实现过程缺乏公民的认同与支持，这点同样反映在侦查权的运行上。

（一）刑事错案对执法权威的损耗

刑事错案是一个世界性问题，在世界各国均有发生，甚至在程序法治较为发达的英、美、法国家也发生过重大的警察错误指控的事件。③ 国外学者对此也有一定研究，诸如警察个体的决策失误问题、警察讯问策略的压迫性和可操纵性问题。在西方的法治环境下，刑事错案一般归咎于侦查方法失当和侦查主体的偏见，因而错案属于"个体错误"型。④ 而在我国，刑事错案不仅仅是一种侦查错误的偶然结果，更是一种极端的侦查权失范的表现。在 2012 年新《刑事诉讼法》颁布之前，侦查权的运行十分封闭，律师不仅很难介入侦查程序，发表的辩护意见

① 方怡洲. 论当代中国威权政治的基础［D］. 济南：山东大学，2014，9.
② 朱凤义. 转型中国法律实现研究：从国家主义到公民参与［D］. 长春：吉林大学，2013，91.
③ 如 1974 年英国伯明翰六人冤案、1989 年美国"中央公园慢跑者"案件等。
④ 代表学术作品有 D. Kim Rossmo. 所著的 Criminal Investigative Failures 一书，书中谈及了有限理性与侦查错误的关系；Gisli. H. 古德琼斯所著《审讯与供述》（乐国安译）详细探讨了讯问策略中的操纵和压迫因素与刑事错案的关系。其他包括《虽然他们是无辜的》、《美国八大冤假错案》和《专横的正义》等写实作品也剖析了美国冤案的产生原因。

也很难被采纳，再加上压力型体制的施压，以及特殊的政法领导格局，导致了刑事错案的发生具有体制性诱因。就侦查权而言，这种体制性诱因表现为如下逻辑过程：首先，传统的由供到证的侦查方法路线使得侦查人员动辄使用强制措施迫使犯罪嫌疑人到案，并进行强制性讯问。由供到证的侦查方法路线，是指侦查人员在侦查初期，对所怀疑的犯罪嫌疑人进行强制讯问并获取犯罪嫌疑人的认罪自白及其他案件陈述情况。由供到证的方法路线最为直接与便利，也可以通过犯罪嫌疑人的供述与现场勘查的某些物证进行印证，从而得出一种侦查人员内心的心证。其次，由于1996年的《刑事诉讼法》并未明确规定审前程序中辩护人的辩护权能究竟有何权限，又通过何种方式行使，因而在实践中侦查机关总是以各种理由排斥律师的参与。至于在审查批捕阶段，检察官也很少会主动接触律师，这导致律师在侦查阶段的辩护权被架空。最后，在压力型体制下，整个刑事司法系统都受到维稳与破案的压力，已经进行的诉讼程序很难停止。侦查程序作为刑事诉讼的前哨程序，反而在刑事诉讼中处于主导地位，这进一步导致了侦查机关在审前程序中的强势地位，从而使得相关决策更易于偏向高风险，亦会激发刑讯逼供等违法侦查情形的产生。

这种体制性诱因妨碍了侦查主体对证据客观公正的审查判断，并在公、检、法相互配合的格局下，完成了侦查权主导的"流水线治罪"任务，这使得中国的刑事错案基本都夹杂着刑讯逼供以及为缓解破案压力而恶意规避诉讼程序的行为。这种具有同构和同质性的刑事错案使得错案本身成为一种可复制的"组织障碍"型错误，这种"组织障碍"牵涉了众多侦查主体以及侦查中主体，从而形成了侦查程序乃至刑事诉讼中的"潜规则"，进而消解了侦查权本身的合法性，同时影响了公众对侦查权的信赖感和认同度，侦查权本身对法治精神的破坏也使得侦查权的政治教化和政策昭示功能无从谈起。

（二）选择性执法对民意的忽视

选择性执法，是指"执法者基于一定因素的考量，对某一特定区域内的违法行为'有选择地执行'而不是'全面地执法'"。① 一般认为，基于经济学上的执法成本以及法律规则的模糊性导致了选择性执法

---

① 徐文星. 警察选择性执法之规范［J］. 法律科学，2008（3）：29.

现象的产生，而相当多的学者也认同选择性执法的必要性和合理性。"全面执法固然是法治的'最优状态'，但是，这仅仅是一种理想。而'次优状态'就是公开承认选择性执法，在此基础上有针对性地对其进行规范。"①"在边际报酬递减规律的约束下，百分之百执法要求的执法成本无穷大，远远超过了违法本身所带来的损害而得不偿失。因此，现实中的执法概率必然小于百分之百，只有部分违法者得到了惩罚。"②我国在社会转型的过程中，同样面对着执法资源的拮据以及犯罪种类的多样性和不平衡性的问题。选择性执法依然是我国当前侦查权运行的一种常态化模式。实践中常见的专项行动本质上就是一种在执法对象上统一裁量权的选择性执法。我国的选择性执法并不是一种随机性的个体行为，而是一种有策略的干预行为。选择性执法是在警务政策和侦查政策的影响下发生的，并且选择性执法的对象更多是在立法业已明确指定规则的领域内产生的，如扫黄打非、打击网络谣言等。这类选择性执法被学者形象地称为"剩余执法权"。"国家或政府根据不同情势强化或弱化执行既定法律的权力称作剩余执法权。它特指国家或政府在法律已有明确规定的情况下，对执法方式、执法力度的选择，以区别于因为法律不完备而产生的剩余立法权。"③正如上文所述，囿于传统的侦查保密性以及政法管理的精英模式，社会公众很难参与到侦查政策的制定过程中，而侦查权除了在规范层面上需要受到法律的制约，在事实层面上更多的依赖侦查人员与周围环境之间的互动，这种互动式侦查的目的、功能、价值带入社会的期待和评价中，并深刻地影响着这种互动关系的可持续发展。"在新的时代背景下，对公共组织运行过程的评价需要结合一系列新元素，公共组织的运行是否考虑了不确定性和复杂性的环境，具有必要的弹性和良好的回应性……公共组织运行的各环节是否为公民参与和公共利益的表达提供了畅通和有效的渠道。"④因而失去公众参与和利益表达的选择性执法机制，往往不能真实地反映社会公众的安全需求，侦查中主体的制度效果也大打折扣。在实践中，一些轰轰烈烈的

---

① 徐文星. 警察选择性执法之规范 [J]. 法律科学，2008 (3)：34.
② 戴治勇. 选择性执法 [J]. 法学研究，2008 (4)：28.
③ 戴治勇. 选择性执法 [J]. 法学研究，2008 (4)：29.
④ 张成福，李丹婷，李昊城. 公共组织及运行评价的国际经验与启示 [J]. 北京行政学院学报，2012 (2)：35.

专项行动往往"叫座不叫好",就连公安机关的专家也认为"其结果是刑事案件高发的态势未能改变,并往往出现立功受奖多的地方也是刑事案件高发、社会治安不好、群众满意度低的地方的怪现象".① 缺乏公众参与的选择性执法还有可能造成执法过程中的贪腐与执法不公。这主要是因为对执法对象的圈定,虽然有政策依据,但政策本身的选择有可能造成对其他违法犯罪现象的疏漏,而在常规执法中这些违法犯罪者同样构成了执法对象,于是执法中的权力寻租便有了可能。选择性执法在本质上也是一种政策执行,而在科层制体系下,这种执行就有了代理人的"道德风险",一旦执法个体在选择性执法中进行"政策掩护",则本应成为常规执法中的执法对象就会成为"政策掩护"下的法律规避者。这使得原本以犯罪治理为目的的执法对象选择异化为一种权力寻租,不仅达不到原来的目的,反而造成了新的执法不公,严重影响了侦查执法的公信力。

值得注意的是,虽然江浙地区的民意导向警务正在逐步推广,但是这种民意导向仍然缺乏制度化的表达渠道。从形式上看,民意导向警务仍然在采取"广场化"的特点,意图通过大范围的宣传来提高公众的参与感,"它被想象成某种道德理想(如'阳光下的政治')的实现之所。在一定意义上,司法的广场化(至少在当代社会)所潜在的一种道德正当性,就是追求所谓'阳光下的司法'之目的".② 然而公众在广场的集合并不代表民意得到了畅通反映,并且民意的作用范围层次尚停留在派出所等基层侦查单位,在执法资源稳定不变的情形下,民意的作用力与国家主导的政策压力存在着某种竞争性,而侦查组织受制于行政体系,往往趋向于后者。

(三)自媒体时代"无责漫谈"的蔓延

自媒体是伴随着网络科技的发展而在传统媒体领域引发的变革,自媒体概念最先由谢因波曼与克里斯威理斯两位学者提出,"自媒体是普通大众经由数字科技强化与全球知识体系相连之后,一种开始理解普通

---

① 林超群. 关于社会治安工作的几个问题的认识 [J]. 公安研究,2012 (2):31.
② 舒国莹. 从司法的广场化到司法的剧场化——一个符号学的视角 [J]. 政法论坛,1999 (3):13.

大众如何提供与分享他们本身的事实、他们本身的新闻的途径"。① 以微博和社交平台为代表的自媒体的出现使得传播形态发生了巨大的变化，节点共享与实时互动成为自媒体的属性，这在一定程度上导致了传统官方话语权的旁落，"自媒体显著的自由话语权意味着自媒体所储备和将爆发的传播力量……自媒体的出现，就是一种新的力量的隐喻，一种新的技术背景下的新信息传播方式的变迁，绝不止于它所传递的内容，其更大的意义在于它本身定义了某种信息的象征方式、传递速度、信息的来源、传播数量以及信息存在的语境"。② 自媒体时代的舆论传播形态改变了政治社会化的受众网络和互动方式，而自媒体话语中的"无责漫谈"则进一步消解了侦查组织的执法权威。

"无责漫谈"，是指"不承担身份责任的、去中心化的、不以共识为目的的话语述说形式"。③ 伴随"无责漫谈"的是社会转型期阶层分化所带来的多样化诉求与话语分散，但是，同正常的、有秩序的公民主张与参与不同，"无责漫谈"中言说者所处的网络虚拟空间使得言说者的身份得以暂时隐匿，因而"无责漫谈"既有可能起到维护话语公共性的作用，也有可能消解话语中心话题，成为一种纯粹的反权力彰示。"这些顾左右而言他的话语弥漫在漫谈的时空中，不服务任何一个中心的意志宣扬或建构。"④

由于我国侦查程序的设计理念较多地承袭了大陆法系侦查不公开的传统，因而对于侦查中的事项实行的是"有控制的公布"原则。这种"有控制的公布"强调的是侦查机关对侦查程序的主导作用以及侦查机关不受影响的客观公正立场。在侦查组织具有极强执法权威的条件下，"有控制的公布"原则有助于侦查组织避开不应有的干扰，策略性地获得社会主体的配合，从而完成案件事实的调查。然而当社会转型期整体司法公信力不够时，这种"有控制的公布"自然也遭到了"无责漫谈"的围攻，网络谣言使得侦查组织的执法权威大量流失，这不仅因为谣言本身的失真造成了对侦查结论的公众质疑，更由于谣言所培育出的反权

---

① 左官兵. 媒介传播时态下的"微政治"：基本认知与中国语境［J］. 行政与法，2012（9）：3.
② 代玉梅. 自媒体的传播学解读［J］. 新闻与传播研究，2011（5）：5.
③ 王海洲. 合法性的争夺［M］. 南京：江苏人民出版社，2008，14.
④ 王海洲. 合法性的争夺［M］. 南京：江苏人民出版社，2008，142.

力心理在个案层面对侦查程序中"有控制的公布"原则进行反复和公开的挑战，而侦查组织一旦在案件侦办过程中出现信息遗漏、决策失误——无论这些侦查中的错误是否属于侦查规律中可接受的范围，都会成为"无责漫谈"攻讦的对象。更为重要的是，由于"无责漫谈"是一种去中心化的述说方式，其信息扩散伴随着整个侦查过程，因而在任何节点都可以引发"无责漫谈"，这导致关于侦查组织执法权威的话语权很难掌握在侦查组织手中，而一旦被动应对，"无责漫谈"则更有漫谈的空间，大量短时间内的话语集聚，往往具有一定强度的社会动员能力，极易引发群体性事件。例如，贵州"瓮安事件"，就是因为"无责漫谈"对一起刑事案件的侦查过程进行了无限想象和放大，最终诱发了严重的警民冲突。

"无责漫谈"对侦查程序的影响又与我国的文宣体制紧密相关，如果说"无责漫谈"是基于网络自媒体而进行的个体性传播，那么侦查程序中正式媒体传播关系的错位则无疑培育了"无责漫谈"的公众心理基础。一方面，我国的正式媒体大多为党政文宣系统的组成部分，并非是基于市场而成立的营利性法人，"机关性"有余而"社会性"不足。在一些有社会影响力的案件中所发布的信息是职权部门进行筛选后的结果，话语内容集中于宣传引导而缺少实质信息。在时下的案件报道中，媒体大多着力于高效的破案过程，而对治理管理失职行为以及可能存在的社会问题视而不见。而被害人以及社会公众最为敏感的就是社会转型时期的政府作为以及相关的利益调整。对上述问题的视而不见，造成了媒体报道的"马后炮"态势，逐渐失去了公众的心理认同感。如贺卫方教授所言，"在一定程度上说，机关报式的媒体往往无须参与市场竞争，因而其生存压力通常取决于所隶属机关的好恶和评价。甚至在特定时期，机关亲自参与监控，从而加剧了媒体与大众需求的脱节……这种情况无疑削弱了媒体所应当发挥的监督作用"。① 另一方面，当具体到地方媒体时，又会存在异地排斥的关系。由于本地媒体对当地政府存在着人、财、物上的依赖关系，因此，媒体对当地的一些负面事件报道会较为谨慎，而为了提高本地媒体的知名度和市场份额，又会以异地监督的方式去报道异地案件的侦办情形。在这种异地监督的情形下，很

---

① 贺卫方. 司法与传媒三题 ［J］. 法学研究，1998（6）：22.

容易出现与"无责漫谈"相同的话语叙述方式，通过缺少公正性的苛责性话题，可以吸引公众的注意，提高新闻的可读性。无论是契合性的传播还是排斥性的传播都无意中为"无责漫谈"提供了土壤，就前者而言，本地媒体的宣传导向使得信息的正式传播网络脱离公众，而"无责漫谈"可以多渠道满足公众的认知需求。就后者而言，异地媒体的排斥性导向使得"无责漫谈"可以借助异地媒体的正式网络加速谣言等不良信息的传播，但无论哪种方式都给侦查机关带来了不必要的舆论压力，使得侦查权原本的法律效果与社会效果大打折扣。

（四）异化的社会效果：对"民意"的过度解读

正如上文所述，社会效果的应然逻辑在于通过政治社会化，输出政治合法性资源。而政治合法性包括绩效、规则与民意。因而一种良好的政治社会化的过程并不能仅仅停留在民意层面，规则与制度文化同样不可忽视。因此，从功能角度来看，社会效果并不能简单地等同于民意，更不能简单地等同于社会反响。民意本身的概念是十分模糊的，"要很精确地谈论民意，这与了解圣灵的工作没有两样"。[①] 民意的概念虽然模糊，但其客观存在却对社会运行有着强烈的影响。卢梭认为："它既不是铭刻在大理石上，也不是铭刻在铜表上，而是铭刻在公民们的内心里，它形成了国家的真正宪法；它每天都在获得新的力量，当其他的法律衰老和死亡的时候，它可以复活那些法律和代替那些法律，它可以保持一个民族的创新精神，而且可以不知不觉地以习惯的力量代替权威的力量。"[②] 而一旦将社会效果等同于民意，就形成了狭隘的政治社会化观点。

当尊重民意，促成民意认同正成为江浙警务所引领的新方向时，如何划分民意与社会效果的界限、如何划分社会效果与法律效果之间的界限成为塑造侦查组织执法权威不可回避的问题。在中央提出"三个效果"统一论之后，对于社会效果的重视逐渐深入具体的个案执法之中，然而社会效果本身的复杂性也导致了社会效果正在被误用，有学者专家直接认为"公正的价值观不仅是制度理念上的抽象物，更是被社会公

---

① 彭怀恩. 政治传播与沟通 [M]. 台湾：风云论坛出版社，2002，103.
② ［法］让·雅克·卢梭. 社会契约论 [M]. 何兆武译. 北京：商务印书馆，1980，20.

众感受的实在物"。① "一个社会的法律的全部合法性最终都必须而且只能基于这个社会的认可，而不是任何国外的做法或抽象的原则最终说了算的。"② 而在中国特有的法律文化现状中，民意又具有如下特点：

第一，民意诉求的非关联性增多。我国社会转型的过程牵涉到了各方面的利益与诉求，越是全面推进社会转型，积累的民意可能就越为复杂和广阔。在侦查工作中，除了被害人，公众关注的应当是自己人身与财产方面的安全利益。然而由于我国侦查权处在政治社会化的一线，侦查程序中的民意很可能会延伸到安全以外的其他利益诉求上，常见的如犯罪嫌疑人的家庭背景、侦查机关的侦破态度、侦查机关本身的日常表现等无关话题上。这种非关联性体现了一种情绪上的转移，是对社会转型过程中其他利益诉求的嫁接性反应。

第二，民意诉求渠道的多样化。传统的民意表达是通过国家的正式政治系统进行的，如选举、信访等。而在网络媒体出现后，我国的民意诉求渠道正在发生着某种转移。根据我国互联网络信息中心发布的《中国互联网络发展状况统计报告》，截至 2013 年 6 月底，我国的网民规模达 5.91 亿，互联网普及率为 44.1%。网络新闻的网民规模达 4.61 亿。随着微博、微信等自媒体的兴起，传统的民意表达渠道被大大拓展，公民可以跨时空障碍直接获知刑事案件的办理，这迫使侦查机关也不得不以微博、微信等方式构建新的互动平台。

第三，民意回应的艰难性。民意的表达必然要求有民意的回应。然而在非关联性诉求增加、民意诉求渠道日益多元化的当下，这种回应存在着组织上的困难。首先，侦查机关只能就本案的办理过程进行回应，而至于犯罪嫌疑人的家庭背景、被害人的家庭背景，涉及个人隐私，无权进行公布。其次，侦查活动本身也存在着侦查死角，因而并不是所有的犯罪事实都可以得到细节上的查证，一些与定罪量刑无关的侦查事实可能会就此略过，而这些略过的情节又恰巧可能成为民意所指的对象，于是民意的回应与侦查资源的有限性就又构成了一对矛盾。

民意在内容上多表现为追求实质正义，在外在形式上则是各种形式的以追求社会反响为动机的个体抗争，然而法律的执行和适用并不能仅

---

① 向泽选. 法律监督中法律效果与社会效果的关系 [J]. 人民检察，2005 (9): 25.
② 苏力. 面对中国的法学 [J]. 法制与社会发展，2004 (3): 8.

仅追求实质正义，还需要秉持程序正义，所谓社会反响也只是一种政治逻辑下的传播效果，这就决定了侦查程序中民意的作用必须有一定的限度。"所谓法律效果只能是法律实施的社会效果，而不可能有别的什么效果，脱离开社会的所谓法律效果或者政治效果是不存在的。但是法律评价就不同了，可以有政治、价值等角度的评价。概念不清的所谓法律效果、政治效果与社会效果被异化为法律评价，三者的区分完全是为了迎合在政治上消解法治所设计的圈套。"① 实际上无论是在实践中还是在学术研究中，对于谋利型信访所造成的法治破坏都已经达成了一定的共识，"上访成为一种施压策略，意味着当事人并非因为受了冤屈而上访，仅仅是借助当前信访的高压态势来影响基层民警对案件的审理和裁决，这也是上访异化的表现……然而，伴随着上访异化的发生，围绕着以减少上访数量为核心的上访治理实践却出现了各种不规范的现象，完全背离了警务法治的理想"。② "某些党委、政府或者领导干部对公安机关执法活动进行行政干预，使得公正执法难以实现，进而导致群众信访不信法，通过合法途径和合法程序主张权利的概念被颠覆，寄希望于通过司法之外的信访方式表达诉求，直接或间接地破坏了公安机关的权威。"③ 信访作为民意体现的一种特殊渠道，在执法过度依赖社会反响的刺激下，成了对侦查程序施压的一种外部策略。在法律尚未被完全执行的情形下，个体或者群体通过制造社会反响，预设了侦查中的程序利益与实体利益，即使侦查执法的最终结果符合了这些利益期待，也无法塑造侦查权公信力的常态化过程。相反，侦查办案在一次次外部施压策略的作用下，程序运行的结果更加具有不确定性，如佘祥林案件中被害人张某玉的娘家亲属无端怀疑佘祥林杀妻，并以各种方式对司法机关施加压力，在张某玉失踪3天后，其三哥张某生到派出所报案，并提出佘祥林可能因其妻患上精神病而杀妻的怀疑。在公安机关发现了一具无名女尸后，张家亲属一口认定就是张某玉所杀。而在湖北省高级人民法院发回重审期间，被害人又组织周遭亲属集体上访，在客观上助推了该案

① 陈金钊. 被社会效果所异化的法律效果及其克服 [J]. 东方法学，2012（6）：50.

② 林辉煌. 法治的权力网络——林乡派出所的警务改革与社会控制 [D]. 武汉：华中科技大学，2013，215.

③ 周博文，杜山泽. 公安机关涉法涉诉信访工作法治化问题研究 [J]. 公安研究，2011（10）：71.

事实认定上的盲目性和随意性。对社会效果的过度解读，反映的是侦查人员对社会效果内涵理解的偏差，许多地方警政机关将社会效果与维稳思想进行互换，进而在某些个案中将社会效果与法律效果进行无端的对立，从而造成侦查权承受法治之外的压力，甚至曲解法律。而追求这些异化的社会效果，并不能产生政治社会化的功用，反而破坏了侦查权的规则基础与价值取向，并最终造成了侦查执法权威的流失。

第八章　侦查权功能障碍的克服：
对未来的展望

一、刑事警务改革的复杂性：功能整合与整体推进

正如上文所述，侦查权在犯罪控制、诉讼保障和政治社会化方面出现了一定的功能障碍，但是这种障碍并不能简单地依靠单个政策或者某项决定来进行根本性修复。这是因为侦查权处在更为广阔的社会系统中，侦查权同时具有行政属性和司法属性，这决定了侦查权必然处在"积极行政"与"谦抑司法"的矛盾之中，这种矛盾宏观上会造成在侦查制度、规则体系之间存在一定的张力，而在微观层面则会引起具体执法上的困惑。例如，在奉行检警一体化的大陆法系国家，关于司法警察的指挥与管理问题就成为执法实践中的难题。司法警察在行政上归属警政长官管理，而在业务上却又由检察官进行指挥，前者是一种人事上的任命权，体现了国家警察权的统一性，而后者是一种业务上的支配权，体现的是大陆法系所推崇的检察官客观义务。在行政与司法的摆动之间，侦查资源的分配、侦查进度的掌握往往不一而足，形成了一定的互相掣肘的局面。除了矛盾的一面，行政属性与司法属性的兼具也使得行政领域和司法领域各自的难题渗透到侦查权之中，如一直颇具争议的刑侦体制改革，就是政府体制改革在技术路线、设计理念上的不完善在侦查组织中的反映。而对刑事错案的防治，则不仅涉及公、检、法关系的司法体制的调整，更是一种政府体制改革与法治规则之间互动的过程。因此，侦查权功能障碍的克服也绝非一朝一夕或单要素的对策所能解决的。而目前学界对侦查权的讨论多集中于侦查权的法律程序改革，似乎一个合乎西方法治样板的侦查权就能够克服侦查实践中所出现的种种功能障碍，这显然是在"侦查权是一种刑事司法领域内的追诉权力"的假设下进行论证的，是基于侦查权的诉讼保障功能而提出的对策。虽然

在论及侦查程序的改革时，多有触及侦查管理体制和侦查方法、技术等"行政"因素，然而均没有深入开展，抑或是对这些"行政"因素做简单化处理。单纯地就"司法"属性勾勒侦查权改革蓝图，必然会引起具体参与实践的警务人员的不适，也会带来侦查组织运行中的新障碍。因此，就侦查权功能障碍的克服而言，必须首先认识到侦查权不仅仅是刑事司法领域内的追诉权力。

而从侦查权功能的实现途径来看，犯罪控制功能、诉讼保障功能与政治社会化功能具有内在一致性。一种有效率的、协同的侦查机制必须能够最大限度地展示侦查权的犯罪控制效能，这本身就是一种政治社会化的途径。而成熟的政治社会化方式，也会教育公民积极参与同犯罪的斗争，这不仅有助于提供更多的侦查线索和犯罪异动信息，也会教育公民理性地参与侦查程序，遵守法律程序与规则。同样，能够保障侦查程序各参与方诉讼利益的侦查权，也必然会在实现法律效果的同时，塑造公民理性、责任政府从而输出政治合法性资源。

当然，犯罪控制功能、诉讼保障功能与政治社会化功能之间也存在着某种张力。犯罪控制功能所涉及的侦查技术、方法是一个工具理性的应用范畴，而过分依赖侦查技术和方法必然会造成价值理性和人文精神的衰落，一个缺乏价值理性和人文精神的侦查程序难以获得公众的认可，当然会制约政治社会化功能的实现。最典型的莫过于美国"棱镜门"事件，全景式的情报信息监控固然有助于反恐成效的提高，然而美国宪法所确认的隐私权保护和有限政府理念使得"棱镜门"监控计划不仅被迫调整，连奥巴马内阁的反恐动机也备受质疑，这样的反恐侦查工作自然难以实现社会效果。同样，如果一味地追求政治社会化的功能，放弃侦查程序应该有的底线正义与规则，那么不仅会伤害侦查权的诉讼保障功能，公民理性和责任政府也无从塑造，更会影响到实质正义的实现，进而制约犯罪控制功能的实现。上文所述的无理信访和刑事错案就是最好的例证。

如此，在未来的设计之中，必须以一种整体性的视角来认识侦查权的功能如何实现这一问题，仅仅就"行政"或"司法"属性领域内的侦查权进行探讨，仍然无法廓清侦查变革的整体面相。

二、法治基础：侦查程序诉讼化与完善的警察法体系

法治不仅仅是侦查权诉讼保障功能的基础，也是推进治理现代化的必然举措。积极行政并不意味着要放弃法治的基本框架，相反，法治为积极行政奠定了合法性基础，开辟了制度化参与渠道，而这也是善治的题中应有之义。因此，法治也构成了侦查权功能实现的基础。

（一）侦查程序诉讼化的功能意义

就侦查权的法治而言，构建一个可诉的侦查程序将是未来的发展方向。所谓可诉的侦查程序，就是要建立具有司法属性的侦查程序，也即上文所述的西方法治国家所普遍采用的侦查程序诉讼化。虽然侦查程序诉讼化体现的是分工制约与正当程序的权力约束理念，然而更为积极的意义在于，只有侦查行为具有可诉性，公民才真正具备主体性地位，才能对侦查法律关系的成立、发展和消亡具备一定的影响力，而只有具备了主体性地位，在权利与权力的诉讼对抗中，公民理性才能得到彰显，责任政府才能为公民和社会所认知。可以说一个可诉的侦查程序可以使侦查权的每次运行都不断重复上述逻辑过程。

侦查程序诉讼化不仅关涉政治社会化功能，还关涉犯罪控制功能。虽然侦查程序诉讼化将为侦查权套上紧箍咒，但这并不意味着侦查程序诉讼化必然会降低犯罪控制的效能。相反，在积极行政的背景下，侦查权在融入社会治安综合治理的过程中，必然会遇到综合治理过程中诸如信访、维稳等综合问题，而侦查行为的可诉性是建立在侦查措施的适当性、合法性以及相关的证据规则基础之上的，这意味着具体警务人员的责任将由传统的政治评价为主转向精确的法律责任断定，"通过法律的抽象的治理"将在侦查程序诉讼化的具体诉讼中得以实现。而这种实现方式将会进一步廓清侦查协同中的管辖问题、非警务活动问题以及不正当的考核压力体系问题，这些问题的廓清将进一步为侦查权融入社会治安综合治理网络，进而提高犯罪控制效率扫清障碍。例如，我国反恐形势越发严峻，反恐斗争不同于普通的刑事案件侦查，恐怖主义的组织化和网络化以及随机的攻击目标都要求侦查组织以特殊的侦查方法和有特色的技术手段予以应对。而侦查方法和侦查手段属于侦查程序的子要素，但是我国并没有反恐特别程序，这意味着反恐侦查中秘密侦查措施、技术侦查措施仍然属于常规刑事诉讼法的调整范围。而在侦查权出

现内卷化趋势的情形下，这些措施的采取仍然由侦查组织内部裁量，这意味着反恐特别措施既有可能被滥用，也有可能因为缺乏明确的授权而造成协调过程中的互相掣肘。"究其问题的本质，在没有特别程序立法的情况下，现行刑事诉讼法有关人身强制控制措施的规定，在很多情况下难以有效满足处理暴力恐怖犯罪时所追求的效率价值。"①

（二）侦查程序诉讼化的改造内容

就我国现状而言，侦查程序诉讼化至少还缺少以下几个方面的基础：第一，建立侦查强制措施的司法审查机制，侦查程序诉讼化必须建立一种适当的第三方审查机制，而侦查强制措施无疑是侦查程序中权能最丰富的专门措施，无论是从人权保障的角度考虑还是从适用侦查强制措施的稳定性预期来看，将侦查强制措施的审查权赋予检察机关或者法院都是一种可行的选择。而目前我国的刑事拘留、无证逮捕都还游离于检察机关的审查之外，即使是逮捕措施，限于检察机关的公诉角色，对于逮捕措施的异议，被告人也无实质性程序可救济。② 因此，借鉴西方令状制度构建具有我国特色的司法审查制度尤为必要。

第二，明确具体的程序法证明标准。证明标准是诉讼程序的基础性制度，在诉讼法学界一般认为证明的对象仅限于实体法事实，不及于程序法事实。抛开证明以及证明对象的学术难题，诉讼行为的有效性、证据可采性等实践问题均与程序法上的证明标准息息相关，而这也是上述司法审查机制建立的前提。虽然法定证据制度中形而上的法定证明标准早已被抛弃，但是任何程序争议的解决都必须具备一种外化的能够形成争点的概念化的表达，诸如"排除合理怀疑"、"优势证据"等表述，虽然未必是一种客观上最优的事实认定标准，但足以为控辩双方提供清晰的上诉理由，侦查程序诉讼化也就具备了得以推进的基础。而在我国目前的刑事诉讼法中，"认为有犯罪事实发生、需要追究刑事责任"、"犯罪事实清楚、证据确实充分"等表述成为程序法事实，尤其是侦查行为适当性和合法性的评判标准，这样的表述显然还不足以转化为程序

---

① 倪春乐. 恐怖主义犯罪特别诉讼程序比较研究 [D]. 重庆：西南政法大学，2011，186.

② 虽然2012年《刑事诉讼法》建立了羁押必要性审查程序，但该种审查并非对逮捕合法性的审查，而是对逮捕后的人身控制方式进行审查，至于逮捕是否符合法定程序、是否达到法定标准，则在所不问。

争议的争点，缺乏可操作性。

第三，落实律师的辩护权。任何诉讼都是三方主体的组合，侦查程序也不例外。虽然侦查程序主要由侦查权推动，但是律师及其所行使的辩护权仍然是侦查程序诉讼化的重要构成要素，无论是大陆法系的参与式角色，还是英美法系的对抗式角色，律师的辩护权都只有落到实处，侦查程序才能实现"看得见的公正"。就我国刑事诉讼法而言，律师的辩护权主要受到两方面限制：一是律师的知情权受限，2012 年的《刑事诉讼法》虽然承认了律师在侦查阶段的辩护地位，但其辩护地位仍限于提供法律帮助和申请强制措施变更，而上述二者必须建立在律师具有一定知情权的基础之上，否则辩护律师难以提供翔实的法律帮助，也无法找到充足的理由去申请强制措施变更。尽管 2012 年的《刑事诉讼法》第三十五条规定了律师可以向侦查机关了解犯罪嫌疑人涉嫌的罪名和案件有关情况，但对如何了解、了解到何种程度均言之不详，这使得律师的辩护权行使效果不稳定，律师辩护权也容易被架空。二是辩护律师执业风险较大。在西方法治国家，为了保证辩护律师顺利地知悉案件信息，提出辩护意见，辩护律师具有作证豁免权，而且这种豁免权不仅是一种责任豁免，还是一种证据豁免，这使得任何针对辩护律师的报复性法律惩罚都无法实现。在刑法上也甚少有辩护方面的罪名，而我国 2012 年的《刑事诉讼法》第四十二条明确规定了辩护律师不得帮助犯罪嫌疑人伪造、隐匿犯罪证据或者串供，并留下了"其他干扰诉讼活动的行为"这种开放式兜底条款。与此同时，《刑法》第三百零六条专门规定了律师伪证罪，与《刑事诉讼法》第四十二条遥相呼应，共同构成了悬在辩护律师头上的一把利剑。而律师的辩护权本为犯罪嫌疑人利益之考量，辩护策略中自然包含了与侦讯机关的对抗性，将这种策略的对抗视为妨碍诉讼的行为，其本质上仍然是一种侦查中心主义诉讼观，与侦查程序诉讼化相悖。

（三）警察法体系的完善

侦查程序诉讼化并不能构成我国侦查法治的完整图景，这是因为还有一种潜在的可以影响"行动中的法律"的因素，即我国特殊的警察权配置。正如上文所述，我国公安行政权与侦查权的错位现象反映了我国侦查权控制内卷化的趋势，而侦查权控制内卷化正是借着警察权配置的名义而不断深化的，这表明仅仅有刑事诉讼法的程序部门法还不足以抑制侦查权控制的内卷化，因而完善的警察法体系呼之欲出。完整的警察法体系应当包括警察组织法和警察行为法，其中，警察行为法是弥合警察行政权和警察刑事职权缝隙的黏合剂。在尊重警察行政权与侦查权协同运行规律的基础之上，警察行为法可以通过完整的警察执法行为规则、法律后果及救济程序来绕过繁杂的权力识别程序而直接得出警察具体行为的法律性质及其后果。在这方面，英国的经验值得借鉴，作为现代警察制度的起源，英国警察在成立之初，为了避免英国普通民众对警察暴力专政的担忧，"现代警察之父"罗伯特·比尔在其建警原则中提出警察仅仅是专职的治安官，警察就是普通公众。因此，相对应的警察权力只是来自普通法的授权和约束。但在随后的 150 年里，普通法的约束并没有让警察继续遵循"警察就是普通公民"的理念，尤其是在颇为动荡的 20 世纪 70—80 年代，警察盘查权的滥用引起了英国社会的严重不满，据夏菲博士的考察，"在较长时间里，盘查权是以'特别法'（adhoc）形式存在和发展的，不是一项全国性的警察权力"。[①] 20 世纪70—80 年代正是英国社会治理转型的时期，时任英国首相的撒切尔夫人所主导的新公共管理运动要求警察必须对地方治安负责，"警务正在被细化为一系列可测量的数据"。[②] 在社会变迁的过程中，英国警察权也逐渐呈现出类似内卷化特征的倾向（在对骚乱行为的调查报告中，警察盘查行为被认为是合法但欠妥当的）。面对警察自由裁量权的扩张，判例法的约束已经逐渐式微，为了控制警察权的隐性扩张，1984年《警察与刑事证据法》便应运而生，通过制定该法，详细规定了警察盘查的程序要件及其证据规则，警察盘查行为无须再进行判断其是属于侦查权还是行政权，而直接与非法证据排除规则相联系，随后 1985年《犯罪起诉法》、1994 年《刑事司法与公共秩序法》、2002 年《警察改革法》等陆续通过，警察权的权能范畴被显性化，法定的权能就意味着有法定的程序去约束，有利于警察组织的自我变革。而我国的警察法体系显然过于简单，既有的《人民警察法》更像是《警察组织法》和《警察行为法》的混合简易版本，既缺少警察行为规则的描述，也

---

   ① 夏菲. 论英国警察权的变迁 [D]. 上海：华东政法大学，2010，82 - 85.

   ② Edwin W. Kruisbergen, Edward R. Kleemans and Deborah de Jong. Controlling Criminal Investigations: The Case of Undercover Operations[J]. Policing, 2012(1):400.

没有相关的证据规则。虽然《公安机关办理行政案件程序规定》中对警察行政权的行使进行了细化，但很显然，这一法规将并轨在侦查程序中的警察行政权与证据规则隔离，警察行政权并不产生刑事诉讼的法律后果。因此，制定统一的警察行为法可以在司法控制的设定条件下，通过警察具体行为与非法证据排除规则的嫁接，来弥合公安行政权与侦查权的法律缝隙，也可以摆脱权力主体识别不能的困境。只有完善的警察法体系才能保证警察执法行为不会被"偷换"性质，侦查程序诉讼化才不致被虚置。

三、更为弹性的侦查管理：民意与侦查裁量权关系辩证

（一）侦查裁量权存在之合理性与必要性

法治并不是一剂克服侦查权功能障碍的万能药，在侦查的法律活动之外，仍然无法排除侦查的管理活动，传统的法律保留原则理论认为行政权只能依照法律的指示才能做出相应的行动，从而使警察裁量权受到有效的限制。法律保留原则与禁止授权原则有着异曲同工之效，公法上有著名的谚语"法无明文授权则禁止"是对警察裁量权尤其是从事专门程序活动的侦查裁量权的最好注解。然而正如上文所述，随着风险社会的到来，积极行政的观念已经成为后工业化社会国家与社会新的互动领域，"随着社会的发展，行政管理中传统的'命令—控制'的方式将大为减少，相应地，大量非正式的协商、讨论等管理方式将出现。而这种管理方式的转变将直接导致行政裁量权的大量产生"，[①] 积极行政也被认为是"福利国家"的标志。在积极行政的影响下，警察角色也逐渐从"法律执行"扩展到"秩序维护"与"服务提供"，而对于侦查权来说，"秩序维护"与"服务提供"就意味着侦查管理的对象并非是程序法业已确定的侦查程序规则，而是侦查裁量权。侦查裁量权一般包括：侦查资源调配上的裁量；侦查事实认定上的裁量和侦查方法上的裁量。所谓侦查资源调配上的裁量，是指侦查主体对于个案侦查中投入的人力、财力和物力的决定权；所谓事实认定上的裁量，是指侦查主体对于案件侦办中实体法事实和程序法事实依法享有的剩余判断权，所谓侦查方法上的裁量，是指侦查主体对于个案侦查中法定侦查措施优先性及

---

① 莫于川. 行政指导要论［M］. 北京：人民法院出版社，2002，154.

组合方式的决定权。正是因为积极行政的到来以及警察角色的变化，侦查裁量权中这些涉及内部管理活动的事项才变得更为重要。在"福利国家"和风险社会的双重夹击下，仅仅限于被动的法律执行，既不能适应犯罪形势的变化，也无法满足社会和公众多样化的安全需求和敏感的政治参与需求。侦查裁量权的存在既具有合理性，也具有必要性。

（二）民意导向：侦查裁量权控制的另一种方式

囿于传统法律保留原则的束缚，侦查裁量权的控制一直被视为法院司法控制的范畴，这是因为"将警察视为一个纯粹的传送带，其职责就是在特定的案件中适用由立法机关制定的法律。整个警察权、警察裁量权存在的正当性就是立法机关之民意基础——法律"。[①] 因而侦查权就是一个单纯地适用刑法和刑事诉讼法的过程，司法审查通过中立的法院对侦查裁量权行使的必要性、适当性和比例性进行最终的掌控。司法审查机制确实能够对侦查裁量权行使的必要性进行一定程度的控制，这其中包括对相关法律的司法解释、对侦查机关适用法律正确性的评价以及对侦查裁量权限度的约束等。但是对于侦查裁量权的适当性和比例进行控制，在警务专业化的当下，仅仅依靠法院已经力不从心。例如，侦查方法的选择问题、侦查资源的调配问题，已经超出了法院的专业知识范畴。司法控制的目的在于警察权的运行不违反宪法的制度理念、不破坏程序的底线正义，而并非事无巨细地进行警务指挥。通过警察权的司法控制，可以在一定程度上保证警察权运行符合正当程序的价值观念，但对于具体警察行为——特别是警察裁量行为，"从某种程度上而言，司法审查并不能真正消除警察裁量权，而只能将原来为警察所有的裁量权转移到法院，从而导致法官拥有大量的裁量权"。[②] 因此，对于侦查裁量权的控制而言，一味地追求法院的司法审查，既不明智，也无可能。

面对侦查资源调配、侦查方法选择方面的侦查裁量权，只有更为熟悉官僚体制运作的内部控制模式，才能更贴合侦查裁量权的实践规律。[③] 内部控制源于审计学上的术语，"是运用专门手段工具及方法，

---

① 徐文新. 警政革新与警察裁量权的规范［D］. 北京：中国政法大学，2007，35.
② 徐文新. 警政革新与警察裁量权的规范［D］. 北京：中国政法大学，2007，82.
③ 当然这里说的官僚体制，是指韦伯所指涉的具有科层理性的现代行政体系。

防范与遏制非我与损我，保护与促进自我与益我的系统化制度"。① 侦查裁量权的行使是为了在"法律执行"的基础角色上更多地融合"秩序维护"与"服务提供"。因此，与其仅仅依靠充满敌意的司法审查来压缩、监控侦查裁量权，不如通过制度化的安排使公众和社会有秩序地参与侦查裁量权的决策过程，诸如执法优先次序以及执法强度等。因而实践中常见的选择性执法，其本身并不是一种罪错，关键在于选择性执法的形成和推动过程具有错位的动力机制和来源。戴治勇认为，我国的选择性执法与国外的选择性执法存在着本质的不同，"我们目前的执法在很大程度上是一种主动执法。这种主动往往是根据情势变化而作出的临时调整，故其在不同法律或者同一部法律或法条上，更多地表现为非随机性而不是随机性"。② 而这种"非随机性"的背后是强烈的政府绩效观激励，"当执法者受到来自政府激励的强烈影响时，执法实际上已经高度政治化了，我国现有的执法代理人完全或部分处于这种官僚体系之中，因此，高层官员的决定直接影响到金字塔各个层级官员的利益，从而不时地掀起某种自上而下的执法风暴"。③ 当这种来源于金字塔高层"政治正确"的选择性执法不能与基于社区的民意有效对接时，选择性执法所带来的社会效果就会大打折扣，甚至形成一种负面的话语环境。例如，2012 年一位日本"驴友"在武汉的自行车被盗，武汉公安局抽调刑侦精干警力，仅用了 3 天时间破案，并将自行车归还。此事引发了网上的一片质疑之声，认为武汉警方存在着执法的反向歧视，未能达到对本国国民权益的同等保护程度，④ 因而，如果能将社区作为侦查内部控制的环境要素之一，将公众参与作为侦查内部信息与沟通的重要渠道，以选择性执法为代表的侦查裁量权必然能够获得更好的法律效果与社会效果，江浙地区民意导向警务的成功秘诀也在于此。"对于行政裁量权控制而言，如何平衡裁量权和规则，如何控制行政裁量权的关键在于平衡、协调各种价值（理性、稳定、公正以及其他政治道德原则）。而就裁量权控制而言，除法律责任之外，更应该关注政治责任，

---

① 杨胜雄. 内部控制范畴定义探索 [J]. 会计研究，2011（8）：51.
② 戴治勇. 选择性执法 [J]. 法学研究，2008（4）：31.
③ 戴治勇. 选择性执法 [J]. 法学研究，2008（4）：33.
④ 荆楚网. 武汉警方抽调刑侦力量追回日本游客被盗自行车 [EB/OL]. http://news. ifeng. com/society//1/detail_2012_02/21/12646783_0. shtml? _from_ralated，2014 - 10 - 08.

也就是民主监督对于裁量权的作用。"①

当然，我们也应该警惕民意的异化。正如上文所述，在侦查权实现社会效果的过程中，民意不足与民意异化同时存在，这是因为民意的作用对象发生了错位。之所以出现民意不足，是因为在侦查裁量权的制定规则及其具体运行过程中，民意未能有序和正当地参与其中。而在民意异化的场合，民意不适当地渗透到了侦查程序的法治规则之中，在一些应该由司法进行审查或者个体诉讼的情形下，民意通过侦查组织的行政系统直接改变了侦查措施的类型和性质，不适当的压力通过不适当的渠道涌入了具体的案件侦办之中，因而造成了民意的异化。因此，我们应当明确，民意的作用对象仅限于侦查裁量权，在这一作用过程中，既不能侵犯侦查中主体的法定权利，也不能更改经过正当侦查程序所认定的事实。任何社会效果都必须建立在法律效果的基础之上。

四、决策模式的转变：侦查循证决策的推广

(一) 侦查权的功能障碍：一种终端的决策风险

无论是对侦查法治的遵守还是对侦查组织的管理，最终都要由具体的侦查行为去承载，这里的侦查行为可以分为组织行为与个体行为，而无论哪种行为均是由决策导入最终结果的。在个体层面上，侦查行为的结构为：

获取信息→沟通→接受任务→决策→行动

而在组织层面，侦查行为的结构为：

沟通→接受信息→决策→分配任务

无论是在个体层面还是在组织层面，决策都成了侦查权发挥应有功能的终端。

决策，简单地说就是寻找对策的过程，决策既是风险产生的可能因素之一，也是应对风险的直接载体，"从根源上讲，风险是内生的，伴随着人类的决策与行为，是各种社会制度共同作用的结果"。② 从这个角度来说，侦查权的功能障碍也正是透过决策而出现的风险。

从决策主体来看，决策风险可以分为组织决策的风险和个体决策的

---

① 徐文新. 警政革新与警察裁量权的规范 [D]. 北京：中国政法大学，2007，84.

② 杨雪冬. 风险社会与秩序重建 [M]. 北京：社会科学文献出版社，2006，40.

风险。组织决策的风险通常是在侦查政策制定、侦查管理以及专案组侦查模式中发生的，如上文所述的政策制定中的"路径依赖"以及压力型的指标考核方法。组织决策与个体决策最大的区别就在于决策主体是否多元化，组织决策的主体不仅数量众多，而且各主体之间可能还有相互隶属关系。因而组织情境成为组织决策最大的特征，这种组织情境可能造成"群体冒险"与"群体盲思"①的决策风险，并且极易引发上文所述的"有组织的不负责任"这一极端情况。个体决策的风险通常是在政策执行和具体侦查行为中发生的。例如，在错案的形成过程中，侦查个体的决策风险造成的"确证偏见"②往往成为刑事错案的诱因。侦查个体决策的风险源于目标识别上的偏差、环境的不确定性以及认知上的缺陷。

从决策的方法来看，无论是组织决策风险还是个体决策风险，都是一种有限理性的决策范式。"有限理性研究者反对将人类的思维看作一个统计软件的运行过程"，他们认为，"当评价人类的理性时，在决策上的天然限制必须被考虑进去"。③ 这些限制包括：环境的不确定性或变动性、不可能获得所有需要的信念、偏好不那么明确和稳定等。④ 因此，诺贝尔奖获得者西蒙指出："同人类生活环境的复杂性相比，人类的思维能力非常有限。"⑤ 于是渐进性决策模型就此诞生，渐进性决策最大的特点是将复杂问题简单化，寻找"最满意"而非客观上"最优"的决策。"决策过程实际上是基于现状的、步步为营的，新的决策通常只带来一些边际性的小变化，原因在于巨大的制度刚性和惯性。"⑥ 渐

---

① "群体冒险"，是指由于沉没成本和组织成员之间过度的融洽关系，组织决策时缺乏冲突和制衡力量而导致决策偏好冒险；"群体盲思"，是指当群体具有很高的凝聚力，并且相对受外界影响时，群体忠诚和从众压力会导致群体成员对领袖的意见不加辩驳地予以接受和同意。

② "确证偏见"，是指在论证中，对自我观念存在偏执的信任，以自我观念为中心筛取论据，漠视、贬损或掩盖对之不利的证据，对论证缺乏批判性态度的不当思维。

③ Gigerenzer. Adaptive Thinking：Rationality in the Real World[M]. New York：Oxford University Press，2000，10 – 15.

④ 秦勃. 有限理性：有限理性的一种发展模式——试论西蒙的理性决策模式 [J]. 理论界，2006（1）：78.

⑤ 刘永芳. 管理心理学 [M]. 北京：清华大学出版社，2008，146.

⑥ 郭巍青. 政策制定的方法论：理性主义与反理性主义 [J]. 中山大学学报（社会科学版），2003（2）：41.

进性决策模型不承认有客观上"最优"的决策方案，只追求主观上满意的决策，因而过往的经验和稳定的心理偏好是其决策的基础。在技术方法路径上则表现为启发式思维。启发式思维在试图让决策主体达到"满意"状态的同时，也会伴随着种种失误。

其一，易得性偏差。在产生方案的过程中，决策者往往根据一些容易记起的事例作出判断和决策。"我们仅仅只是在我们所记得的，而非所有我们经历的事件的基础上作出决策。"① 使用易得性启发法往往会使决策主体仅仅将样本停留在印象深刻之事件上，而非真正的严格比较。例如，过多的专项行动就是因为"严打"时期所留下的深刻社会记忆使得当代决策者去模仿过去的犯罪控制手段。

其二，代表性偏差。决策者经常会把当前的事件 A 结构化，然后以此为典型，寻找以往有同结构的事件 B，于是以往解决 B 事件的方案就会用来解决当前的 A 事件。这一决策之所以会出现偏差，是因为 B 事件是不可重复的，B 事件与 A 事件究竟是相同还是相似，B 事件发生的环境与 A 事件发生的环境是否一致，这些都是代表性启发法所没有考虑到的。在上文所述的选择性执法中，执法目标和强度的选择往往根据过去某种犯罪所造成的社会影响，从而形成侦查目标的优先次序——尽管这种影响可能会随着时代变迁而发生微妙变化。

其三，锚定式偏差。决策者习惯于先为某项找到一个开始点，然后再在这一点上加以调整的一种启发法。这种偏差仍然源于对事件结构的本质不同还是形式不同无法作出客观准确的判断。例如，在杭州公安局"70 码"事件中，杭州市公安局因为在新闻发布会上向媒体通报"5·7"交通肇事案调查情况时认为当时肇事车的车速为 70 码而遭到舆论的一片质疑，大量网友认为有司法不公正甚至有司法腐败嫌疑，杭州市公安局被迫又重新召开新闻发布会为表述不当向公众致歉。抛开案件客观事实是否存在 70 码这一争论而言，杭州市公安局在发布侦查信息时，习惯性地将过去的交通肇事案件的通报做法作为本案的参考情况，而忽略了本案犯罪嫌疑人特殊的身份以及大环境下社会公众对司法的不信任事实。

---

① D. Kim Rossmo. Criminal Investigative Failures [M]. New York: CRC Press, 2008,17.

（二）循证决策：应对侦查风险的实践范式

1. 循证决策的概念

进入 20 世纪末，新公共管理运动的兴起使得西方福利国家的政府纷纷在绩效考核上陷入巨大压力中，为了更好地阐述清楚"政策产出"与"政策效果"，循证决策便成为一个逐渐流行的概念。循证决策最先产生于循证医学，1991 年加拿大 Mc - Master 大学医学与临床流行病学和生物医学系的 Gorden Guyatt 教授首次提出"循证医学"，一种临床实践新范式出现在世界医学领域。伴随着循证医学的发展，循证思想逐渐渗入社会实践的领域中，按照 Rousseau（2006）的定义，"循证管理，是指将建立在最佳科学证据之上的科学管理原理转化为组织行为。通过循证管理，管理者成为了专家，他们作出的组织决策是基于充分的社会科学和组织行为研究成果之上的。使专业决策从基于个人偏好和不系统的经验转变为基于最佳科学证据，将成为一个时代的思潮"。[①] 循证决策的范式是对不确定世界的系统性实践，是一种对"客观最优"和"主观满意"之间的平衡。在一个信息爆炸又充满风险的社会，既想要保持"理性的无知"，又能够考量到风险的演化规律，传统的基于个人偏好和不系统经验基础之上的纯粹启发式思维亟须"升级换代"。而循证决策"既非传统理性模型的简单回归，亦非理性主义和反理性主义决策模型之间或之外的某种事物。而是传统理性模型的新发展，更准确地说，它承继了理性主义模型的理论逻辑和传统，但在实践上有一定的发展和超越。可以说是理性主义的新阶段或者理性模型指导下的实践新趋势"。[②]

2. 循证决策的主要内容

为了有效控制风险，降低不确定性，必须要重新拾起理性的实践态度，将经验、知识和环境统筹起来加以考虑。侦查循证决策的实践范式为我们提供了一个改善决策的可能路径。

首先，侦查循证决策要求决策者必须基于最佳证据，也即侦查情势

---

① Rousseau Denise M. . Is There Such a Thing as "Evidence - based Management"［J］. Academy of Management Review. 2006（2）:256 - 269.

② 周志忍，李乐. 循证决策：国际实践、理论渊源与学术定位［J］. 中国行政管理，2013（12）：26.

的客观分析。在循证决策的实践范式中，"证据"是一个核心概念，证据可以理解为决策的依据，但是循证决策中的依据，是以理性态度去对待的，因此又被称为最佳证据。所谓最佳证据，是指"研究者提供的与解决所需问题最为契合的、级别最高的研究证据。这些证据往往是基于同类问题大量研究的元分析，遵循着严格的科学规范，其目的是尽可能地接近事情的真相，揭示出问题的症结并提出相应的解决方案"。① 在这里，最佳证据被认为是一种"基于科学"的研究，侦查中的"科学决策"同样需要经过严谨、系统、客观的方法来获得与侦查活动及侦查政策相关的可靠、有效知识的研究。

如上文所述，传统的经验型侦查决策受到决策主体更多的非理性因素的影响，是一种主观内省的范式，而在循证决策中，侦查人员将自己置于侦查情势之中，不仅要分析侦查中主体的活动规律和特点，还要分析作为侦查主体的侦查人员自身在思维和决策上可能遇到的经验陷阱和"确证偏见"，因此，侦查主体和侦查中主体的组合就构成了完整的侦查情势，"侦查情势，是指对案件侦查有意义的各种条件与状况及其携带着的动态信息之间相互联系、相互作用而形成的混沌体系"。② 对侦查情势的客观分析或称之为"主观的客观化认识"就构成了侦查决策中的最佳证据。因此，侦查循证决策要求侦查主体在采取某种措施之前，认真分析已掌握的证据群与所假设问题之间的关系，采取该种措施是否基于已掌握的证据群，从而通过个案的问题解决实现普遍意义上的侦查权的功能。例如，在组织专项行动时，需要对违法犯罪行为进行威胁评估，评估的内容主要有：对哪些领域造成了威胁（如政治领域、社会领域、经济领域、文化领域和其他领域等）？威胁的程度有多大？这些领域在现阶段的重要性如何？防控这些威胁的难度与成本是多少？未来的趋势如何？所针对的违法犯罪行为与公众安全感的关系如何？

其次，侦查循证决策要求以结果为导向，强调执行。传统的侦查决策只关注当下决策的满意程度，也就是说，决策过程中忽略了其他主体及制约因素，造成的结果就是决策的执行效果要依赖于其他主体偶然间的配合程度。例如，笔者调研某县公安机关侦办系列抢夺案时，决策者

① 杨文登. 循证实践：一种新的实践形态 [J]. 自然辩证法研究，2010（4）：107.
② 杨宗辉，刘为军. 侦查方法论 [M]. 北京：中国检察出版社，2004，64.

试图通过视频监控和旅馆信息相结合的方式，进行目标轨迹的追踪，但在执行时由于视频监控系统在硬件上的部分失效以及因为行政区域调整而造成的旅馆信息查询权限不够等问题使这一决策方案的效果大打折扣，对犯罪嫌疑人的落脚点和作案规律仍然无法形成确定的认识，该案的侦查具有较大的风险。侦查中的循证决策强调"研究证据、具有足够管理实践经验的人员和管理对象三者的有机结合"。① 也就是说，侦查循证决策将侦查主体、侦查中主体以及侦查外主体之间的互动关系也纳入考虑的范畴，这充分表征了由符号互动和专家系统组成的风险关系在侦查领域的渗透，将侦查决策视为一个动态的过程，而侦查情势也因此展现出了初步的侦查情势、过渡的侦查情势和最终的侦查情势的阶段特征。例如，在涉及一些敏感事件的侦查时，"证据"的范围应当扩充至侦查中主体乃至侦查外主体可能采取的有利于或者不利于侦查推进的行为。应当在侦查程序的法律框架内分析与上述主体互动的有效模式，或者在执行法律后如何使公众认同法律之形式理性。当然，侦查的法律法规必须是作为循证决策中的第一级证据，无论任何时候都不得放弃法治规则的"证据"考量。

最后，侦查循证决策是一个不断学习的过程。传统的侦查决策遵循的是一次性原则，即案结事了。由于侦查人员的决策呈现出主观内省的个性化特征，决策模式不具有可复制性，从某种程度上说，侦查决策与侦查效果之间的因果联系不易判明，这对侦查组织学习来说是一种障碍。"循证实践的本质使其决策过程是外显的，能够清晰地加以表达。因此，决策不仅能向消费者提供解释，还能被同人与管理者所证明。"② 侦查循证决策通过个案展示研究决策证据的产出和应用过程，阐释侦查行为的受制要素以及各种主体在侦查中的地位和作用来分析侦查决策的静态结构和动态过程，可以使侦查组织共享相关隐性知识和外显技巧，形成方法论上的参考标准，这对提高决策效率和效果是大有裨益的。侦查学术界关于犯罪行为和侦查行为规律的研究文章、公安部召开的各种案件总结会，都可以看作对循证的探讨。同时，通过实践效果的反馈，

---

① 杨文登. 循证实践：一种新的实践形态 [J]. 自然辩证法研究，2010（4）：106.

② Taylor M. Clare. Evidence – based Practice for Occupational Therapists [M]. Oxford：Blackwell Science ,1999.

侦查个体还可以不断提升决策的科学化和专业化水平，改善侦查主体与其他主体之间的互动关系，形成稳定的、可预测的决策环境，对于管理和控制风险来说，协同式的决策轴正在形成。

3. 循证决策的形成

正如上文所述，循证决策是一种能够适应风险社会的决策模型，侦查权功能的充分发挥需要在组织层面和个体层面都实现向循证决策的转变。然而长期以来刑事警务被视为一种经验累积型的职业模式，侦查机关及其侦查人员在决策时缺乏"最佳证据"意识，在决策的产出过程中，包括经验在内的非理性因素发挥主导作用，缺乏对决策效果的反馈审查。这直接导致了侦查工作存在严重的路径依赖，无论是在犯罪控制的协同上，还是在刑事案件的办理上，都缺乏科学化和规范化的决策机制。如上文所述的锚定式决策方法，实际上就是理性决策的精简版，只不过这种精简有时候拟合了决策环境，有时候会偏离决策环境。循证意识的确立就是要能够正确对待非理性因素在侦查决策过程中的作用。要科学论证侦查决策与侦查效果之间的因果联系，避免盲目乐观、思维定式、群体盲从等常见的决策失误。如果说风险社会需要有风险意识的话，那么侦查决策中的循证意识就是侦查主体树立风险意识的表现。

除了树立循证意识，循证决策的实现还需要进一步加强侦查知识的转移和共享。长久以来侦查学的学术研究与实践需求都存在一定程度的离合现象，侦查学知识的生产主体主要是公安政法院校的教师，受到科研考核的影响，对侦查学知识的评价主要体现在论文发表的期刊等级上，而顶级期刊更注重理论创新和理论积累，因此，侦查学的研究范式和受众对象逐渐发生了转变。从学术研究的角度看，侦查学的知识更注重创造而非传播。而侦查决策者对知识的获取却并不是从期刊处获得的，当决策者觉得某项问题超出了他们的知识范围时，咨询相关专家，甚至查看网络上的相关信息就成为他们的第一选择。知识传播的混乱和低效率使得侦查学知识的生产者和使用者形成不了知识共同体，导致的结果就是决策者即使有意向使用"证据"进行决策，也会发现因为缺乏足够的知识储备去评价这些证据的强度而使决策陷入两难境地，不得不重新求助于过往经验。因此，要实现侦查中的循证决策需要将侦查学知识从期刊处移至侦查决策者的学习中，使侦查学的知识生产能够在一定程度上符合决策者的需求，而决策者也应当努力提高侦查知识的储备，主动融入主流侦查学术研究的话语体系中。侦查决策者应当具备基本的能够评价决策证据的能力，包括：能够熟悉各种学术研究、设计的优缺点；懂得侦查学术研究的基本方法和思路；能够明确自己所处的环境及当下需求，并形成能够为学术研究所容纳的表达方式；能够综合考虑决策成本、效益及计算方法，从而将实践反馈作为下次决策的循证证据。

余　论

范式，是指"从事某一类科学活动所必须遵循的公认的模型或模式"。① 在库恩看来，"科学共同体"与"共同理念"是范式一致性的核心要义。所谓科学共同体，是指在科学发展的某一特定历史时期，某一特定研究领域中持有的共同的基本观点、基本理论和基本方法的科学家集团。而共同理念则指涉的是建立在科学共同体之上的对于该领域研究的价值、目的的一致性。范式理论关于学科进步与发展的解释尽管并非完美无缺，但却形成了学科研究与客观世界之间的多元逻辑关系。任何科学将不再是一个孤立的逻辑知识体系，相反，任何关于"科学"的研究都必将涉及研究者本身的信念、价值选择甚至是世界观体系。因而科学理性建立在研究者理性的基础之上，但科学理性并不是绝对的。

在侦查权研究的范式中，刑事诉讼法与侦查学的视角逐渐呈现出分道扬镳的局面。在刑诉法学的研究范式中，如何保持侦查权的谦抑性，促进刑事诉讼中人权保障目标的实现一直是关于侦查程序改革的焦点。可以说规制与控权是刑事诉讼法学范式的标准术语与首要价值（以下简称"规制与控权"研究范式）。而在侦查学的范式中，如何提高侦查效益、效率与效度，保证警务资源的充分整合与利用则是新形势下构建犯罪打击新机制的核心要义（以下简称"侦查效能"研究范式）。于是有学者认为虽然侦查学长期处于刑事诉讼法的一个研究方向，但侦查学应当是工程论的研究范式而非刑事诉讼中的证据认识论范式，并认为范式转化是侦查学涅槃重生的唯一道路。② 在具体制度的设计上，"规制

---

① ［美］托马斯·库恩. 科学革命的结构［M］. 金吾伦，胡新和译. 北京大学出版社，2003，21.

② 王慧智. "理科"抑或"工科"：关于侦查学科性质定位的探讨［J］. 江西公安专科学校学报，2008（3）.

与控权"研究范式以非法证据排除规则和侦查程序诉讼化为理论工具，试图通过刑事诉讼立法来对侦查程序进行改革，而"侦查效能"研究范式则以管理学、情报学为理论工具试图通过侦查组织机构、技术和文化的变革来实现侦查工作的集约化发展，于是信息化侦查、"智慧警务"和"侦查合成战"便成为近期侦查学界流行的词汇。

表面上看，侦查权研究范式的差异是两者研究旨趣的不同，然而更深层次的原因在于对侦查权功能认识的差异。"规制与控权"研究范式的逻辑起点在于将侦查权视为一种刑事司法领域内的追诉权力，因而只有规制与控权才能有利于侦查权更好地实现以审判为中心的诉讼保障功能。而"侦查效能"研究范式则以犯罪控制功能作为侦查权研究的逻辑起点，强调侦查学应当回应侦查实战部门的理论需求，"积极学习和借鉴军事学的研究范式，注重本体研究，推动侦查学研究健康发展"。[①]不同的研究逻辑起点决定了关于侦查权的研究必然秉持不同的研究风格与学术传统。然而"规制与控权"研究范式与"侦查效能"研究范式的相互疏离导致侦查权的研究本身出现了库恩所述的范式危机。

正如本书研究所揭示的，犯罪控制功能、诉讼保障功能与政治社会化功能虽然存在着理论上的张力，但却能通过一定的机制实现平衡与统一。而"规制与控权"研究范式与"侦查效能"研究范式都试图将研究目标定位于各自所追求的功能效果上，于是侦查权功能被人为地分割开来，并朝着不同的路径前行。

首先是法教义学研究方法的兴起使得"规制与控权"范式逐渐与实践脱节。法教义学视野中的法现象是一种以规范现象之身份出现的法，其设定人们应当如何行为与交往的标准。此行为标准属于规范性范畴，其有效性的主张不受其是否具有实效性的影响。[②] 也就是说，法教义学抛开了繁杂的本土化的法治背景，而只以本国现行实在法的秩序作为基础与边界，即它是一种静态的抽象的解释，试图通过立法者的理性去把握流动着的社会生活。因而"规制与控权"的研究范式大多奉行"立法万能主义"，将侦查权的失范问题首先进行概念化处理，然后依

---

① 郝宏奎，马洪根. 关于侦查学研究方向和学科价值取向的思考［J］. 江苏警官学院学报，2008（1）.

② 白斌. 论法教义学：源流、特征及其功能［J］. 环球法律评论，2010（3）：8.

据西方的法治图景进行"合法性"分析，进而再提出某一法系下的后续程序或者制度设计。由于西方的自由主义法治理念与我国国情格格不入，其结果就是侦查实战部门对"规制与控权"研究范式充满了敌意，并引发了"规制与控权"研究范式的方法论长期脱离侦查实战中方法、策略的实践形态，最终使得充满理想化色彩的刑事诉讼立法出现了上文所述的被规避、虚置的现象。

其次是"侦查效能"研究范式由于长期专注于侦查方法、策略的提升，从而忽略了其中可能存在的法治隐忧。"侦查效能"研究范式对解放侦查战斗力情有独钟，甚至陷入了狂热的状态。然而"侦查效能"的研究范式同样也没有能够有效地贴合中国国情，尤其缺乏对公安机关组织运行形态的微观考察，而动辄以情报信息一体化、流程再造等概念提出效能革命的对策。其结果就是这些对策被束之高阁而无法通过立法的形式进行制度化安排，同时，由于公安机关担心侦查会失控以及带来负面社会效果，所以"侦查效能"研究范式的一些研究成果也未能转化为具体的战斗力。

最后是对侦查社会学的忽视。"侦查社会学从社会学的角度出发，以侦查活动及侦查活动与其他社会因素的相互关系为对象，将侦查作为一项社会行为纳入社会整体中予以考虑，以整体性思维和经验研究为主要研究方法的侦查学。"侦查社会学更加注重侦查权的内在结构及其适应性、侦查权微观运行中的实际效果以及侦查权在整体社会系统中的地位和作用。社会转型期分化的社会结构、复杂的侦查权运行形态以及不同的系统对侦查权的需求为侦查权功能的认识提供了更为广阔的视野。然而遗憾的是，上述研究视域与方法的缺陷导致了侦查权与政治社会系统的互动过程被置于学术研究视野之外，而这正是困扰侦查实践的重要命题。例如，在实践中经常听到办案民警抱怨：现在的执法环境太差。而执法环境这种抽象的修辞指涉的正是侦查权在转型社会中的适应性。由此可见，侦查权功能的多样化决定了侦查权研究不能走非此即彼的研究方法论。一种综合的研究范式呼之欲出。

在刑事科学领域，交叉学科已经成为一种显学，如刑事政策学、证据科学等。这些学科突破了传统研究方法论的藩篱，不仅展现了更为深邃的学术空间，也更契合对应的刑事司法实践。而本书的研究正是试图揭示侦查权在实践中的复杂形态，侦查法律程序、侦查方法、侦查策略、侦查组织的变革与创新具有内在的相互联系性，这意味着侦查权的研究也应当秉持一种跨学科或者交叉学科的研究方法论。侦查法治的研究不能忽略侦查实战的表现形态，"侦查效能"的研究也不能将法治环境视为真空。而在社会转型的背景下，社会效果的政策脉络同样会渗透到侦查法治或者侦查方法、策略中。从这个意义上说，任何关于侦查的改革都关涉侦查权功能的类型选择与实现途径，而侦查学或者更宽泛的刑事科学所担负的使命就是向改革决策者展示侦查改革可能带来的设计效果与潜在的实际效果。

参考文献

一、中文著作（含译著）、期刊类等

［1］［德］马克斯·韦伯. 社会学的基本概念［M］. 顾忠华译. 桂林：广西师范大学出版社，2005.

［2］陈瑞华. 比较刑事诉讼法［M］. 北京：中国人民大学出版社，2010.

［3］郭晓彬. 刑事侦查学［M］. 北京：群众出版社，2002.

［4］［英］伯特兰·罗素. 权力论［M］. 吴三友译. 北京：商务印书馆，1991.

［5］［美］戴维·波普诺. 社会学［M］. 李强，等，译. 北京：中国人民大学出版社，1999.

［6］郑杭生. 社会运行导论［M］. 北京：中国人民大学出版社，1993.

［7］王绍光，胡鞍钢. 中国国家能力报告［M］. 沈阳：辽宁人民出版社，1993.

［8］王绍光. 安邦之道——国家转型的目标与途径［M］. 北京：生活·读书·新知三联书店，2007.

［9］孙立平. 转型与断裂——改革以来中国社会结构的变迁［M］. 北京：清华大学出版社，2004.

［10］张晋藩. 中华人民共和国国史大辞典［M］. 哈尔滨：黑龙江人民出版社，1992.

［11］陆建华. 中国社会问题报告［M］. 北京：石油出版社，2002.

［12］翟中东. 犯罪控制——动态平衡论的见解［M］. 北京：中国政法大学出版社，2004.

［13］［英］吉米·边沁. 立法理论——刑法典原理［M］. 孙力，等，译. 北京：中国人民公安大学出版社，1993.

［14］［德］乌尔里希·贝克，等. 自反性现代化［M］. 赵文书译. 北京：商务印书馆，2001.

［15］［意］贝卡利亚. 论犯罪与刑罪［M］. 黄风译. 北京：中国法制出版社，2005.

［16］［美］欧文·沃勒. 有效的犯罪预防［M］. 蒋文军译. 北京：中国人民公安大学出版社，2011.

［17］杨靖. 犯罪治理：犯罪学经典理论与中国犯罪问题研究［M］. 厦门大学出版社，2013.

［18］刘为军. 刑事证据调查行为研究——以行为科学为视角［M］. 北京：中国政法大学出版社，2007.

［19］［美］A. 班杜拉. 思想和行动的社会基础——认知论［M］. 上海：华东师范大学出版社，2001.

［20］［美］A. 班杜拉. 自我效能：控制的实施［M］. 上海：华东师范大学出版社，2003.

［21］［英］弗里德里希·奥古斯特·哈耶克. 通往奴役之路［M］. 王明毅，冯兴元译. 北京：中国社会科学出版社，1997.

［22］马忠红. 刑事侦查学总论［M］. 北京：中国人民公安大学出版社，2009.

［23］孙长永. 侦查程序与人权——比较法考察［M］. 北京：中国方正出版社，2000.

［24］［法］让·雅克·卢梭. 社会契约论［M］. 何兆武译. 北京：商务印书馆，1980.

［25］王海洲. 合法性的争夺［M］. 南京：江苏人民出版社，2008.

［26］［美］塞缪尔·P. 亨廷顿. 变化社会中的政治秩序［M］. 王冠华，等，译. 北京：生活·读书·新知三联书店，1989.

［27］［美］W. 理查德·斯科特. 制度与组织——思想观念与物质利益［M］. 姚伟，王黎芳译. 北京：中国人民大学出版社，2010.

［28］［美］戴维·伊斯顿. 政治生活的系统分析［M］. 王浦劬译. 北京：华夏出版社，1999.

[29] 孙长永. 探索正当程序——比较刑事诉讼法专论 [M]. 北京：中国法制出版社，2005.

[30] 王伟，唐兵，杨建成. 构建与嬗变：中国政府改革发展30年 [M]. 郑州大学出版社，2008.

[31] 张凤阳. 现代性的谱系 [M]. 南京大学出版社，2004.

[32] 王大伟. 欧美警察科学原理——世界警务革命向何处去 [M]. 北京：中国人民公安大学出版社，2007.

[33] 王德光. 侦查权原理——侦查前沿问题的理性分析 [M]. 北京：中国检察出版社，2010.

[34] 王戬. 不同权力结构模式下的检察权研究 [M]. 北京：法律出版社，2011.

[35] 王守宽. 中国刑侦体制改革研究 [M]. 北京：群众出版社，2009.

[36] [美] E. 博登海默. 法理学——法律哲学与法律方法 [M]. 邓正来译. 北京：中国政法大学出版社，1999.

[37] 汪民安，陈永国. 后身体：文化、权力与生命政治 [M]. 长春：吉林大学出版社，2003.

[38] [英] 维克多·特纳. 象征之林——恩登布人仪式散论 [M]. 赵玉燕，欧阳敏，徐洪译. 北京：商务印书馆，2006.

[39] [英] 维克多·特纳. 仪式过程——结构与反结构 [M]. 黄剑波，刘博赟译. 北京：中国人民大学出版社，2006.

[40] [美] 塞缪尔·沃克. 美国警察 [M]. 公共安全研究所译. 北京：群众出版社，1989.

[41] 杨宗辉，王均平. 侦查学 [M]. 北京：群众出版社，2002.

[42] 朱学勤. 书斋里的革命 [M]. 长春出版社，1999.

[43] [美] 戴维·赫尔德. 民主的模式 [M]. 燕继荣，等，译. 北京：中央编译出版社，1998.

[44] 林钰雄. 严格证明与刑事证据 [M]. 北京：法律出版社，2008.

[45] 翁里，徐公社. 转型时期犯罪侦查的理论与实践 [M]. 北京：群众出版社，2009.

[46] 焦俊峰. 犯罪控制模式研究 [M]. 北京：中国人民公安大

学出版社，2012.

［47］罗峰. 改革开放 30 年：中国社会治安形势和犯罪控制战略［M］. 北京：中国人民公安大学出版社，2009.

［48］严励. 刑事司法与犯罪控制的新发展［M］. 北京：中国法制出版社，2007.

［49］刘守芬. 刑法文化与犯罪预防控制的研究［M］. 北京：中国人民公安大学出版社，2012.

［50］黄锦就，梅建明. 美国爱国者法案：立法、实施和影响［M］. 蒋文军译. 北京：法律出版社，2008.

［51］杨雪冬. 风险社会与秩序重建［M］. 北京：社会科学文献出版社，2006.

［52］［英］杰瑞·莱特克里菲. 情报主导警务［M］. 崔嵩译. 北京：中国人民公安大学出版社，2010.

［53］［法］莫里斯·哈布瓦赫. 论集体记忆［M］. 毕然，郭金华译. 上海人民出版社，2002.

［54］习杰成. 人民信访史略［M］. 北京经济学院出版社，1996.

［55］［美］罗伯特·金·默顿. 社会研究与社会政策［M］. 林聚任，等，译. 北京：生活·读书·新知三联书店，2001.

［56］［美］西奥多·H. 波伊斯特. 公共与非营利组织绩效考评：方法与运用［M］. 肖鸣政，等，译. 北京：中国人民大学出版社，2005.

［57］林新奇. 绩效考核与绩效管理［M］. 北京：对外经济贸易大学出版社，2011.

［58］杨雪冬. 市场发育、社会成长和公共权力构建——以县为微观分析单位［M］. 郑州：河南人民出版社，2002.

［59］［英］罗伯特·雷纳. 警察与政治［M］. 易继苍，朱俊瑞译. 北京：知识产权出版社，2008.

［60］莫于川. 行政指导要论［M］. 北京：人民法院出版社，2002.

［61］刘卓. 法与社会论——以法社会学为视角［M］. 武汉大学出版社，2003.

［62］聂福茂，余凌云. 警察行政法学［M］. 北京：中国人民公

安大学出版社，2005.

[63] 余凌云. 警察行政权力的规范与救济——警察行政法若干前沿性问题研究 [M]. 北京：中国人民公安大学出版社，2001.

[64] 周永坤. 规范权力：权力的法理研究 [M]. 北京：法律出版社，2006.

[65] 陈瑞华. 程序性制裁理论 [M]. 北京：中国法制出版社，2005.

[66] 杨宇冠. 非法证据排除规则研究 [M]. 北京：中国人民公安大学出版社，2002.

[67] 谢佑平，万毅. 刑事诉讼法原则 [M]. 北京：法律出版社，2002.

[68] 林辉煌. 法治的权力网络——林乡派出所的警务改革与社会控制 [D]. 武汉：华中科技大学，2013.

[69] 黄石. 转型期犯罪治理模式变迁研究 [D]. 武汉大学，2013.

[70] 张兴华. 当代国家治理：现实困境与治理取向 [D]. 上海：华东师范大学，2013.

[71] 李伟. 犯罪黑数研究 [D]. 烟台大学，2013.

[72] 唐皇凤. 社会转型与组织化调控——中国社会治安综合治理组织网络研究 [D]. 上海：复旦大学，2006.

[73] 李德全. 科层制及其官僚化研究 [D]. 杭州：浙江大学，2004.

[74] 刘涛. 犯罪情境预防 [D]. 南京师范大学，2013.

[75] 何挺. 现代刑事纠纷及其解决 [D]. 北京：中国政法大学，2008.

[76] 夏菲. 论英国警察权的变迁 [D]. 上海：华东政法大学，2010.

[77] 李菁菁. 侦查程序诉讼化研究 [D]. 北京：中国政法大学，2005.

[78] 胡志凤. 刑事错案与侦查程序研究 [D]. 北京：中国政法大学，2011.

[79] 贾小明. 共产党执政合法性研究 [D]. 北京：中共中央党

校，2003.

　[80] 刘荣清. 批判与建构：日常生活领域的意识形态研究 ［D］. 合肥：安徽大学，2011.

　[81] 刘晓. 现代积极行政的控权研究 ［D］. 北京：中国政法大学，2007.

　[82] 娄淑华. 公民政治社会化机制研究 ［D］. 长春：吉林大学，2008.

　[83] 曲丽涛. 当代公民意识发育问题研究 ［D］. 济南：山东大学，2011.

　[84] 杨维荣. 责任政府及其实现途径 ［D］. 南京：河海大学，2006.

　[85] 李辉. 论协同型政府 ［D］. 长春：吉林大学，2010.

　[86] 田培杰. 协同治理：理论研究框架与分析模型 ［D］. 上海交通大学，2013.

　[87] 周欣. 我国侦查权配置问题研究 ［D］. 北京：中国政法大学，2009.

　[88] 方怡洲. 论当代中国威权政治的基础 ［D］. 济南：山东大学，2014.

　[89] 朱凤义. 转型中国法律实现研究：从国家主义到公民参与 ［D］. 长春：吉林大学，2013.

　[90] 倪春乐. 恐怖主义犯罪特别诉讼程序比较研究 ［D］. 重庆：西南政法大学，2011.

　[91] 徐文新. 警政革新与警察裁量权的规范 ［D］. 北京：中国政法大学，2007.

　[92] 付子堂. 社会学视野中的法律功能问题 ［J］. 郑州大学学报（哲学社会科学版），1999（5）.

　[93] 田绘. 结构功能主义、法律进化论和法律的总动生成理论——卢曼的法社会学思想评析 ［J］. 广西政法管理干部学院学报，2001（2）.

　[94] 刘润忠. 试析结构功能主义及其社会理论 ［J］. 天津社会科学，2005（5）.

　[95] 毕惜茜. 论我国侦查权的性质 ［J］. 江西公安专科学校学

报，2004（2）.

[96] 陈永生. 论侦查权的性质与特征 [J]. 法制与社会发展，2003（2）.

[97] 杨宗辉. 论我国侦查权的性质——驳"行政权本质"说[J]. 法学，2005（9）.

[98] 徐湘林. 转型危机与国家治理：中国的经验 [J]. 经济社会体制比较研究，2010（5）.

[99] 朱高正. 自由主义与社会主义的对立与互动 [J]. 中国社会科学，1999（6）.

[100] 江国华. 权力秩序论 [J]. 时代法学，2007（2）.

[101] 卢荣春. 韦伯理性科层制的组织特征及其对我国行政组织发展的借鉴意义 [J]. 中山大学学报论丛，2005（6）.

[102] 毕惜茜. "严打"整治斗争的回顾与展望 [J]. 中国人民公安大学学报（社会科学版），2003（2）.

[103] 单勇，侯银萍. 中国犯罪治理模式的文化研究：运动式治罪的式微与日常治理的兴起 [J]. 吉林大学社会科学学报，2009（2）.

[104] 马忠红. 论刑侦基础工作的几个基本问题 [J]. 四川警察学院学报，2008（6）.

[105] 侯利敏. 社会治安综合治理方针的提出与发展 [J]. 华北水利水电学院学报，2003（6）.

[106] 高玥. 等级社会与犯罪——关于犯罪与犯罪治理行为的嵌入性分析 [J]. 刑法论丛，2013（1）.

[107] 鲍磊. 现代性反思中的风险——评吉登斯的社会风险理论 [J]. 社会科学评论，2007（2）.

[108] 李晓明. 行政犯罪的确立基础：行政不法与刑事不法 [J]. 法学杂志，2005（2）.

[109] 梅建明. 论环境犯罪学的起源、发展与贡献 [J]. 中国人民公安大学学报（社会科学版），2006（2）.

[110] 齐明山，陈虎. 论公共组织整合的三种模式 [J]. 浙江社会科学，2007（3）.

[111] 刘力伟. 以情报信息主导警务为理念　全面提升信息化条件下"打防管控"一体化水平 [J]. 公安研究，2012（10）.

　　［112］唐兴霖. 论中国公共组织改革的官僚理性基础［J］. 上海交通大学学报（哲学社会科学版），2007（4）.

　　［113］刘静坤. 刑事司法一体化视野下之侦查功能研究［J］. 贵州警官职业学院学报，2006（2）.

　　［114］［美］Gordon Bazemore，Mark Umbreit. 四种恢复性司法模式之比较考察［J］. 封利强译. 西部法学评论，2010（3）.

　　［115］张弘. 诉因事实与公诉事实——两种公诉效力之效力评析［J］.青岛科技大学学报（社会科学版），2007（5）.

　　［116］陈濂，林荫茂. 刑事诉因价值与可行性研究［J］. 社会科学，2008（6）.

　　［117］王智军. 警察的政治性研究论纲［J］. 江苏警官学院学报，2005（5）.

　　［118］赵炜，张光. 警察政治学基本问题研究［J］. 中国人民公安大学学报（社会科学版），2013（6）.

　　［119］张兆端. 警察政治学研究论要［J］. 江苏警官学院学报，2012（1）.

　　［120］甘剑斌. 政治合法性危机及其解决路径［J］. 苏州大学学报（社会科学版），2009（1）.

　　［121］袁峰. 价值认同与当代政治合法性的基础［J］. 华东政法大学学报，2008（6）.

　　［122］周雪光. 权威体制与有效治理：当代中国国家治理的制度逻辑［J］. 开放时代，2011（5）.

　　［123］包国宪，王学军. 以公共价值为基础的政府绩效治理源架构与研究问题［J］. 公共管理学报，2012（2）.

　　［124］李云. 中国"政治人"政治心理的作用及其优化［J］. 求实，2007（42）.

　　［125］赵海立. 巩固与开拓：中国政治社会化的途径选择［J］. 河南师范大学学报（哲学社会科学版），2002（4）.

　　［126］彭淑媛. 中美政治社会化方式之比较分析［J］. 学理论，2009（5）.

　　［127］陈金钊. 被社会效果所异化的法律效果及其克服［J］. 东方法学，2012（6）.

[128] 宁杰. 制度结构视野中的法律效果与社会效果 [J]. 福建法学，2009（2）.

[129] 林学俊. 技术理性扩张的社会根源及其控制 [J]. 科学技术哲学研究，2007（2）.

[130] 舒国滢. 从司法的广场化到司法的剧场化——一个符号学的视角 [J]. 政法论坛，1999（3）.

[131] 李明. 论警察的刑事裁量权 [J]. 政治与法律，2009（8）.

[132] 范菊华. 对建构主义的解析 [J]. 世界经济与政治，2003（4）.

[133] 张成福. 责任政府论 [J]. 中国人民大学学报，2000（2）.

[134] 杨正鸣. 论侦查行为的伦理效益 [J]. 中国人民公安大学学报（社会科学版），2006（5）.

[135] 公安警务绩效审计考察团. 澳大利亚警方绩效审计工作考察 [J]. 公安研究，2013（1）.

[136] 李卫华. 公安专项行动管理无序的特点及对策 [J]. 铁道警官高等专科学校学报，2008（6）.

[137] 杨柳. 卖淫嫖娼现象在消费社会的新呈现及其治理 [J]. 华东理工大学学报（社会科学版），2013（1）.

[138] 郑震. 论日常生活 [J]. 社会学研究，2013（1）.

[139] 陈晓蕾. 民意导向警务刍议 [J]. 上海公安高等专科学校学报，2011（5）.

[140] 刘彬. 政治社会化视角下的公安机关履职创新——对民意导向警务模式的思考 [J]. 公安学刊，2012（2）.

[141] 俞可平. 造福于民是警务工作的根本——兼谈警务工作与社会管理创新 [J]. 公安学刊，2011（4）.

[142] 陈涛，蒋南飞. "民意主导"理念在刑侦工作中的运用 [J]. 犯罪研究，2013（4）.

[143] 李泽福. 论"警务广场"战略下侦查共同体建设 [J]. 公安学刊，2012（2）.

[144] 应松年. 社会管理创新引论 [J]. 法学论坛，2010（6）.

[145] 严励. 犯罪学何以贫困化 [J]. 河南警察学院学报，2012（5）.

［146］王绍光. 中国公共政策议程设置的模式［J］. 中国社会科学，2006（4）.

［147］唐贤兴. 中国治理困境下政策工具的选择——对"运动式执法"的一种解释［J］. 探索与争鸣，2009（1）.

［148］陈屹立. 犯罪治理中的策略配合：基于实证文献的分析［J］. 中国刑事法杂志，2011（4）.

［149］朱桐辉. 刑事诉讼中的计件考核［J］. 法律与社会科学，2009（1）.

［150］余红梅，宋奇飞. 社会治安综合治理与社区警务的比较研究［J］. 江西公安专科学校学报，2006（4）.

［151］康均心，周亮. 从"综治"到"法治"：犯罪控制的科学之路——写在社会治安综合治理两个《决定》颁布 20 周年之际［J］. 法治研究，2011（4）.

［152］左卫民. 规避与替代——搜查运行机制的实证考察［J］. 中国法学，2007（3）.

［153］龚海燕. 非警务活动现状梳理与探究［J］. 上海公安高等专科学校学报，2004（3）.

［154］陈瑞华. 刑事程序失灵问题的初步研究［J］. 中国法学，2007（6）.

［155］徐文星. 警察选择性执法之规范［J］. 法律科学，2008（3）.

［156］戴治勇. 选择性执法［J］. 法学研究，2008（4）.

［157］左官兵. 媒介传播时态下的"微政治"：基本认知与中国语境［J］. 行政与法，2012（9）.

［158］周博文，杜山泽. 公安机关涉法涉诉信访工作法治化问题研究［J］. 公安研究，2011（10）.

二、外文著作、期刊类等

［159］Tim Newburn，Alan Wright. Handbook of Criminal Investigation［M］. London：Willwaw，2007.

［160］Stephen Tong. Understanding Criminal Investigation［M］. New York：CRC PRESS，2009.

［161］Timothy Brian. A History of Policing in England and Wales from

1974[M]. London:Oxford, 2010.

[162]Ed Cape, John Coppen. Regulating Policing[M]. Oxford: Hart Publishing, 2008.

[163]Tim Newburn, Peter Neyround. Dictionary of Policing[M]. London: Willan Publishing,2008.

[164]Tim Newburn. Handbook of Policing[M]. London: Willan Publishing, 2005.

[165]Robert Reiner. The Politics of The Police[M]. London: Oxford, 2010.

[166] Taylor M. Clare. Evidence – based Practice for Occupational Therapists [M]. Oxford: Blackwell Science , 1999.

[167] Alistair Henry. Transformations of Policing [M]. Burlington: ASHGATE, 2007.

[168]Suemas Miller. Ethical Issues In Policing[M]. Burlington: ASHGATE, 2005.

[169]Richard A. Leo. Police Interrogation and American Justice[M]. Cambridge: Harvard University Press, 2008.

[170] Richard H. Schneider. Crime Prevention and the Built Environment[M]. London: Routledge, 2007.

[171]Tom Williamson. Investigative Interviewing:Rights, Sesearch and Regulation[M]. London: Willan Publishing,2006.

[172]Samuel Walker. Taming the System: the Control of Discretion in Criminal Justice1950 – 1990[M]. Oxford :Oxford University Press,2006.

[173] Edwin W. Kruisbergen, Edward R. Kleemans and Deborah de Jong. Controlling Criminal Investigations: The Case of Undercover Operations[J]. Policing, 2012(1).

[174]Deborah N. Pearlstein. Finding Effective Constraints on Executive Power: Interrogation,Detention, and Torture [J]. Indiana Law Review,2006.

[175] Kemshall. Understanding Risk in the Criminal Justice System [M]. Maidenhead: Open University Press,2003.

[176]Jones T. , Newburn T. . Plural Policing: A Comparative Perspective[M]. London: Routledge,2006

[177]Clark D.. The Law of Criminal Investigation[M]. Oxford: Oxford Unversitiy Press,2004.

[178] Grannovetter, M.. Economic Action and Social Structure: The Problem of Embeddness[J]. American Journal of Sociology,1985(3).

[179] Jerry H. Ratcliffe. Intelligence – led Policing [J]. Australian Institute of Criminology,2003(248).

[180] Henri Lefebvre. Critique of Everyday Life. [M]. London: Verso press, 1991.

[181] Berbardin,H. J. The Analytical Framework for Customer – based Performance Content Development and Appraisal[J]. Human Resource Management Review,1992(2).

[182] Rousseau Denise M. Is There Such a Thing as "Evidence – based Management"[J]. Academy of Management Review, 2006 (2).

后　记

本书是在笔者的博士论文基础之上整理而成的。在中国人民公安大学的三年学习让我感受到了警学研究的深邃空间与无限可能。尽管在时下的人文社科研究中仍然充斥着"侦查是一门技艺而非科学"的旧论调，但是随着中国社会转型与公安体制改革的推进，以侦查权为代表的警务工作将不再仅仅是一门"技艺"所能解释和指导的。从库恩的范式理论来看，侦查学无疑正在经历着范式的危机，这种危机将促使侦查学的研究方法、手段、视角迈入新的层面，从而形成更为成熟的、能够与主流学术界对话的独立二级学科。而本博士论文的撰写则是一种对侦查理论与实践的重新梳理与总结，是对侦查学是一门"科学"的学术证明。也只有在博士论文的写作过程中，才能明白学术研究的真正内涵，甚至是生活的深刻含义。从这点来说，中国人民公安大学的三年学习生活无论如何都是值得留恋和铭记的。

本书的完成首先应当感谢我的导师陈刚教授。在博士论文的写作过程中我得到了导师陈刚教授的全程悉心指导。令我感佩的是，陈老师完全信任他的学生，无论是申报科研项目还是博士论文的选题，他都给了我极大的学术自由与空间。但是陈老师对于学生的学习要求却又是严格且细心的，在论文的写作过程中，陈老师不断提醒和点拨论文的创新之处，不断梳理论文的章节脉络，更是提出了一系列的启发性问题，使我的研究能够不断深入。在此，衷心感谢陈老师的良苦用心。

此外，还要感谢中国人民公安大学侦查学院老师们的集体奉献。毕惜茜教授、王铼教授、马忠红教授、毛欣娟教授以及退休的王大中教授都是各自领域内的专家与博士生导师，在一次次的授课中，各位老师不吝拿出自己的研究成果与我们分享，拓宽了我们的眼界，而在博士论文写作的各个节点，各位老师更是在繁重的教学科研任务之外加班加点为我们"把关"，并提出宝贵的指导与修改意见。在此献上我诚挚的谢意。同时也感谢戴蓬院长、赵桂芬教授、杨郁娟教授、刘涛副教授，在与他们的交流中，我受益匪浅。

同样需要感谢的还有同窗李小波博士与马永孝博士。在与李小波关于逻辑起点和研究范式的争论与讨论中，我对侦查学研究的方法论有了更深的认识；而每次与马永孝博士的夜谈，都使我对公安侦查工作的苦与难有了更为感性的认识。同窗情正是在出入饭堂和夜谈学术中累积的，也是青春最美好的回忆之一。

大爱若如父母，攻读博士学位之路需要经受物质和精神的双重考验，若无父母的无私奉献与支持，我的学术之路早已戛然而止。与质朴的人在一起，心境自然纯粹，每每想到父母那憨厚的笑容与温暖的关切，我便有了信心去克服读博时的困顿与懈怠，本书的完成算是对父母之爱的一份回馈，也激励着我继续攀爬学术的高峰。

学术之路永无止境，博士毕业之后，我回到母校西南政法大学刑事侦查学院任教。西政刑侦学院是警学界的常青树，这里不仅有引以为傲的"西政现象"，也有振聋发聩的学术声音，西政的三年硕士求学生涯（2008—2011 年）为我种下了学术的种子，培养了学术的品格，坚定了学术的信心。如今回到母校任教我既感到骄傲与自豪，又有些惴惴不安。骄傲的是能够加入"刑侦大家庭"，成为法学、警学界"黄埔军校"中的一员，不安的是不知自己能否传承起"西政精神"，能否回馈西政师长们对我的培育与期待。回到西政，是我人生的又一次起点。感谢刑事侦查学院任惠华院长、易旻副院长、贾治辉副院长、刘正宏书记、胡尔贵副书记以及郑海教授、管光承教授、郑晓军教授、马方教授曾经的教诲与帮助，也感谢西政刑侦学院曾经的同窗好友与现在同事们的关怀。

本书的出版还得到了高校物证技术创新团队的资助，在此一并致谢。

蒋　勇

2015 年 12 月